工程建设项目管理方法与实践丛书

工程项目风险管理

《工程建设项目管理方法与实践丛书》编委会　组织编写

曾　华　耿海波　栗　昊　编著

中国建筑工业出版社

图书在版编目（CIP）数据

工程项目风险管理/曾华等编著．—北京：中国建筑工业出版社，2013.3（2021.8重印）
（工程建设项目管理方法与实践丛书）
ISBN 978-7-112-15180-6

Ⅰ.①工… Ⅱ.①曾… Ⅲ.①工程项目管理-风险管理 Ⅳ.①F284

中国版本图书馆CIP数据核字（2013）第037835号

本书作为《工程建设项目管理方法与实践丛书》之一，本书从阐述风险管理的基础理论开始，然后按照工程项目的全生命周期阶段划分，分别论述了工程项目前期经营阶段、项目施工准备阶段、项目实施阶段、项目竣工验收阶段的各个环节的风险管理。其中，项目实施阶段的风险管理包括项目进度、安全、质量、技术、成本、资金、物资采购、施工设备、项目分包以及其他等风险的管理。同时从体系建设的角度论述了建筑施工企业如何构建工程项目的风险管理体系。本书以工程项目生命周期的全过程风险管理为主线，以风险管理理论为基础，理论联系实际，结合大量的案例进行阐述，对建筑施工企业各层级的人员都有着现实的指导意义。本书既可供施工企业管理人员在工程实践中学习参考，也可作为高等院校相关专业师生的教学参考书。

责任编辑：范业庶
责任设计：董建平
责任校对：肖　剑　刘梦然

工程建设项目管理方法与实践丛书
工程项目风险管理
《工程建设项目管理方法与实践丛书》编委会　组织编写
曾　华　耿海波　栗　昊　编著

*

中国建筑工业出版社出版、发行（北京西郊百万庄）
各地新华书店、建筑书店经销
北京科地亚盟排版公司制版
北京建筑工业印刷厂印刷

*

开本：787×960毫米　1/16　印张：15¾　字数：310千字
2013年6月第一版　2021年8月第八次印刷
定价：**39.00元**
ISBN 978-7-112-15180-6
（23220）

版权所有　翻印必究
如有印装质量问题，可寄本社退换
（邮政编码　100037）

《工程建设项目管理方法与实践丛书》
编委会

主　　任：李福和　张兴野
副主任：何成旗　郭　刚　赵君华　曾　华　李　宁
委　　员：（按姓氏笔画排序）
　　　　　马卫周　戈　菲　计　渊　李效飞　杨　扬
　　　　　杨迪斐　张　明　张军辉　范业庶　易　翼
　　　　　胡　建　侯志宏　栗　昊　蒋志高　舒方方
　　　　　蔡　敏

敬启：本书可赠送配套PPT教学课件，若有需要可发邮件至5342787@qq.com索取。

丛书序言一

做项目管理实战派

实践如何得到理论指导，理论又如何联系实际，是各行业从业者比较困惑的问题，工程建设行业当然也不例外。这些困惑的一个直接反映，便是如汗牛充栋般的项目管理专著。这些专著的编撰者主要有两类，一类来自于大专院校和科研院所的专家教授，一类来自于长期实践的项目经理，虽然他们也在努力地尝试理论联系实际，但由于先天的局限性，仍表现出前者着力于理论，后者更重视实践的特点。而由攀成德管理顾问公司的咨询师编写的这套书，不仅吸收了编写者多年的研究成果，同时汲取了建筑施工企业丰富的实践经验，应该说在强调理论和实践的有机结合上做了新的探索。这也是攀成德公司的李总邀请我为丛书写序，而我马上欣然应允的原因所在。

咨询公司其实是软科学领域的研发者和成果应用者，他们针对每一个客户的不同需求，都必须量身打造适合的方案和实施计划，因此需要与实际结合，不断研究新的问题，解决新的难题。总部设在上海的攀成德公司，作为国内唯一一家聚焦于工程建设领域的专业咨询公司，其术业专攻的职业精神和卓有成效的咨询成果，无疑是值得业界尊敬的。

此次攀成德公司出版的这套项目管理丛书，是其全面深入探讨工程项目管理的集大成之作。全书共有11本，涉及项目策划、计划与控制、项目团队建设、项目采购、成本管理、质量与安全管理、风险管控、项目管理标准化、信息化，以及项目文化等内容，涵盖了项目管理的方方面面，整体上构架了一个完整的体系；与此同时，从每本书来看，内容又非常专注，专业化的特点十分明显，并且在项目内容细分的同时，编写者也综合了不同专业工程项目的特点，涉及的内容不局限于某个细分行业、细分专业，对施工企业具有比较广泛的参考价值。

更难能可贵的是，本套丛书顺应当今项目大型化、复杂化、信息化的趋势，立足项目管理的前沿理论，结合国内建筑施工企业的管理实践，从中建、中交、中水等领军企业的管理一线，收集了大量项目管理的成功案例，并在此基础上综合、提炼、升华，既体现了理论的"高度"，又接了实践的"地气"。比如，我看到我们中建五局独创的"项目成本管理方圆图"也被编入，这是我局借鉴"天圆

地方"的东方古老智慧，对工程项目运营管理和责任体系所做的一种基础性思考。类似这样的总结还有不少，这些来自于实践，基于中国市场实际，符合行业管理规律的工具，都具有推广价值，我感觉，这样的总结与提升是非常有意义的，也让我们看到了编写者的用心。

来源于实践的总结，最终还要回到实践。我希望，这套书的出版，可以为广大的工程企业项目管理者提供实在的帮助。这也正是编者攀成德的理想：推动工程企业的管理进步。

是为序。

中国建筑第五工程局有限公司董事长

丛书序言二

人们有组织的活动大致可以归结为两种类型：一类是连续不断、周而复始，靠相对稳定的组织进行的活动，人们称之为"运作"，工厂化的生产一般如此，与之对应的管理就是职能管理。另一类是一次性、独特性和具有明确目标的，靠临时团队进行的活动，人们称之为"项目"，如建设万里长城、研发原子弹、开发新产品、一次体育盛会等。周而复始活动的管理使人们依靠学习曲线可以做得很精细，而项目的一次性和独特性对管理提出了重大挑战。

项目管理的实践有千百年的历史，但作为一门学问，其萌芽于70年前著名的"曼哈顿计划"，此后，项目管理渗透到了几乎所有的经济、政治、军事领域。今天，项目管理的研究已经提升到哲学高度，人们不断用新的技术、方法论探讨项目及项目管理，探索项目的本质、项目产生和发展的规律，以更好地管理项目。

工程建设领域是项目管理最普及的领域之一，项目经营、项目管理、项目经理是每个工程企业管理中最常见的词汇。目前中国在建的工程项目数量达到上百万个，在建工程造价总额达几十万亿，工程项目管理的思想、项目管理的实践哪怕进步一点点，所带来的社会效益、环境效益、经济效益都是无法估量的。

项目管理是系统性、逻辑性很强的理论，但对于多数从事工程项目管理的人来说，很难从哲学的高度去认识项目管理，他们更多的是完成项目中某些环节、某些模块的工作，他们更关注实战，需要现实的案例，需要实用的方法。基于此，我们在编写本丛书时，力求吸取与时俱进的项目管理思想，与工程项目管理结合，避免陷入空谈理论。同时，精选我们身边发生的各类工程项目的案例，通过案例的分析，达到抛砖引玉的目的。作为一家专业和专注的管理咨询机构，攀成德的优势在于能与众多企业接触，能倾听到一线管理者的心声，理解他们的难处；在于能把最新的管理工具应用到管理的实践中，所以这套丛书包含了工程行业领导者长期的探索、攀成德咨询的体会以及中国史无前例的建设高潮所给予的实践案例。书中的案例多数来自优秀的建筑企业，体现行业先进的做法及最新的成果，以期对建筑企业有借鉴意义和指导作用。

  理论可以充实实践的灵魂,实践可以弥补理论的枯燥。融合理论和实践,这是我们编写本丛书的出发点和归宿。

前　言

　　工程项目的立项、可行性研究、工程设计与实施计划等都是基于正常的、理想的技术、管理和组织以及对未来政治、经济、社会等各方面情况预测的基础之上而进行的。而在项目的实际运行过程中，所有这些因素都可能产生变化，这些变化可能使原定的目标受到干扰甚至不能实现，这些对实现不确定的内部和外部的干扰因素，称之为风险。建筑施工企业要持续健康稳定的发展，就必须成功的管理项目风险。

　　本书以工程项目生命周期的全过程风险管理为主线，从风险管理基础理论出发，阐述了项目风险规划、识别、评估、应对、监控等过程管理的基本框架、科学方法和实用技术工具；然后重点基于工程项目的全生命周期阶段划分，结合大量的项目风险活动实例，就工程项目前期经营阶段、项目施工准备阶段、项目实施阶段、项目竣工验收阶段的各个环节中可能发生的风险进行辨识、评估，并提出具体的应对措施。同时从体系建设的角度论述了建筑施工企业如何构建项目风险管理体系，并附录部分相关的风险管理国家标准和翔实的工程项目风险管理综合型案例，以更好地指导实践。

　　综合而论，本书的特色在于注重工程项目风险管理实战，大量地借助鲜活的项目风险管理案例，突出了项目风险管理的方法、技术和工具的实用性和先进性，旨在为建筑施工企业不同管理层级的专业管理人员提供对项目风险管理实践的指导。

　　本书由上海攀成德企业管理顾问有限公司合伙人曾华、咨询顾问耿海波、栗昊共同编著。全书共 6 章，第 1 章、第 2 章、第 6 章由曾华编写；第 3 章、第 4 章、第 5 章由耿海波和栗昊共同编写。最终由曾华对全书进行统稿和修订。

　　在本书编写与修订过程中，上海攀成德企业管理顾问有限公司专家顾问何成旗，对全书写作与修订给予了悉心指导，并提供大量的项目风险管理案例；上海攀成德企业管理顾问有限公司研究员蔡敏、华中科技大学经济学院研究生颜雅在资料收集、案例整理、版式编排等方面提供了大量的帮助；同时，参考和引用了部分国内外有关的研究成果和文献，在此一并向相关作者和机构，以及所有曾经帮助过本书编写和出版的朋友们表示诚挚的谢意！

目 录

1 工程项目风险管理概述 ································· 1

1.1 风险管理 ································· 1
1.1.1 风险的定义 ································· 1
1.1.2 风险的属性 ································· 2
1.1.3 风险的因素与分类 ································· 2

1.2 工程项目风险 ································· 3
1.2.1 工程项目风险的概念 ································· 3
1.2.2 工程项目风险的特点 ································· 3
1.2.3 工程项目风险因素 ································· 4

1.3 工程项目风险管理 ································· 5
1.3.1 工程项目风险管理概念 ································· 5
1.3.2 工程项目风险管理的特点 ································· 5
1.3.3 工程项目风险管理的作用 ································· 6

1.4 工程项目风险管理的过程 ································· 6
1.4.1 工程项目风险管理规划 ································· 6
1.4.2 工程项目风险识别 ································· 9
1.4.3 工程项目风险评估 ································· 14
1.4.4 工程项目风险控制 ································· 27
1.4.5 项目风险跟踪、监控和管理评价 ································· 40

2 工程项目营销阶段的风险管理 ································· 47

2.1 市场信息获取过程的风险管理 ································· 47
2.1.1 风险的识别 ································· 47
2.1.2 风险的评估 ································· 49
2.1.3 风险的应对及措施 ································· 49

2.2 投标过程的风险管理 ································· 53

  2.2.1 风险的识别 …………………………………………… 53
  2.2.2 风险的评估 …………………………………………… 62
  2.2.3 风险的应对及措施 …………………………………… 62
 2.3 合同洽谈与签订过程的风险管理 ……………………………… 67
  2.3.1 风险的识别 …………………………………………… 67
  2.3.2 风险的评估 …………………………………………… 70
  2.3.3 风险的应对及措施 …………………………………… 71

3 施工准备阶段的风险管理 ………………………………………… 78
 3.1 项目策划的风险管理 …………………………………………… 78
  3.1.1 风险识别 ……………………………………………… 78
  3.1.2 风险的应对及措施 …………………………………… 83
 3.2 项目施工前期准备的风险管理 ………………………………… 90
  3.2.1 风险识别 ……………………………………………… 90
  3.2.2 风险的应对及措施 …………………………………… 92

4 项目实施阶段的风险管理 ………………………………………… 101
 4.1 项目进度的风险管理 …………………………………………… 101
  4.1.1 风险的识别与评估 …………………………………… 101
  4.1.2 风险的应对及措施 …………………………………… 104
 4.2 项目安全的风险管理 …………………………………………… 111
  4.2.1 风险的分类 …………………………………………… 111
  4.2.2 风险的识别与评估 …………………………………… 118
  4.2.3 风险的应对及措施 …………………………………… 127
 4.3 项目质量的风险管理 …………………………………………… 133
  4.3.1 风险的识别与评估 …………………………………… 133
  4.3.2 风险的应对及措施 …………………………………… 135
 4.4 项目技术的风险管理 …………………………………………… 139
  4.4.1 风险的识别 …………………………………………… 139
  4.4.2 风险的应对及措施 …………………………………… 141
 4.5 项目成本的风险管理 …………………………………………… 147
  4.5.1 风险分类 ……………………………………………… 147
  4.5.2 风险因素 ……………………………………………… 148

   4.5.3 项目成本风险控制措施 · 149
 4.6 项目资金的风险管理 · 157
   4.6.1 风险因素 · 157
   4.6.2 风险的应对及措施 · 158
 4.7 项目物资采购的风险管理 · 159
   4.7.1 风险因素 · 160
   4.7.2 风险的应对及措施 · 162
 4.8 施工设备的风险管理 · 166
   4.8.1 风险因素 · 166
   4.8.2 风险识别 · 168
   4.8.3 风险的应对及措施 · 170
 4.9 项目分包的风险管理 · 172
   4.9.1 风险因素 · 173
   4.9.2 风险的应对及措施 · 175
 4.10 项目实施阶段的其他风险管理 · 177
   4.10.1 项目现场后勤的风险管理 · 177
   4.10.2 项目人力资源的风险管理 · 180
   4.10.3 项目文档资料的风险管理 · 183
   4.10.4 项目变更签证的风险管理 · 185

5 项目竣工阶段的风险管理 · 188
 5.1 竣工验收的风险管理 · 188
   5.1.1 风险的识别 · 188
   5.1.2 风险的应对及措施 · 189
 5.2 工程结算的风险管理 · 190
   5.2.1 风险的识别 · 190
   5.2.2 风险的应对及措施 · 191

6 工程项目风险管理体系建设 · 195
 6.1 工程项目风险管理体系框架 · 195
 6.2 工程项目风险管理体系的构建 · 198
   6.2.1 项目风险管理的目标 · 199
   6.2.2 项目风险管理组织体系 · 199

  6.2.3 项目风险管理流程与文件 …………………………………… 202
  6.2.4 项目风险管理培训 …………………………………………… 203
 6.3 工程项目风险管理体系的升级 ……………………………………… 204
  6.3.1 项目风险管理文化的培育 …………………………………… 204
  6.3.2 项目风险管理目标的考核 …………………………………… 205
  6.3.3 项目风险管理的信息化 ……………………………………… 206

附录1 项目风险管理 应用指南 中华人民共和国国家标准 GB/T20032-2005/ IEC62198：2001（2005-09-05 发布，2006-01-01 实施） ………… 209

附录2 工程项目风险案例 ……………………………………………… 221
 2-1：海德卫城项目风险评估 …………………………………………… 221
 2-2：重庆某桥梁工程项目风险管理案例 ……………………………… 226

参考文献 ………………………………………………………………… 239

1 工程项目风险管理概述

1.1 风险管理

1.1.1 风险的定义

关于风险一词，等同采用国际标准的国家标准 GB/T23694-2009/ISO/IEC Guide：2002《风险管理 术语》（Risk msnsgement-Vocabulary-Guidelines for use in standards）给出的定义是"某一事件发生的概率和其后果的组合"。词条后面的"注"有3个，前两个分别是"术语风险通常仅应用于至少有可能产生负面结果的情况"，"在某些情况下，风险起因于与预期的后果或事件偏离的可能性"。这个"注"，其实很重要，因为任何一个事件都会有后果，而且一个事件可能会有多个后果，其中可能有正面的，有负面的，但"风险"一般仅指负面的后果。

在国家标准《标准化工作指南 第4部分：标准中涉及安全的内容》GB/T20000.4-2003（采用国际标准 ISO/IEC 指南 51：1999《标准中涉及安全的内容》）中，又以"对伤害的一种综合衡量，包括伤害发生的概率和伤害的严重程度"的定义，特指安全方面的风险。

等同采用国际标准的国家标准《项目风险管理 应用指南》GB/T20032-2005/IEC62198：2001 中对"项目风险（project risk）"的定义同上述定义大致相同："事件发生的可能性及其对项目目标影响的组合。"

国际标准 ISO31000《风险管理 原则与实施指南》对风险的定义则是"不确定性对目标的影响"。其下的 5 条"注"中，分别说明"影响是与期待的偏差——积极和/或消极"，"风险通常以潜在的事件和后果，或它们的组合来描述"，"风险通常以事件（包括环境的变化）后果和发生可能性的组合来表达"，"不确定性是指，与事件和其后果或可能性的理解或知识相关的信息的缺陷的状态，或不完整"。

上述几种定义大同小异，但都表明风险是一种不确定性，风险产生的结果可能带来损失、获利或者是无损失也无获利，这属于广义风险。而风险表现为损失的不确定性,说明风险只能表现出损失,完全没有从中获利的可能性,属于狭义风险。可以认为,所谓风险,是指在某一特定的环境下,在某一特定的时间段内,某种损失发生的可能性。也可以这样表述,在某一个特定的时间段里,人们所期望达到的目标与实际出现的结果之间的距离,称之为风险。

1.1.2 风险的属性

属性是指事物所固有的性质。风险的属性就是指风险的一些基本性质和特征。风险的特征有以下三个:其一,是客观存在性,也就是说风险是客观存在的,虽然可以采用防范措施防止或者降低风险发生导致的损失,但是不可能完全消除风险;其二,是风险的偶然性,对于个别事件来看,风险导致事故的发生又有不确定性,不幸事件何时何地如何发生,带来多大损失,有很大的偶然性,对于独立个体来说,事先难以确定;其三,是风险的可测性,单个风险的发生虽然是偶然的,但是大量同质个体某一时期某种风险的发生又有其规律,即也可以预测。就大量风险单位而言,风险发生可以用概率来度量。

1.1.3 风险的因素与分类

(1) 导致风险事故发生的潜在原因,也就是造成损失的内在原因或者间接原因就是风险因素。它是指引起或者增加损失频率和损失程度的条件。一般情况下风险因素可以分为以下三个:

① 实质风险因素。指对某一标的物增加风险发生机会或者导致严重损伤和伤亡的客观自然原因,强调的是标的物的客观存在性,不以人的意志为转移。比如,大雾天气是引起交通事故的风险因素,地面断层是导致地震的风险因素。

② 心理风险因素。是指由于心理的原因引起行为上的疏忽和过失,从而成为引起风险的发生原因,此风险因素强调的是一种疏忽和大意,还有过失。比如,某些工厂随意倾倒污水导致水污染。

③ 道德风险因素。指人们的故意行为或者不作为。这里风险因素主要强调的是一种故意的行为。比如,故意不履行合约引起经济损失等。

(2) 风险的分类有多种方法,比较常用的有以下几种:

① 按照风险的性质可划分为纯粹风险和投机风险。只有损失机会而没有获利可能的风险是纯粹风险;既有损失的机会也有获利可能的风险为投机风险。

② 按照产生风险的环境可划分为静态风险和动态风险。静态风险是指自然力的不规则变动或人们的过失行为导致的风险;动态风险则是指社会、经济、科技或政治变动产生的风险。

③ 按照风险发生的原因可划分为自然风险、社会风险和经济风险等。自然

风险指由自然因素和物理现象所造成的风险；社会风险是指个人或团体在社会上的行为导致的风险；经济风险即是指经济活动过程中，因市场因素影响或者管理经营不善导致经济损失的风险。

④ 按照风险致损的对象可划分为财产风险、人身风险和责任风险。各种财产损毁、灭失或者贬值的风险是财产风险；个人的疾病、意外伤害等造成残疾、死亡的风险为人身风险；法律或者有关合同规定，因行为人的行为或不作为导致他人财产损失或人身伤亡，行为人所负经济赔偿责任的风险即为责任风险。

1.2 工程项目风险

1.2.1 工程项目风险的概念

前述国家标准 GB/T20032-2005/IEC62198:2001《项目风险管理 应用指南》中对"项目风险（projecf risk）"的定义是，"事件发生的可能性及其对项目目标影响的组合"。美国项目管理协会 1992 年颁布的《项目风险管理分册》中将项目风险定义为：项目实施过程中不确定事件对项目目标所产生的累积不利影响结果。国际标准 ISO31000《风险管理 原则与实施指南》对风险的定义则是"不确定性对目标的影响"。对于工程项目管理而言，风险是指可能出现的影响项目目标实现的不确定因素。因此，总结国内外的各种定义，可以认为，工程项目风险是指在项目决策和实施的过程中，造成实际结果与预期目标的差异性及其发生的概率。项目风险的差异性包括损失的不确定性和收益的不确定性。

1.2.2 工程项目风险的特点

工程项目从立项到完成后运行的整个生命周期中都必须重视对风险的管理，工程项目的风险具有如下特点：

（1）客观实在性和普遍性。作为损失发生的不确定性，风险是不以人们的意志为转移并超越人们主观意识的客观实在，而且在项目的整个生命周期内，风险无处不在，无时不有。

（2）偶然性和规律性的辩证统一。任何具体风险的发生都是诸多风险因素和其他因素共同作用结果，是一种随机现象。个别风险事故的发生是偶然的、杂乱无章的，但对大量风险事故资料进行观察和统计分析后，就会发现其呈现出明显的运动规律性。

（3）可变性。这是指在工程项目的整个生命周期内各种风险在质和量上的变化。随着工程项目的实施，有些风险会得到控制，有些风险会发生并得到处理，同时在工程项目实施的每一阶段又都可能产生新的风险。

（4）阶段性。工程项目风险阶段性（包括在风险阶段、风险发生阶段和造成后果阶段）具有明显的时段性特点。工程项目风险在这几个不同的阶段的特点都有自己的特点，可以通过其表现出的特点去识别。

（5）多样性和多层次性。工程项目周期长、规模大、涉及范围广、风险因素数量多且种类繁杂，致使工程项目在整个生命周期内面临的风险多种多样，而且大量风险因素之间的内在关系错综复杂，各风险因素与外界因素交叉影响，又使风险显示出多层次性的特征。

1.2.3　工程项目风险因素

基于对风险的不同角度的认识，也有了从不同角度的对工程项目风险的分类，比较传统和主流的分类方式主要有以下几种：

（1）根据其造成的不同后果，可以将风险分为纯风险和投机风险。和关于风险的解释类似，纯风险是指只会造成损失而不会带来收益的风险。例如，各种自然灾害一旦发生，就会带来重大的损失甚至是人员的伤亡。而如果自然灾害不发生的话，就仅仅只是不会带来损失而已，而不会带来任何利益。这种只有损失可能而没有意外收益的风险就是纯风险。投机风险则是可能造成损失，也有可能创造额外收益的风险。比如，某公司作某项投资的决策，这个决策既有可能因为作了重要分析而得到良好的回报，也有可能因为忽视某项重要因素而失误遭受财产损失。需要注意的是，纯风险和投机风险两者经常是同时存在的。

（2）按照风险的来源进行划分，可以分为政治风险、经济风险、社会风险、自然风险、管理风险、法律风险和金融风险等。

（3）按照风险是否可以管理的角度，可以划分为可管理风险和不可管理风险。所谓可管理风险是指可以预测和可以控制的风险；反之，则为不可管理风险。而风险是否可以管理，一般取决于收集的客观资料的多少和管理技术的高低。

（4）从工程项目管理的角度，项目风险则可以分为内部风险和外部风险。内部风险是指属于企业内部的通过加强管理提高技术等手段能得到降低的风险。而外部风险的发生几率和大小，能够控制到的机会可能更小一些。

（5）从项目全生命周期不同阶段的角度划分，项目工程风险可分为项目建议书阶段、可行性研究阶段、设计阶段、施工准备阶段、施工阶段、竣工阶段和运营阶段的项目风险。

（6）按照风险管理的对象分类，可以将风险分为财产风险、人身风险、责任风险和信用风险。

（7）按照风险的影响范围进行分类，风险可以分为局部风险和总体风险。

（8）按照风险的分布情况，可以将风险分为行业风险和国别风险。行业风险是指由于某些行业的特殊性而可能面临的具有行业特征的风险。国别风险则是指在不同的国家进行工程项目的过程中可能遭受到的风险。

总之，风险是非常庞杂与繁复的，很难对其有一个全面而系统的分类，以上各种分类方法各有其优势与劣势，而至于在分析风险的时候到底选择哪一种分类，则取决于要分析的具体对象以及分析的具体出发点。

1.3 工程项目风险管理

1.3.1 工程项目风险管理概念

工程项目风险管理是建设项目的当事人通过风险识别、风险分析、风险评价和风险控制，对项目中可能遇到的风险合理地使用各种风险应对措施、管理方法、技术手段进行有效的控制，尽量减少风险带来的负面影响，以最低的成本获得最大安全保障的决策及行动过程。

1.3.2 工程项目风险管理的特点

风险管理本身就是一个非常大的课题，其中要分析的工程项目风险管理具体到实际中涉及面也非常广，因此在对工程项目的风险管理进行研究的过程中，首先一定要了解工程项目风险管理的一些独有特点。

（1）工程项目风险管理要与该项目的具体特点相结合。

风险管理理论上说有一些通用的方法，如学术上的概率分析法、模拟方法以及实际运用的专家咨询法等。但是如果是针对某一具体项目的风险，则必须与该项目的特点相结合，而不是单独考虑。

（2）工程项目风险管理需要运用大量信息。

风险管理需要大量地搜集信息，对整个项目系统以及系统所处的环境有十分深入的了解，并要进行预测，所以不熟悉情况是不可能有效地进行风险管理的。

（3）工程项目风险管理需要管理者具有丰富的工作经验。

风险管理中要注意调查分析基本情况，向行业专家或者风险管理专家咨询，吸取各方面的经验和知识。这不仅包括向专家了解其对风险范围和规律的认识，而且还包括应对风险的处理方法、工作程序，并将它们系统化、信息化和知识化，以便对以后新的项目进行决策支持。

（4）工程项目风险管理要与其他项目管理工作形成集成化的管理过程。

在项目管理中风险管理属于高层次的综合性管理工作。它涉及企业管理和项目管理的各个阶段和各个方面，涉及项目管理的各个子系统。因此，它必须与企业战略管理、合同管理、成本管理、工期管理和质量管理等联成一体，形成集成化的管理过程。

1.3.3 工程项目风险管理的作用

高效的风险管理能够获得巨大的经济效果，同时也有助于企业竞争能力、素质和管理水平的提高，具体可以总结出风险管理的以下作用：

（1）工程项目风险管理决策是在大量准确而可靠的材料上作出的，极大地增加了工程项目决策的科学性和及时性。而工程决策的科学与否、及时与否，对于整个工程的利益能否达到最大化，其作用是极大的，并且也是贯穿始终的。

（2）工程项目风险管理减少了工程项目的不确定性，增加了项目管理者对项目的信心，并且也有助于提高各个环节的工作效率。例如，实施风险管理可以对设计和施工方案的可靠性、可行性进行检验，确定执行标准、预测可能发生的成本和收益，评估设计、计划变更的影响，修改项目完工成本和时间估计，以及评估、选择合适的合同采购条款等风险安排，确定合适的完工时间以及最低成本等，这些基本资料都可以全面地提高项目的完工效率。

（3）工程项目风险管理是一种主动控制，可以有效地降低费用、缩短工期、提高质量、增加项目的安全性，最大限度地保障项目目标的实现。工程项目的安全性这一基本事宜得到保障，对于工作人员工作积极性的鼓动也是非常有力的。

（4）工程项目风险管理可以有效提高工程项目管理者的管理水平，工程项目风险管理总结积累了以往项目的经验和教训，并且采纳了最新的科学技术和管理知识，从而极大地提高了项目管理者的管理水平。

（5）工程项目风险管理可以为以后的工程项目风险分析和管理提供科学而系统的资料和经验，以便改进将来的工程项目管理方法，提高管理水平。

1.4 工程项目风险管理的过程

1.4.1 工程项目风险管理规划

（1）概念

项目风险管理规划就是整个风险管理的计划，它的目的是强化有组织、有目的的风险管理思路和途径，以预防、减轻、遏制或者消除不良事件的发生和产生的影响。项目风险管理实施的整套计划和行动指南成为项目风险管理规划。

项目风险管理规划制定是以上面所述的目标为依据来制定的,所以规划要实现的目标应该是:①尽可能消除风险,如果不能消除,则应该尽最大努力将风险可能带来的损失降至最低;②隔离风险,同样也应使其尽量降低;③制定若干备选行动方案,在规划的实施过程中,有可能会出现一些没有规划时疏忽的情况,或者出现一些无法预计的突发状况,这时候其他备选的规划就可以更好的保障项目的进行,也可以有应急计划以降低突发情况的负面影响;④建立时间与经费储备,以应付不可避免的风险,任何一种计划都不可能完美无瑕,在实施起来也会遇到时间上或者成本上的一些特殊情况,在制定规划时就应该将其考虑进去。

同样应该注意的还有,风险管理的主体可以是各种各样的,有很大的外延性,并不一定局限在某一特定主体上;项目风险管理规划的内容是通过计划、组织、协调、控制等各种科学方法制定和实施的;在项目风险管理规划的制定中,应该以选择最佳的管理技术为中心,体现成本效益为原则;工程风险管理规划全程都应该以实现最大的安全保障为目标。

国家标准《项目风险管理 应用指南》GB/T20032-2005/IEC62198:2001给出了项目风险管理的过程示意图(见图1-1)。

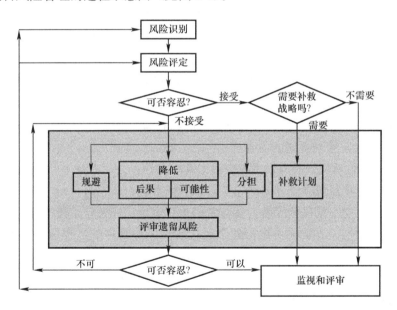

图1-1 项目风险管理过程

(2) 风险管理规划依据及流程内容

工程项目风险管理规划是统领整个风险管理过程的,如果风险管理规划制定得合理,之后得到比较严格的实施,对整个项目的作用是无可比拟的。可以从工程项目风险管理规划的依据、规划的流程以及整个规划的内容来分析。

1) 风险管理规划依据。

项目风险管理规划的制定应该依据以下几个方面：

① 项目规划中所涉及内容，如项目目标、项目规模和项目利益相关者情况，项目复杂程度，所需要资源，项目时间段，约束条件和假设条件等。

② 项目成员所经历和累积的风险管理经验。

③ 决策者和责任者的授权情况。

④ 项目利益相关者对风险的敏感程度和承受能力。

⑤ 可获取数据以及管理系统情况，它将影响对风险识别、估计、评价及对策的制定。

⑥ 利用风险管理模板促使风险管理标准化、程序化。

2) 项目风险管理规划的框架。

项目风险管理规划的制定应该依据以下的模板来进行：

① 输入。所谓输入，也就是风险管理规划制定的全面依据。它具体包括以下内容：项目许可，项目图表，风险管理策略，规定的角色和责任，利益相关人的风险容忍度，风险管理计划模板，工作分工结构。

② 工具和技术。工具和技术也就是风险管理制定的方法。风险管理计划制订的方法通常是采用项目风险管理计划会议的形式。所使用的工具是项目风险管理模块，将模板具体应用到当前项目之中。

③ 输出。输出就是风险管理计划制订的成果。一般情况下，风险管理计划的成果是风险管理计划文件，它的内容包括：管理方法，岗位职责，时间进度，预算，评分与说明，承受度，报告格式，跟踪和监控形式。

3) 项目风险管理规划的内容。

项目风险管理规划的内容主要有以下几个方面：

① 方法。项目风险管理方法、工具和数据资源。

② 人员组织。明确领导者，参与者的角色定位，任务分工和各自的责任。

③ 时间周期。界定项目执行各个运行阶段风险管理的过程评价、控制和变更周期和频率。

④ 类型和级别的说明。明确风险分析量化的情况，对防止决策滞后和保证项目过程连续是很重要的。

⑤ 基准。明确由谁以何种方式采取风险的对应行动，对准确实施风险对策和项目合同双方取得风险共识有利。

⑥ 汇报形式。规定风险管理过程项目团队内外沟通的时间、内容、范围、渠道和方式。

⑦ 跟踪。规定风险管理过程中文档资料，它可用于当前的风险管理、项目

的检查和经验总结等。

1.4.2 工程项目风险识别

(1) 概念

风险的识别就是对存在于项目中的各种风险源或是不确定性因素按其产生的背景原因、表现特点和预期后果进行定义、识别，对所有的风险因素进行科学的分类。通过风险识别能正确认识工程项目实施过程中所面临的风险种类，能为风险管理和控制选择合适的方法提供依据。风险识别是一项复杂的工作，任何一个工程项目，不论其大小，存在的风险都是多种多样的，既有静态的也有动态的，有已经存在的也有潜在的，有损失大的也有损失稍小的。

(2) 工程项目风险识别过程

做好风险识别工作需要根据具体的对象，采取具有针对性的识别方法和手段。但是一般风险识别过程主要包括：确定风险因素，风险产生条件；描述其风险特征和可能的后果；对识别出的风险进行分类。

1) 风险识别的依据。

① 项目的建议书、可行性研究报告、设计图纸或者其他文件一般都是在若干假设、前提的基础上作出的。这些前提和假设在项目实施期间有可能成立，也有可能被破坏，因此项目的前提、假设和制约因素是风险识别时应参考的依据。

② 项目规划中的项目目标、任务、范围、进度计划、费用计划、资源计划、采购计划及项目承包、业主方和其他利益相关者对项目的期望值等也是项目风险识别的依据。工程项目常见风险种类有：政治风险、经济风险、自然风险、技术风险、商务风险、信用风险等。

③ 过去建设过程中的档案记录、工程总结、工程验收资料、工程质量与安全事故处理文件，以及工程变更和施工索赔资料等，记载着工程质量与安全事故、施工索赔等处理的全过程，这对当前的风险识别是很有帮助的。

2) 风险识别的步骤。

① 收集信息。此环节一定要重视的就是信息的准确性和有效性。风险识别需要大量的信息，了解情况，需要根据对项目系统的深入了解进行预测，如果没有掌握大量信息，没有熟悉整体情况，那么风险识别是不可能有效进行的。

② 进行风险形势的估计。可以使项目的管理团队换一个角度重新审查项目计划，认清项目形势，揭露原来隐藏的假设、前提和以前未曾发觉的风险，抛弃所有个人的良好预期，仅仅只考虑项目现有的能力。

③ 在风险形势估计的基础上，尽量客观地确定项目存在的风险因素，分析这些风险因素引发项目风险的大小，然后对这些风险进行归纳分类。如案例 1-1

所示。

案例1-1：某施工企业风险识别流程（图1-2）

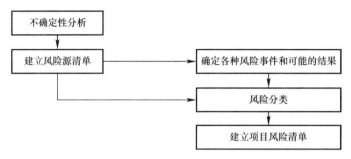

图1-2 某施工企业风险识别流程

3）风险识别的成果。

风险识别的最终成果主要是通过风险目录摘要表现出来。通过风险目录摘要，将项目可能面临的风险汇总，使人们对项目风险有一个总体的印象，并且能把全体项目人员统一起来，使个人不再仅仅只考虑自己所面临的风险，而能自觉地意识到项目的其他管理人员的风险，还能预感到项目中各种风险之间的联系和可能发生的连锁反应。风险目录摘要主要包含以下内容：风险事件表中应罗列所有的风险。对于引起风险的因素要有文字说明，说明中还应包括风险特征、可能后果、估计发生事件、预期发生的次数以及不同风险事件之间的联系。风险分类及识别之后，分类结果应便于进行风险管理的其他步骤。

（3）风险识别方法

1）头脑风暴法

头脑风暴法，也就是Brain Storming，简称BS法，是美国的奥斯本于1939年首创的，是最常见的风险识别方法。其实质就是一种特殊形式的小组会。它规定了一定的特殊规则和方法技巧，从而形成了一种有益于激励创造力的环境氛围，使与会者能够自由地畅想，无拘无束地提出自己的各种新构想、新主意，并且因相互启发、联想而引起创新设想的连锁反应，通过会议方式去分析和识别项目风险。其基本要求如下：①参加者6~12人，最好是有不同的背景，可以从不同的角度分析观察问题，但最好是同一层次的人；②鼓励参加者提出疯狂的、野性的、超出一般人的、别出心裁的和极端的想法，甚至是想入非非的主张也是受鼓励的；③鼓励修改、补充并结合他人的想法提出新建议；④严禁对他人的想法提出批评；⑤数量也是一个追求的目标，提议总是多多益善。

2）德尔菲法

德尔菲法（Delphi法）是邀请专家匿名参加项目风险分析识别的一种普遍方

法。概括起来说，Delphi 法是采用函询调查，对与所分析和识别的项目风险问题有关的专家分别提出问题，而后将他们的回答的意见综合、整理、归纳，匿名反馈给各个专家，再征求意见，然后再加以综合、反馈。如此往复循环，直至得到一个比较一致且可靠性较大的意见。Delphi 法的特点是：①匿名性，亦即背靠背。可以消除面对面带来的诸如一些权威人士或者领导的影响，以免得不到本质和原始的想法；②信息反馈、沟通比较好；③预测的结果具有统计上的特性。但是，在应用 Delphi 法时应该注意：①专家人数不宜太少，一般应以 10～50 人为宜；②对风险的分析往往受组织者、参加者的主观因素影响，因此有可能发生一定的偏差；③预测分析的时间不宜过长，时间越长准确性越差。

3）访谈法

访谈法是通过对资深的项目经理或相关领域的专家进行访谈来识别风险。负责访谈的人员首先要选择合适的访谈对象；其次，应向访谈对象提供项目内外部环境、假设条件和约束条件的信息。访谈对象依据自己的丰富经验和掌握的项目信息，对项目风险进行识别。

4）SWOT 技术

SWOT 技术是综合运用项目的优势与劣势、机会与威胁各方面，从多视角对项目风险进行识别，也就是企业内部情况对照分析法。它是将外部环境中的有利条件（机会 Opportunities）和不利条件（威胁 Threats），以及企业内部条件中的优势（Strengths）和劣势（Weaknesses）分别计入一个"田"字形的表格，然后对照利弊优劣，进行经营决策。

5）检查表

检查表是有关人员利用他们所掌握的丰富知识设计而形成的。如果把人们经历过的风险事件及其来源罗列出来，写成一张检查表，那么，项目管理人员看了就容易开阔思路，容易想到本项目会有哪些潜在的风险。检查表可以包括多种内容，这些内容能够提醒人们还有哪些风险尚未考虑到。使用检查表的优点是：它使人们能按照系统化、规范化的要求去识别风险，简单易行。其不足之处是：专业人员不可能编制一个包罗万象的检查表，因而使检查表具有一定的局限性。检查表的设计见表 1-1。

风险识别的检查表法　　　　　　　　　　表 1-1

生命周期	可能的风险因素
全过程	(1) 对一个或更多阶段的投入时间不够 (2) 没有记录下重要信息 (3) 尚未结束一个或更多前期阶段就进入下一阶段
项目启动	(1) 没有书面记录下所有的背景信息与计划 (2) 没有进行正式的成本-收益分析

续表

生命周期	可能的风险因素
项目计划	(1) 指定完成项目的人不是准备计划的人 (2) 没有写下项目计划 (3) 遗漏了项目计划的某些部分
项目实施	(1) 主要客户的需要发生了变化 (2) 搜集到的有关进度情况和资源消耗的信息不够完整或不够准确 (3) 项目进展报告不一致 (4) 一个或更多重要的项目支持者有了新的分配任务 (5) 在实施期间替换了项目团队成员 (6) 市场特征或需求发生了变化 (7) 作了非正式变更,并且没有对它们带给整个项目的影响进行一致分析 (8) 一个或更多项目驱动者没有正式批准项目成果 (9) 在尚未完成项目所有工作的情况下,项目成员就被分配到了新的项目组织中
项目收尾	(1) 一个或更多项目驱动者没有正式批准项目成果 (2) 在尚未完成项目所有工作的情况下,项目成员就被分配到了新的项目组织中

也可将检查表设计为问卷调查表,在员工中广泛征求意见和观点,见表 1-2、表 1-3。

风险问卷调查表　　　　　表 1-2

序号	风险因素	可能性			影响程度													
					成本			工期			质量			环境			安全		
		高	中	低	较轻	一般	严重	较轻	一般	严重	较轻	一般	严重	较轻	一般	严重	较轻	一般	严重
RV1	设计失误																		
RV2	规范不符																		
RV3	施工工艺落后																		
RV4	施工条件不足																		
RV5	工期紧迫																		
RV6	材料涨价																		
RV7	汇率浮动																		

项目风险检查表　　　　　表 1-3

风险的方面	检查的内容	是	否
人员方面	(1) 人员都到位了吗? (2) 他们能有胜任专业技术要求的经验吗? (3) 能找得到他们吗? (4) 人员的分工明确吗? (5) 关键人员变动或离开怎么办?		
技术方面	(1) 拟采用的技术使用、验证过吗? (2) 它可靠吗? (3) 从哪里能够获得这种技术? (4) 这种技术容易理解和掌握吗?		

续表

风险的方面	检查的内容	是	否
管理方面	(1) 项目获得明确的授权了吗？ (2) 项目获得管理层和其他各方的支持了吗？ (3) 项目的需求分析是否得到客户的确认？ (4) 项目计划充分吗？ (5) 项目利益相关者清楚吗？他们的影响力清楚吗？ (6) 与项目利益相关者的沟通是否良好？ (7) 是否具备有效的激励机制？		
资金方面	(1) 资金是否到位？万一资金不能按时到位该怎么办？ (2) 项目部能控制资金吗？ (3) 是否制定成本控制措施？		
合同方面	(1) 合同合法、有效吗？ (2) 项目部在合同中的责任、义务清楚吗？		
物资供应方面	(1) 项目所需物资都具备吗？ (2) 物资出现质量事故有补救措施吗？		
环境方面	(1) 天气将对项目造成什么样的影响？ (2) 地理因素是否影响项目的成功？		

6) 流程图法

流程图法是将施工项目的全过程，按其内在的逻辑关系制成流程，针对流程中关键环节和薄弱环节进行调查和分析，找出风险存在的原因，发现潜在的风险威胁，分析风险发生后可能造成的损失和对施工项目全过程造成的影响有多大等。运用流程图分析，项目人员可以明确地发现项目所面临的风险，但是流程图分析仅仅着重于流程本身，而无法显示发生问题时间阶段的损失值或者损失发生的概率。

7) 因果分析图

因果分析图又称为鱼刺图，它通过带箭头的线将风险问题与因素之间的关系表示出来，这种方法也是简单易行，且看起来一目了然。

8) 项目工作分解结构

风险识别要减少项目的结构不确定性，就要弄清项目的组成、各个组成部分的性质、它们之间的关系、项目同环境之间的关系等。项目工作分解结构是完成这项任务的有力工具。项目管理的其他方面（如范围、进度和成本管理），也要使用项目工作分解结构。因此，在风险识别中利用这个已有的现成工具并不会给项目的管理工作增加额外的工作量。

9) 财务表格分析法

财务表格分析法是指通过分析资产负债表、损益表、营业报告以及财务记录、预算报表等相关资料，识别和发现未来的风险。因为企业的日常经营活动与企业财务紧密联系，因此财务表格分析法不仅能够发现财务风险，还可以发现其他经营活动中的风险。在工程项目风险识别中主要是通过工程成本控制、投标承包合同、采购合同等来进行识别。

除以上这些方法之外，还有敏感性分析法，事故树分析法，常识、经验和判断，试验或试验结果等，也可以用来进行风险识别。每种风险识别的方法都有自己的优缺点，可以依据实际情况择优选择，也可以同时运用多种方法一起对风险进行识别。

1.4.3 工程项目风险评估

风险评估一般又可以分为风险估计和风险评价，风险估计是以单个风险为对象的风险估计，风险评价则把注意力转向了包括项目所有阶段的整体风险、各个风险之间的相互影响、相互作用以及对项目的总体影响、项目主体对风险的承受能力上。

(1) 风险估计

风险估计是在风险识别之后，对工程项目风险的量化过程。它是指采取科学方法将辨别出来并且经过分类的风险按照其权重大小给以排列，综合考虑风险事件发生的概率和引起损失的后果，对于不同权重的风险，管理者应该给予不同的重视。风险因素的发生概率估计分为主观和客观两种，客观的风险估计以历史数据和资料为依据，主观的风险估计无历史数据和资料可参考，而凭借人的经验和判断力。一般情况下这两种估计都要做，因为工程项目的进展并非一目了然，而且新技术、新材料的应用使得影响建设项目进程的客观因素更加错综复杂，原有的数据过时较快，因此，在某些情况下，主观的风险估计尤为重要。

1) 风险估计内容。

风险估计的内容总结起来主要有以下几个：

① 风险事件发生可能性的估计。工程项目风险估计的首要任务是估计风险事件发生的概率，并且统计分析风险事件的概率分布，这是工程项目风险分析估计中最为重要的一项工作，也是最困难的一项工作。一般来讲，风险事件的概率分布应该根据历史资料确定，如果当前管理人员没有足够的资料来确定风险事件的概率分布时，可以利用理论概率分布来进行风险估计。

② 风险事件后果严重程度的估计。工程项目风险估计的第二项任务是分析和估计工程项目风险事件可能带来的损失的大小，而这些损失将对工程项目的实现造成不利影响。这些影响包括工期的延误、费用的超支、质量安全事故等。

③ 风险事件影响范围的估计。工程项目风险估计的第三项任务是对风险事件影响范围进行估计，即包括分析风险事件对当前工作和其他相关工作的影响，

也包括风险事件对工程利益相关的各单位的影响。

④ 风险事件发生时间的估计。从风险事件控制角度来说，风险事件的控制应根据风险发生的先后顺序进行控制。一般来说，较早发生的风险优先控制，而较迟发生的风险应对其进行跟踪、观察，并且适时进行干预，达到降低风险发生概率或减少风险损失的目的。

2）风险估计的目的。

风险估计的对象是项目的各单个风险，非项目整体风险，单个风险的风险估计有如下几方面的目的：

① 加深对项目自身和环境的理解。

② 进一步寻找实现项目目标的可行方案。

③ 务必使项目所有的不确定性和风险都经过充分、系统而又有条理的考虑，明确不确定性对项目其他各个方面的影响。

④ 估计和比较项目各种方案或者行动路线的风险大小，从中选择威胁最少、机会最多的方案或行动路线。

3）风险估计的过程。

① 数据和资料收集。收集项目风险估计所需要资料和数据的途径有：一是通过总结类似工程风险事件取得；二是从分析项目背景的地理环境、社会环境、经济发展环境中取得；三是在项目实施过程中总结的经验教训。

② 风险估计模型建立。风险估计模型的建立是在分析手上的资料和数据的基础上，对风险事件发生的概率和可能造成的损失进行量化的描述。工程项目风险模型分为概率模型和损失模型，这两种模型分别用于描述风险因素与风险事件发生概率的关系和风险事件可能造成损失的估计。

③ 风险概率和后果的估计。建立工程项目的风险模型后，运用风险估计的方法和工具可以估计风险事件发生的概率及其可能造成损失的后果。

④ 风险优先排序。根据风险事件的概率和对项目影响的后果，可以对风险事件按照影响程度的优先级进行排序。

4）风险估计方法。

风险估计主要可以采用综合评价法、AHP层次分析法、模糊评价法和等风险图法等。

(2) 风险评价

工程风险项目评价是在项目风险识别和估计的基础上，建立相应的系统评价模型，来估算出各种风险发生的概率及损失的大小，从而对项目风险进行分级排列，为如何处置这些风险提供科学的依据。工程项目风险评价的依据主要有工程项目类型、风险管理计划、工程项目风险识别的成果、工程进展状况、数据的准确性和可靠性等。风险评价的重点是综合考虑各种风险因素对项目总体目标的影响，确定对风险应该采取何种应对措施，同时也是评价各种处理措施可能需要花费的成本，也就是综合考虑风险成本效益。在分析评估的过程中，管理人员要详细研究决策者决策的各种可能后果，并将决策者作出的决策同自己单独预测的后果相比较，判断这些预测能否被决策者所接受。各种风险的可接受或者危害程度互不相同，因此就产生了哪些风险应该首先或者是否需要采取措施的问题。风险评估有定性和定量两种，进行风险评估时，还要提出防止、减少、转移或者消除风险损失的初步方法，并将其列入风险管理阶段要进一步考虑的各种办法之中。

1）风险评价的目的。

从整体上看来风险评价有以下四个目的：

① 对项目诸风险进行比较和评价，确定它们的先后顺序。在风险估计的基础上，风险评价运用定性或者定量的方法对工程项目风险影响程度的先后顺序进行排列，为工程项目后续风险决策和风险应对监控提供依据。

② 表面上看起来不相干的多个风险事件常常是由一个共同的风险来源所造成的。例如，若遇上未曾考虑到也未曾碰到的技术难题，则项目会造成整体的费用超支、进度拖延、产品质量不合格等多种后果。风险评价就是要从项目整体出发，同时对项目的各个风险因素进行分解、剖析、挖掘风险事件的成因，弄清各个风险事件之间确切的因果关系，或者找到某一些共同的风险事件风险源，制订出系统的风险管理计划。

③ 考虑各种不同风险之间相互转化的条件，研究如何才能化威胁为机会。同时也需要注意，原来以为的机会在什么条件下会转化为威胁。

④ 进一步量化已识别风险的发生概率和后果，减少风险发生概率和后果估计中的不确定性。必要时依据项目形势的变化，重新分析风险发生的概率和可能的后果。

2）风险评价过程。

风险评价的过程可以依照以下四个步骤来进行：

① 确定风险评价基准。风险评价基准就是项目主体针对每一种风险后果确定的可接受水平。单个风险和整体风险都要确定评价基准，可分别称为单个评价基准和整体评价基准。风险的可接受水平可以是绝对的，也可以是相对的。

② 确定工程项目的风险水平。项目整体风险水平是综合了所有的个别风险之后确定的。一般工程项目的风险水平取决于工程中存在风险的多少和风险对工程目标的影响程度，一般来说，工程项目中存在的风险多或者风险事件对工程影响大，则说明工程项目的风险水平等级较高。

③ 比较工程项目风险水平与评价标准。将工程项目的单个风险水平与单个

评价标准、整体风险水平与整体评价标准比较,确定它们是否在可接受的范围内,进而确定工程项目采用何种应对风险措施。

④ 确定工程项目风险等级。根据风险发生的概率以及对工程项目目标的影响程度,采用定性或定量的方法进行分析,确定不同风险对工程项目目标的重要性,按照重要性的优先级进行排序,为项目决策提供依据。

(3) 风险评估方法

项目风险评估方法一般分为定性评估和定量评估两种。项目风险的定性评估接近于人们的思维方式,是一种感性的、相对直观的方法,它主要是对无法量化和量化水平较低的风险进行评估,或者在定量研究的基础上作定性分析,得出更加可靠的结果。而项目的定量评价则是一种科学、客观、理性的方法,它主要是将风险造成的损失频率、损失程度以及其他因素综合起来考虑,分析风险可能的影响。在实践过程中,项目风险的评估常采用定性评估与定量评估相结合的办法进行。

1) 工程项目风险的定性分析方法。

① 故障树分析法。故障树,也称为事故树。它是利用图的形式将可能造成项目失败的各种因素进行分析,确定其各种可能组合方式的一种树状机构图。该法将项目风险由粗到细,由大到小,分层排列,容易找出所有的风险因素,关系明确。故障树分析法适用于较复杂系统的风险分析与评价,其特点是应用广泛、逻辑性强、形象化,分析结果具有系统性、准确性与预测性。

案例 1-2:故障树分析技术在三峡工程中的应用

某施工单位在近 3 年的三峡工程大坝混凝土施工期间,由于违章作业、安全检查不够,共发生高处坠落事故和事件 20 多起,其中从脚手架或操作平台上坠落占高处坠落事故总数的 60% 以上,这些事故造成人员伤亡,对安全生产造成一定损失和影响。为了研究这种坠落事故发生的原因及其规律,及时排除不安全隐患,选择从脚手架或操作平台上坠落作为事故树顶上事件,编制了如下图所示的故障树。

该故障树的最小割集:$E_1=X_1$,$E_2=X_4$,$E_3=X_5$,$E_4=X_2X_3$,$E_5=X_7X_8$,$E_6=X_6X_9$,$E_7=X_6X_{10}$,用最小割集表示的等效图如图 1-3 所示,发生顶上事件的途径有 7 种。

该故障树的最小径集:

$\{X_1, X_2, X_4, X_5, X_7, X_9, X_{10}\}$;

$\{X_1, X_2, X_4, X_5, X_7, X_6\}$;

$\{X_1, X_2, X_4, X_5, X_8, X_9, X_{10}\}$;

$\{X_1, X_2, X_4, X_5, X_6, X_8\}$；
$\{X_1, X_3, X_4, X_5, X_7, X_9, X_{10}\}$；
$\{X_1, X_3, X_4, X_5, X_7, X_6\}$；
$\{X_1, X_3, X_4, X_5, X_8, X_9, X_{10}\}$；
$\{X_1, X_3, X_4, X_5, X_6, X_8\}$；

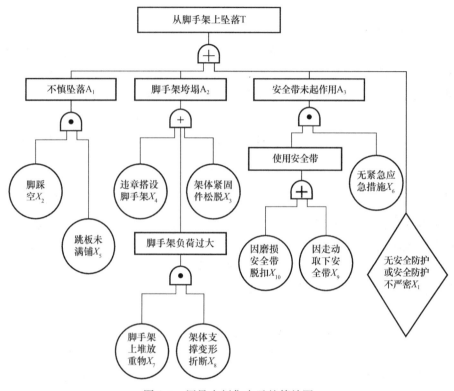

图 1-3　用最小割集表示的等效图

各基本事件的结构重要顺序：根据故障树及最小割集表示的等效故障树分析，X_1，X_4，X_5最重要，处于同等地位；X_6次之，X_2、X_3和X_7、X_8、X_9、X_{10}处于同等地位，最不重要。

各基本事件的结构重要顺序为：

$$X_1 = X_4 = X_5 > X_6 > X_2 = X_3 = X_7 = X_8 = X_9 = X_{10}$$

根据某单位 1999 年 7 月至 2001 年 12 月发生的从脚手架或操作平台上坠落事件统计，估算各基本事件发生的概率为：无安全防护或安全防护不严密（X_1），$q_1 = 0.27$ 次/月；脚踩空（X_2），$q_2 = 0.17$ 次/月；脚手架未满铺（X_3），$q_3 = 0.3$ 次/月；违章搭设脚手架（X_4），$q_4 = 0.2$ 次/月；脚手架紧固件松脱（X_5），$q_5 = 0.13$ 次/月；无安全紧急应急措施（X_6），$q_6 = 0.33$ 次/月；脚手架上堆放重物（X_7），$q_7=0.2$ 次/月；支撑变形折断（X_8），$q_8=0.1$ 次/月；安全带因走动而取下（X_9），$q_9=0.5$ 次/月；因磨损安全带脱扣（X_{10}），$q_{10}=0.2$ 次/月。

用近似法计算顶上事件的发生概率：

$$q=q_1+q_4+q_5+q_2q_3+q_7q_8+q_6q_9+q_6q_{10}=0.902（次/月）$$

由此可见，该故障树顶上事件 T 的发生概率在该施工单位每月接近 1 起，必须采取措施加以控制。

② 外推法。外推法分为前推、后推和旁推三种，但是由于后推和旁推的预测效果较差，因此项目中一般采用前推法。前推法是利用取得的按时间顺序排列的历史数据推断未来时间发生的概率和后果。前推法运用的前提是拥有足够的历史资料，方法简单易行；但缺点是历史资料不一定完全适用于现在，且没有考虑事件的因果关系。

③ 专家调查打分法。专家调查打分法是由专家对项目运行过程中，每阶段的每一风险因素，给予一个主观评分，根据分数高低确定风险大小的方法。其优点是简单且容易使用，缺点是可靠性完全取决于专家的经验与水平。

④ 矩阵图分析。矩阵图分析，即概率—影响矩阵，又称为风险值法。它将概率与影响的估计值之间简单相乘来构建一个 P—I 矩阵，对风险进行排序，可用以确定风险类别（低、中等或高）。风险评分使风险的分类有助于对风险应对措施提供指导，但风险概率需要根据历史数据确定，而在实际问题中，往往难以得到相应的历史数据，这给风险概率的确定造成了一定的困难。

案例 1-3：密云县左堤路道路改建工程风险评估

密云县左堤路道路改建工程位于北京市密云县潮白河东岸，北起密兴旧路，向南经密兴路，穿京承高速路，过密顺旧路、密顺路、盛南路、单平路，终于怀耿路耿新庄大桥东侧，道路全长 18.927km。左堤路为二级公路，道路设计行车速度为 60km/h；路面宽 9.0m，路基宽度 12.0m。

本工程中标价 3865 万元，缺陷责任期 2 年，保修期 5 年。部分工程采用分包。主要施工内容包括旧路处理，加铺和新建路的路基处理，路面底基层、基层、面层摊铺，路缘石砌筑等。周边施工条件：施工道路周边路网便利，施工分段导行和断行均可通过周边路网疏通。

1. 工程特点、难点、重点

（1）地理位置。

本工程全部 18.927km 的路面都位于潮白河的东岸上，战线长，施工范围小。穿插 7 个较大的路口。

(2) 路面情况。

路基垫层已经基本成形，还需铺设两层二灰和两层油面。沿线的所有桥梁、涵洞都已经完工。

(3) 沿线运输级配的超重型车辆较多，路面遗洒、会车以及交通安全方面问题较多。

(4) 新旧路路面基层的衔接、路口处新旧道路面层衔接控制，保证平整度、密实度等质量要求。

2. 工程的风险评估

(1) 压缩工期风险。

本工程合同工期为2007年12月14日至2008年10月13日，但业主要求过完春节后开工，施工年度为奥运年，因为给奥运工程让路，故对本工程施工有较大影响；本工程虽远离市区，但为市城区上游地区，极有可能为保证上游水土安全，要求在奥运会开幕前完工。这样工期由原来10个月就压缩成了5个月，这将导致各项工程工、料、机投入失衡，大量增加成本投入。

(2) 材料采购风险。

奥运前市区所有市政工程要求完成，基于市场供求关系，材料上涨严重；奥运会期间各种安全检查、交通限行，导致材料运输、供应紧张，尤其涉及环保要求很高的沥青和石灰将面临有价无市或有市价奇高的被动局面。因此，解决材料采购风险是本工程成败的关键。

(3) 分包单位管理风险。

本工程全长18.9km，战线长，一旦正式动工就得分五六个区域全面开工，项目部管理人员少，分包管理不到位的风险就有可能发生。本工程主要针对行驶对象是河道两侧砂石料厂中运输砂石料的大型载货车，满载重量达到50t以上。因此对路面及路基质量要求非常严格。选择信誉好、实力强的专业施工队伍，施工过程中有条不紊、不偷工减料，才能保证工程有过硬的质量。

同时与公司分包合作的单位瑞通养护中心原为密云公路局下属单位，现已脱离成为独立法人公司，但其与公路局有着藕断丝连的关系，施工过程中合同、进度、质量和安全控制的好坏直接影响着我公司的声誉，管理难度和风险很大。

(4) 与水务局交叉施工风险。

本工程现况路床及桥涵为密云水务局修建，同时其潮白河左侧挡墙和护砌与我部路缘石及步道需交叉作业，在其单位管理区域内施工，又与其交叉作业，中间协调难度很大，施工风险很大。

(5) 施工时当地隐性势力影响风险。

本工程投标阶段就有十几家竞标，而且每家都很有实力，其中几家在当地有很强的势力范围,左右着当地的基建资源,我部首次以总承包并自己施工管理进入,对当地势力是一次大的冲击,尤其是沿左堤路一侧的级配砂石厂家更是虎视眈眈,施工过程中这种当地势力的阻碍和干扰在所难免,施工风险加大。

(6) 安全施工风险。

本工程规模大,战线较长,不同专业参建单位多,人员素质参差不一,安全管理难度大;施工中应用大型机具设备多,运输车辆进出频繁,安全隐患较大,不容忽视。

2) 工程项目风险的定量分析方法。

① 盈亏平衡分析。盈亏平衡分析,又叫做本、量、利分析。是在成本形态分析和变动成本法的基础上,研究项目的成本、业务量以及利润之间的平衡关系,确定盈亏平衡点的方法。该方法一般适用于项目的费用分析或者收益分析,其应用的前提是可以通过经验或者历史资料对项目的未来状况有确定性的判断。

② 敏感性分析。敏感性分析是研究一个或者多个因素变化对目标的影响程度,以判断其对目标的重要性的过程。敏感性强的因素会给项目带来较大的风险。但其局限性是没有考虑因素变化造成风险的可能性大小,会影响分析结论的准确性。

③ 概率分析。概率分析,又称风险分析。它是通过分析各因素在一定范围内发生某种变动的概率及其对项目的影响,对风险情况作出较为准确的判断。概率分析可以使项目管理者了解发生风险影响的可能性大小。

④ 决策树分析。决策树分析是把影响项目的有关因素分解,计算其概率和期望值,绘制成树状图,以进行方案的比较和选择。决策树分析的优点是层次清晰、不遗漏、不易错,可进行多级决策;其缺点是若分级太多,树图很复杂。

⑤ 计划评审技术。计划评审技术是综合运用关键路径法和加权平均法估计项目在某个时间内完成的可能性的方法。它适用于从未经历过的、作业时间不确定的科研、新产品开发等工程项目,用于解决项目进度风险管理问题。

⑥ 蒙特卡罗法。蒙特卡罗模拟法(Monte Carlo Simulation)又称随机抽样技巧或统计实验方法,它是估计经济风险和工程风险的常用方法之一。蒙特卡罗模拟法通过人的主观概率估计和计算机模拟,直接估计出各种风险发生的概率,并以概率分布的形式表示出来。蒙特卡罗模拟法的基本思路是:随机地从每个不确定因素中抽取样本,进行一次整个项目计算,重复成百上千次,模拟各式各样的不确定性组合,获得各种组合下的成百上千个结果,通过统计和处理这些结果数据,找出项目变化的规律。蒙特卡罗模拟法在工程项目风险评价中应用的主要步骤有:风险识别→风险识别成果(即风险清单)→专家调查法对每个风险因素

进行概率估计和影响程度评估→进行各种风险因素的概率模拟试验，根据试验结果得出概率分布曲线→分析和总结概率分布曲线，对工程项目的风险进行评价。

3）工程项目风险定性与定量相结合的典型评估方法。

① 综合评价法。邀请有经验的专家对可能出现的风险事件进行评估，然后综合整体的风险水平，对风险进行排序。该方法适用于决策前期。这个时期往往缺乏项目具体的数据资料，主要依据专家经验和决策者的意向，得出的结论也不要求是资金方面的具体值，而是一种大致的程度值，它只能是进一步分析的基础。它的应用由两步组成：首先，识别出某一种特定工程项目可能遇到的所有风险，列出风险调查表（Checklist）；其次，利用专家经验，对可能的风险因素的重要性进行评价，综合成整个项目风险。具体步骤如下：

a. 确定每个风险因素的权重。以表征其对项目风险的影响程度。

b. 确定每个风险因素的等级值。可以按可能性很大、比较大、中等、不大、较小五个等级，分别以 1.0、0.8、0.6、0.4 和 0.2 打分。

c. 将每个风险因素的权数与等级值相乘，求出该项风险因素的得分，再求出此工程项目风险因素的总分。显然，总分越高说明风险越大。

如表 1-4 为某海外工程的风险调查表，其中，$W \cdot X$ 叫做风险度，表示一个项目的风险程度。由 $W \cdot X = 0.56$，说明该项目的风险属于中等水平，可以投标，报价时风险费也可取中等水平。

某海外工程风险调查表　　　　　　　　　　　表 1-4

可能发生的风险因素	权数 W	风险因素发生的可能性					$W \cdot X$
		很大 1.0	比较大 0.8	中等 0.6	不大 0.4	较小 0.2	
政局不稳	0.05			√			0.03
物价上涨	0.15		√				0.12
业主支付能力	0.10			√			0.06
技术难度	0.20					√	0.04
工期紧迫	0.15			√			0.09
材料供应	0.15		√				0.12
汇率浮动	0.10			√			0.06
无后续项目	0.10				√		0.04

为进一步规范这种方法，可根据以下标准对专家评分的权威性确定一个权重值。

a. 在国内外进行国际工程承包工作的经验。

b. 是否已作投标准备，对投标项目所在国及项目情况的了解程度。

c. 知识领域（单一学科或综合性多学科）。

d. 在投标项目风险分析讨论会上发言的水平等。

该权威性的取值建议在 0.5～1.0 之间，1.0 代表专家的最高水平，其他专家，取值可相应减少，投标项目的最后的风险度值为：每位专家评定的风险度乘以各自的权威性的权重值，所得之积合计后再除以全部专家权威性的权重值的和。

② 层次分析法（AHP）。是将决策者的主观判断与偏好用数量形式表达和处理的方法，能够比较准确地确定综合评价模型的权重。在工程项目风险分析中，层次分析法（AHP）提供了一种灵活的、易于理解的工程风险评价方法。一般是在工程项目投标阶段使用层次分析法来评价工程风险。这使风险管理者能在投标前就对拟建项目的风险情况有一个全面的认识，判断出工程项目的风险程度，以决定是否投标。

应用层次分析法（AHP）进行风险分析的过程共有十个步骤：

a. 对具体的工程项目进行描述。

b. 对具体的项目进行风险分类和辨识，常用的方法是专家调查法，如德尔菲法等。

c. 构造出该工程项目风险评价指标体系。

d. 通过建立工程项目风险评价指标体系，从整体上把握项目的各个风险，然后请专家对每一个风险指标进行风险分析。

e. 构造风险因素和子因素的判断矩阵，请专家对因素层和子因素层间各元素的相对重要性给出评判，可求出各元素的权重值。

f. 构造反映各个风险因素危害的严重程度的判断矩阵。严重程度通常用高、中、低风险三个概念来表示，求出各自风险因素相对危害程度值。

g. 对层次分析法中专家评判的一致性加以检验。由于在第四步中，是采用专家凭经验、直觉的主观判断，那么就要对专家主观判断的一致性加以检验。如检验不通过，就要让专家作重新的评价，调整其评价值，然后再检验，直至通过为止。一般地，一致性检验率不超过 0.1 即可。

h. 把所求出的各自因素相对危害程度值统一起来，就可求出该风险指标风险处于高、中、低各等级的概率值大小，由此可判断该风险指标的风险程度。

i. 把工程项目风险评价指标体系中的所有指标都如此分析评价，并把各层次的风险程度统一起来，就可得出项目总的风险水平。

j. 决策与管理，根据分析评估结果制定相应的决策并实行有效的管理。

在现行国家标准《风险管理 风险评估技术》GB/T27921-2011 中，列出了对各种风险评估技术适用性的比较，见表1-5。

技术在风险评估过程的适用性　　　　　　　　　表 1-5

风险评估技术	风险评估过程				
	风险识别	风险分析			风险评价
		后果	可能性	风险等级	
头脑风暴法	SA	A	A	A	A
结构化/半结构化访谈	SA	A	A	A	A
德尔菲法	SA	A	A	A	A
情景分析	SA	SA	A	A	A
检查表	SA	NA	NA	NA	NA
预先危险分析	SA	NA	NA	NA	NA
失效模式和效应分析	SA	SA	SA	SA	SA
危险与可操作性分析	SA	SA	A	A	A
危害分析与关键控制点	SA	SA	NA	NA	SA
结构化假设分析	SA	SA	SA	A	A
风险矩阵	SA	SA	SA	SA	A
人因可靠性分析	SA	SA	SA	SA	A
以可靠性为中心维修	SA	SA	SA	SA	SA
压力测试	SA	A	A	A	A
保护层分析法	A	SA	A	A	NA
业务影响分析	A	SA	A	A	A
潜在通路分析	A	NA	NA	NA	NA
风险指数	A	SA	SA	A	SA
故障树分析	A	NA	SA	A	A
事件树分析	A	SA	A	A	NA
因果分析	A	SA	SA	A	A
根原因分析	NA	SA	SA	SA	SA
决策树分析	NA	SA	SA	A	A
蝶形图法（Bow-tie）	NA	A	SA	SA	A
层次分析法（AHP）	NA	A	A	SA	SA
在险值法（VaR）	NA	A	A	SA	SA
均值-方差模型	NA	A	A	A	SA
资本资产定价模型	NA	NA	NA	NA	SA
FN 曲线	A	SA	SA	A	SA
马尔可夫分析法	A	SA	NA	NA	NA
蒙特卡罗模拟法	NA	NA	NA	NA	SA
贝叶斯分析	NA	SA	NA	NA	SA

注：1. SA 表示非常适用；
　　2. A 表示适用；
　　3. NA 表示不适用。

影响风险评估技术选择的因素有多种。在实践中，以下因素更应引起关注：
a. 所需资源的程度，主要涉及时间、专业知识水平、数据需求或评估成本等；
b. 不确定性的性质及程度；
c. 问题和所需分析方法的复杂性；
d. 方法是否可以提供定量结果。

基于以上方面，对各类风险评估技术的特征在现行国家标准《风险管理 风险评估技术》GB/T27921-2011 中作了描述（见案例1-4）。

案例1-4：各项风险评估技术的特征（表1-6）

各项风险评估技术的特征　　　　　　　　　　　　　　表1-6

风险评估方法及技术	说　明	资源与能力	不确定性的性质与程度	复杂性	能否提供定量结果
头脑风暴法及结构化访谈	一种收集各种观点和评价在团队内进行评级的方法。头脑风暴法可由提示、一对一以及一对多的访谈技术所激发	低	低	低	否
德尔菲法	一种综合各类专家观点并促其一致的方法，这些观点有利于支持风险源及影响的识别、可能性与后果分析以及风险评价。需要独立分析和专家投票	中	中	中	否
情景分析	在想象和推测的基础上，对可能发生的未来情景加以描述，可以通过正式或非正式的、定性或定量的手段进行情景分析	中	高	中	否
检查表	一种简单的风险识别技术，提供了一系列典型的需要考虑的不确定性因素。使用者可参照以前的风险清单、规定或标准	低	低	低	否
预先危险分析（PHA）	PHA 是一种简单的归纳分析方法，其目标是识别风险以及可能危害特定活动、设备或系统的危险性情况及事项	低	高	中	否
失效模式和效应分析（FMEA）	FMEA 是一种识别失效模式、机制及其影响的技术。有几类 FMEA：设计（或产品）FMEA，用于部件及产品；系统 FMEA；过程 FMEA，用于加工及组装过程；还有服务 FMEA 及软件 FMEA	中	中	中	是
危险与可操作性分析（HAZOP）	HAZOP 是一种综合性的风险识别过程，用于明确可能偏离预期绩效的偏差，并可评估偏离的危害度。它使用一种基于引导的系统	中	高	高	否
危害分析与关键控制点（HACCP）	HACCP 是一种系统的、前瞻性及预防性的技术，通过测量并监控那些应处于规定限值内的具体特征来确保产品质量、可靠性以及过程的安全性	中	中	中	否

续表

风险评估方法及技术	说明	影响因素			能否提供定量结果
		资源与能力	不确定性的性质与程度	复杂性	
结构化假设分析（SWIFT）	一种激发团队识别风险的技术，通常在引导式研讨班上使用，并可用于风险分析及评价	中	中	任何	否
风险矩阵	风险矩阵（Risk Matrix）是一种将后果分级与风险可能性相结合的方式	中	中	中	是
人因可靠性分析	人因可靠性分析（HRA）主要关注系统绩效中人为因素的作用，可用于评价人为错误对系统的影响	中	中	中	是
以可靠性为中心的维修	以可靠性为中心的维修（RCM）是一种基于可靠性分析方法实现维修策略化的技术，其目标是在满足安全性、环境技术要求和使用工作要求的同时，获得产品的最小维修资源消耗。通过这项工作，用户可以找出系统组成中对系统性能影响最大的零部件及其维修工作方式	中	中	中	是
压力测试	压力测试是指在极端情景下（最不利的情形下），评估系统运行的有效性，发现问题，测定改进措施的方法	中	中	中	是
保护层分析法	保护层分析，也被称作障碍分析，它可以对控制措施及其效果进行评价	中	中	中	是
业务影响分析	分析重要风险影响组织运营的方式，同时明确如何对这些风险进行管理	中	中	中	否
潜在通路分析	潜在分析（SA）是一种用于识别设计错误的技术。潜在通路是指能够导致非期望的功能或抑制期望功能的状态，这些不良状态的特点具有随意性，在最严格的标准化系统检查中也不一定能检测到	中	中	中	否
风险指数	风险指数是可以提供一种有效的划分风险等级的工具	中	低	中	是
故障树分析	始于不良事项（顶事件）的分析并确定该事件可能发生的所有方式，以逻辑树形图的形式进行展示。在建立起故障树后，就应考虑如何减轻或消除潜在的风险源	高	高	中	是
事件树分析	运用归纳推理方法将各类初始事件的可能性转化成可能发生的结果	中	中	中	是
因果分析	综合运用故障树分析和事件树分析，并允许时间延误。初始事件的原因和后果都要予以考虑	高	中	高	是
根原因分析	对发生的单项损失进行分析，以理解造成损失的原因以及如何改进系统或过程以避免未来出现类似的损失。分析应考虑发生损失时可使用的风险控制方法以及怎样改进风险控制方法	中	低	中	否

续表

风险评估方法及技术	说 明	影响因素			能否提供定量结果
		资源与能力	不确定性的性质与程度	复杂性	
决策树分析	对于决策问题的细节提供了一种清楚的图解说明	高	中	中	是
蝶形图法（Bow-tie）	一种简单的图形描述方式，分析了风险从危险发生到后果的各类路径，并可审核风险控制措施。可将其视为分析事项起因（由蝶形图的结代表）的故障树和分析后果的事件树这两种方法的结合体	中	高	中	是
层次分析法（AHP）	定性与定量分析相结合，适用于多目标、多层次、多因素的复杂系统的决策	中	任何	任何	是
在险值（VaR）法	基于统计分析基础上的风险度量技术，可有效描述资产组合的整体市场风险状况	中	低	高	是
均值-方差模型	将收益和风险相平衡，可应用于投资和资产组合选择	中	低	中	是
资本资产定价模型	清晰地阐明了资本市场中风险与收益的关系	高	低	高	是
FN曲线	FN曲线通过区域块来表示风险，并可进行风险比较，可用于系统或过程设计以及现有系统的管理	高	中	中	是
马尔可夫分析法	马尔可夫分析通常用于对那些存在多种状态（包括各种降级使用状态）的可维修复杂系统进行分析	高	低	高	是
蒙特卡罗模拟法	蒙特卡罗模拟用于确定系统内的综合变化，该变化产生于多个输入数据的变化，其中每个输入数据都有确定的分布，而且输入数据与输出结果有着明确的关系。该方法能用于那些可将不同输入数据之间相互作用计算确定的具体模型。根据输入数据所代表的不确定性的特征，输入数据可以基于各种分布类型，风险评估中常用的是三角分布或贝塔分布	高	低	高	是
贝叶斯分析	贝叶斯分析是一种统计程序，利用先检分布数据来评估结果的可能性，其推断的准确程度依赖于先检分布的准确性。贝叶斯信念网通过捕捉那些能产生一定结果的各种输入数据之间的概率关系来对原因及效果进行模拟	高	低	高	是

(引自《风险管理 风险评估技术》GB/T27921-2011)

1.4.4 工程项目风险控制

（1）风险控制概述

风险控制是指利用某些技术来设法避开或者控制风险，消灭或减轻风险事件发生所造成的损失。风险控制的重点在于消除风险因素和减少风险损失。管理者

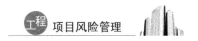

可以采用风险回避、风险转移、风险自留、风险分散、风险降低和风险抵消等方法来进行控制。

风险控制的依据一般包括：风险管理计划、实际发生了的风险事件和随时进行的风险识别结果。风险控制的手段除了风险管理计划中应对措施外，还应有根据实际情况确定的权变措施。

（2）风险控制策略和措施

1）风险回避

风险回避主要是中断风险源，使其不致发生或遏制其发展。这种手段主要包括：

① 拒绝承担风险。采取这种手段有时可能不得不作出一些必要的牺牲，但较之承担风险，这些牺牲比风险真正发生时可能造成的损失要小得多，甚至微不足道。对于工程项目而言，若管理人员发现某些风险发生损失的可能性很大，或者一旦发生损失且损失的程度很严重时，采取中断风险源，使其不致发生或遏制其发展，主动放弃原先承担的风险或完全拒绝承担该风险的行动方案，这就是风险回避。

② 放弃业经承担的风险，以避免更大的损失。实践中这种情况经常发生。事实证明这是紧急自救的最佳办法。作为工程承包商，在投标决策阶段难免会因为某些失误而铸成大错。如果不及时采取措施，就有可能一败涂地。例如，某承包商在投标承包中东某国一项皇宫施工项目时，误将纯金扶手译成镀金扶手，按镀金扶手报价，仅此一项就相差100多万美元，而承包商又不能以自己所犯的错误为由要求废约，否则要承担违约责任。风险已经注定，只有寻找机会让业主自动提出放弃该项目。于是他们通过各种途径，求助于第三者游说，使国王自己主动下令放弃该项工程。这样承包商不仅避免了业已注定的风险，而且利用业主主动放弃项目进行索赔，从而获得一笔可观的额外收入。

回避风险的决策应在项目的计划阶段时确定，以避免前期人工浪费或中途改变方案的不便。如果单纯地从处置工程项目特定风险的角度来看，回避风险自然是最彻底的方法，但这是一种消极的防范手段。因为回避风险固然能避免损失，但也失去了实施项目可能带来收益的机会，且窒息了项目有关各方的创造力。因此风险回避存在局限：某些风险是无法避免的，回避风险就意味着放弃收益；在避免某种风险的同时，可能会产生另一种风险。从上述分析不难发现，回避风险适用于以下几种情形：一是客观上不需要的项目，没有必要冒险；二是损失频率虽不大但一旦造成损失，后果严重，项目执行组织无力承担后果的项目；三是采用其他风险管理措施的经济成本超过了进行该项经济活动的预期收益。

案例 1-5：深圳发展中心大厦的投标与承包

深圳发展中心大厦高 165.3m，总建筑面积 75120m²，主楼 43 层。是深圳特区改革开放初期标志性工程之一，也是国内第一幢钢结构摩天大楼。

发展中心大厦工程建于 20 世纪 80~90 年代。工程完全按国际招标方式承发包，其主体结构工程招标书、幕墙工程供应及安装招标书以及其他如电梯、钢结构防火等专业分包的招标文件均按"土木建筑工程（国际）合同条件的标书与协议书"的模式、香港地区标准合同的惯例结合我国的法律、法规而编制，其内容比较明细，条款也十分严格。

尽管如此，但中方各公司为了开拓经营、促进技术进步，外商方面为了跻身中国建筑市场，各方"高手"云集深圳。经过业主筛选，取得钢结构供应商投标资格的 8 家国际承包商为：

1. 新日本制铁、日本钢管、日本清水建设、日商岩井。
2. 日本住友物产、住友金属。
3. 日本丸红商事、川崎制铁。
4. 日本三井商事、川田铁骨。
5. 日本伊藤忠商事、横河路桥铁骨。
6. 日本巴组铁工所。
7. 英国杜文龙公司。
8. 香港中华造船厂、中华重工。

国内被邀请参加主体结构工程建设投标的是当时深圳特区建设中举足轻重的六大建安公司：YY 南方公司、HX 公司、ZJ 深圳公司、中国 TM 公司、JS 建安公司、HT 企业公司。

为了在强手如林的角逐中取胜，各家公司均寻求能取长补短的合作伙伴，以通过供应与安装联合报价承包、学习国外先进技术和管理经验等作用，纷纷组成松散的联合体，开展竞标。其中，经验丰富的日本各家公司不但由本国商社与钢铁公司、制铁工厂搞了"内联"，还积极在主体结构工程投标者的中国公司中寻求合作者，从而形成了四大投标组合体：

1. 日本伊藤忠商事选择日本横河桥梁为钢结构加工制造商，选日本钢管作为材料供应商，与中国 HX 公司合作竞标。
2. 日本丸红商事与川崎制铁合伙，与中国 YY 南方公司合作。
3. 日本泉创建与巴组铁工所相邀，与中国 ZJ 深圳公司达成合作意向。
4. 日本新日铁、日本钢管、清水建设、日商岩井、中华重工，与中国 TM 公司以联包集团名义参加投标。

开标结果：日本川崎制铁与丸红商事以 5000 多万港元的报价中标。然而，施工承包商却不是同一联合体的中国YY南方公司,却是另一联合体的中国ZJ深圳公司,这是为什么呢?

原来,由于该工程施工难度大:其高(比当时创造了"深圳速度"的国贸大厦还要高5m)、结构新(主体结构为框架与钢筋混凝土剪力墙共同承重的结构体系,并采用压型钢板与混凝土、钢梁、抗剪熔焊栓钉共同浇筑组合楼板,在国内尚无先例)、尖端(钢结构总用钢量达10550t,其中最重构件重达36.7t,最长构件长达19.506m,总焊缝长度达352km,其由130mm厚钢板加工焊接的箱形柱,世界罕见)等特点,在当时的全中国还没有哪家施工企业干过如此特殊的工程。施工中的一系列难题摆在施工企业面前:超厚钢板如何焊接?公司是否具备相关的技术力量?焊接质量如何控制?如何保证超高大楼的垂直度?怎样保证安全生产等。YY南方公司相关决策者意识到本公司无法解决这些风险,于是选择了风险回避的策略,退出了与九红商事等企业的联合体。后者立即向早已属意、但因其他公司捷足先登而未能合作的ZJ深圳公司发出邀请,ZJ深圳公司于是成为了工程施工的承包者。

其实,当时ZJ深圳公司也不具备相应的施工能力,但他们选择的是风险自担,采取一系列解决风险的措施:引进当时世界上最先进的CO_2气体保护半自动焊技术,并选送10名焊工赴川崎培训中心学习这项技术,学成归国后立即在内部开展培训,一下子培养出60余名合格的焊工;引进了当时世界上先进的德国产LIEBHERR500HC-S型640t·m塔吊和SCHWING BP300HD-15型混凝土输送泵、法国产POTAIN140t·m塔吊等设备;引进美国焊接学会AWS、美国钢结构学会AISC、美国试验和材料协会ASTM等国外先进规范、标准;在工程项目管理中,实行"CM"项目管理模式等。结果,ZJ深圳公司从主体工程开工到结构封顶,历时535天即告完成,其中地下室以上结构施工的实际工期仅11个月。

更加具有意义的是,该工程的施工使ZJ深圳公司初尝钢结构施工的滋味并取得良好的社会效益,从此而一发不可收拾,在以后数年中,又先后承包了上海国际贸易中心、深圳地王商业中心、北京国际贸易中心三期、上海环球金融中心、深圳京基100、北京央视新址大楼等一大批国内外有影响的工程。以深圳发展中心项目管理团队为骨干发展为所在集团的专业公司,又发展成为央企集团的专业子集团,企业得到突飞猛进式的发展,并确立了在国内该专业领域的排头兵地位。

据说,YY南方公司有关领导事后非常后悔,但为时已晚。

承包商的风险回避策略包括:

① 投标报价前，认真分析业主所在国的政治、经济状况，业主的工程款落实情况和支付信誉。

② 编标报价阶段，要熟悉招标文件，做好现场勘查，在单价和总价中考虑风险因素。

③ 若发现项目所面临的风险超出自己所能承受的限度，应及时终止项目以规避风险。

案例 1-5 说明，如果项目管理者既想生存发展又想回避风险，不宜采用此项控制方法，而且，不是所有的风险都能采取回避方法，如自然灾害、自然死亡等，是不能回避的。另外，回避一种风险可能会产生另一种新风险，如采用优质材料代替劣质材料避免了质量风险，同时可能引起成本风险。

2) 损失控制

风险防范的第二种手段是控制损失。损失控制包括两方面的工作：一是减少损失发生的机会，即损失预防；二是降低损失的严重性，即遏制损失加剧，设法使损失最小化。

① 预防损失。预防损失系指采取各种预防措施，以杜绝损失发生的可能。例如，房屋建造者通过改变建筑用料，以防止用料不当而倒塌；供应商通过扩大供应渠道，以避免货物滞销；承包商通过提高质量控制标准，以防止因质量不合格而返工或罚款；生产管理人员通过加强安全教育和强化安全措施，减少事故发生的机会等。在商业交易中，交易的各方都把损失预防作为重要事项。业主要求承包商出具各种保函就是为了防止承包商不履约或履约不力；而承包商要求在合同条款中赋予其索赔权利也是为了防止业主违约或发生种种不测事件。

② 减少损失。减少损失系指在风险损失已经不可避免地发生的情况下，通过种种措施以遏制损失继续恶化或局限其扩展范围，使其不再蔓延或扩展，也就是说使损失局部化。例如，承包商在业主付款误期超过合同规定期限情况下，采取停工或撤出队伍，并提出索赔要求，甚至提起诉讼；业主在确信某承包商无力继续实施其委托的工程时，立即撤换承包商；施工事故发生后采取紧急救护；安装火灾警报系统；投资商控制内部核算；制定种种资金运筹方案等，都是为了达到减少损失的目的。

③ 损失控制。控制损失通常可采用以下办法：

a. 预防危险源的产生；

b. 减少构成危险的数量因素；

c. 防止已经存在的危险的扩散；

d. 降低危险扩散的速度，限制危险空间；

e. 在时间和空间上将危险与保护对象隔离；

f. 借助物质障碍，将危险与保护对象隔离；

g. 改变危险的有关基本特征；

h. 增强被保护对象对危险的抵抗力，如增强建筑物的防火和抗震性能；

i. 迅速处理环境危险已经造成的损害；

j. 稳定、修复、更新遭受损害的物体。

控制损失应采取主动，以预防为主，防控结合。应认真研究测定风险的根源。就某一行为或项目而言，应在计划、执行及施救各个阶段进行风险控制分析。控制损失的第一步是识别和分析已经发生或已经引起或将要引起的危险。分析应从两方面着手：

a. 损失分析。通常可采取建立信息人员网络和编制损失报表。分析损失报表时不能只考虑已造成损失的数据，应将侥幸事件或几乎失误或险些造成损失的事件和现象都列入报表并认真研究和分析。

b. 危险分析。危险分析包括对已经造成事故或损失的危险和很可能造成损失或险些造成损失的危险的分析。除对与事故直接相关的各方面因素进行必要的调查外，还应调查那些在早期损失中曾给企业造成损失的其他危险重复发生的可能性。此外，还应调查其他同类企业或类似项目实施过程中曾经有过的危险或损失。

3) 风险转移

风险转移是设法将风险的结果连同风险应对的权利和责任转移给他方，这种策略应用最多。实行这种策略要遵循三个原则：a. 它应有利于降低工程成本和有利于履行合同；b. 谁能更有效地防止或控制某种风险或减少该风险引起的损失，就由谁承担该风险；c. 应有助于调动积极性，认真做好风险管理，降低成本，节约投资。

转移风险并不会减少风险的危害程度，它只是将风险转移给另一方来承担。各人的优劣势不一样，对风险的承受能力也不一样。在某些环境下，风险转移者和接受风险者会取得双赢。而在某些情况下，转移风险可能造成风险显著增加，这是因为接受风险的一方可能没有清楚意识到他们所面临的风险。

工程保险和工程担保是风险转移的两种常用方法。

① 工程保险

工程保险是指承包商为了工程项目的顺利实施，向保险人（公司）支付保险费，保险人根据合同约定对在工程建设中可能产生的财产和人身伤害承担赔偿保险金责任。工程保险一般分为强制性保险和自愿保险两类。在工业发达国家和地区，强制性的工程保险主要有以下几种：建筑工程一切险（附加第三者责任险）、安装工程一切险（附加第三者责任险）、社会保险（如人身意外险、雇主责任险和其他国家法令规定的强制保险)、机动车辆险、10年责任险和5年责任险、专业责任险等。其中,建筑工程一切险和安装工程一切险是对工程项目在实施期间的所有风险提供全面的保险,即对施工期间工程本身、工程设备和施工机具以及其他物质所遭受的损失予以赔偿,也对因施工而给第三者造成的人身伤亡和物质损失承担赔偿责任。过去,一切险的投保人多数为承包商;现在,国际上普遍推行由业主投保工程一切险。在工业发达国家和地区,建筑师、结构工程师等设计、咨询专业人均要购买专业责任险,对由于他们的设计失误或工作疏忽给业主或承包商造成的损失,将由保险公司赔偿。国际上工程涉及的自愿保险有以下几种:国际货物运输险、境内货物运输险、财产险、责任险、政治风险保险、汇率保险等。国际上工程保险的通行做法和特点是:保险经纪人在保险业务中充当重要角色,健全的法律体系为工程保险发展提供了保障,投保人与保险商通力合作是控制意外损失的有效途径,保险公司返赔率高且利润率低。

② 工程担保

工程担保是指担保人(一般为银行、担保公司、保险公司、其他金融机构、商业团体或个人)应工程合同一方(申请人)的要求向另一方(债权人)作出的书面承诺。工程担保是工程风险转移措施的又一重要手段,它能有效地保障工程建设的顺利进行。许多国家政府都在法规中规定要求进行工程担保,在标准合同中也含有关于工程担保的条款。

在工业发达国家和地区,常见的工程担保种类如下:

a. 投标担保。指投标人在投标报价之前或同时,向业主提交投标保证金(俗称抵押金)或投标保函,保证一旦中标,则履行受标签约承包工程。一般投标保证金额为投标价的0.5%~5%。

b. 履约担保。是为保障承包商履行承包合同所作的一种承诺。一旦承包商没能履行合同义务,担保人给予赔付,或者接收工程实施义务,而另觅经业主同意的其他承包商负责继续履行承包合同义务。这是工程担保中最重要的,也是担保金额最大的一种工程担保。

c. 预付款担保。要求承包商提供的,为保证工程预付款用于该工程项目,不准承包商挪作他用及卷款潜逃。

d. 维修担保。是为保障维修期内出现质量缺陷时,承包商负责维修而提供的担保,维修担保可以单列,也可以包含在履约担保内,有些工程采取扣留合同价款的5%作为维修保证金。

以上四种担保是在工业发达国家和地区常见的工程担保种类,除此之外还有以下几种担保种类,如反担保、付款担保、业主无能为力担保、分包担保、临时进口物资税收担保、完工担保、差额担保、施工执照担保等。

案例1-6：某公司实施伊朗大坝项目的成功案例

我国某公司在承包伊朗某大坝项目时，风险管理比较到位，成功地完成了项目并取得较好的经济和社会效益。下面对该项目从几个主要方面进行简单分析：

（1）合同管理：该公司深知合同的签订、管理的重要性，专门成立了合同管理部，负责合同的签订和管理。在合同签订前，该公司认真研究并了解了合同条款，针对原合同中的不合理条款据理力争，获得了有利的修改。在履行合同过程中，则坚决按照合同办事，因此，项目进行得非常顺利，这也为后来的成功索赔提供了条件。

（2）融资方案：为了避免利率波动带来的风险，该公司委托国内的专业银行做保值处理，避免由于利率波动带来风险。因为是出口信贷工程承包项目，该公司要求业主出资部分和还款均以美元支付，这既为我国创造了外汇收入，又有效地避免了汇率风险。

（3）工程保险：在工程实施过程中，对一些不可预见的风险，该公司通过在保险公司投保工程一切险，有效地避免了工程实施过程中的不可预见风险，并且在投标报价中考虑了合同额的6%作为不可预见费。

（4）进度管理：在项目实施的过程中，影响工程进度的主要是人、财、物三方面因素。对于物的管理，首先是选择最合理的配置，从而提高设备的效率；其次是对设备采用强制性的保养、维修，从而使得整个项目的设备完好率超过了90%，保证了工程进度。由于项目承包单位是成建制的单位，不存在内耗，因此对于人的管理难度相对较小；同时，项目部建立了完善的管理制度，对员工特别是当地员工都进行了严格的培训，这也大大保证了工程的进度。

（5）设备投入：项目部为了保证项目的进度，向项目投入了近两亿元人民币的各类大型施工机械设备，其中包括挖掘机14台、推土机12台、45t自卸汽车35台、25t自卸汽车10台、装卸机7台、钻机5台和振动碾6台等。现场进驻各类技术干部、工长和熟练工人约200人，雇佣伊朗当地劳务550人。

（6）成本管理：对于成本管理，项目部也是牢牢抓住人、财、物这三个方面。在人的管理方面，中方牢牢控制施工主线和关键项目，充分利用当地资源和施工力量，尽量减少中方员工。通过与当地分包商合作，减少中方投入约1200万～1500万美元。在资金管理方面，项目部每天清算一次收入支出，以便对成本以及现金流进行有效掌控。在物的管理方面，如前所述，选择最合理的设备配置，加强有效保养、维修和培训，提高设备的利用率，从而降低了设备成本。项目部还特别重视物流工作，并聘用专门的物流人员，做到设备材料一到港就可以得到清关，并能很快应用在工程中，从而降低了设备材料仓储费用。

4) 风险降低

风险降低又称为风险减轻。恰当采用可以增加项目成功的概率。所谓风险降低（减轻）即降低风险发生的概率，或一旦风险事件发生尽量降低其损失。

施工过程中风险降低的措施包括：

① 制定先进的、经济合理的施工方案，同时拟定经济可行的技术组织措施计划。

② 实行全面成本控制：

a. 降低材料成本，对主要材料实行限额领用；

b. 健全收料制度，实行三级收料；

c. 合理组织安排材料的进出场，避免材料的毁损以及增加材料的二次搬运费用；

d. 降低人工及机械费用；

e. 改善劳动组织，减少窝工浪费，加强劳动纪律，严格控制计时工；

f. 正确选配和合理利用机械设备，提高机械设备的利用率和完好率，加强现场设备的维修、保养工作，降低大修、经常性修理等各项费用的开支，并避免机械设备的闲置；

g. 加强租赁设备计划的管理，充分利用社会闲置机械资源，从不同角度降低机械使用费用。

③ 降低施工管理费用。根据施工预算及工期要求，制订费用开支计划，并严格按照计划执行。精简管理人员，严格出差审批手续。严格控制业务招待费用的支出。

施工完成后风险降低的措施包括：

① 及时办理竣工验收，编制工程竣工决算，按照施工合同规定的时间办理决算送审。

② 及时进行现场签证，追加合同价款办理工程结算，确保取得足额结算收入，加速竣工工程款的收取。

③ 按照工程保修规定，根据实际工程量，合理预计可能发生的维修费用，并制订保修计划，控制保修费用。

5) 风险分离

风险分离是指将各个风险单位分离间隔，以避免发生连锁反应或互相牵连。风险分离的作用是将风险局限在一定的范围内，从而达到减少损失的目的。

项目管理实践中，风险分离常用于承包工程中的采购和分包，如：

① 为了尽量减少因汇率波动而招致的汇率风险，承包商可在若干不同的国家采购设备，付款采用多种货币。这样即使发生大幅度波动，也不会全都导致损

失风险。

② 工程分包中选用多家分包单位。

③ 在施工过程中，对材料进行分隔存放，分离风险单位，避免材料集中于一处时可能遭受同样的损失。

风险分离同下文的风险分散不同。

6) 风险分散

风险分散是通过增加风险单位，以减轻总体风险的压力，达到共同分摊集体风险的目的。

对建筑施工企业而言，一般采用的都是广种薄收、多承揽项目的方法，避免在单一项目上的过大风险。但这种方式同样有两点值得注意：一是多个项目各自的风险程度要适当，高风险项目和低风险项目适当的搭配承揽，以便在高风险工程失败时，通过低风险项目能够弥补部分损失；二是项目的组合数量要适当，量力而行是很重要的，项目过多过大，有贪多嚼不烂的味道，反而会加大企业的管理难度，拳头太分散，力度肯定不够；另外，资源太分散同样会影响企业的整体收益。

承包工程付款采用多种货币组合，工程联合承包等也都是风险分离策略的应用。

7) 风险自留

由项目组自行准备基金以承担风险损失的风险处置方法称为风险自留。其实质是：当工程项目损失发生后，通过资金融通来弥补经济损失，即在损失发生后自行提供财务保障。在实践过程中，有主动自留和被动自留之分。主动自留是指在对项目风险进行预测、识别、评估和分析的基础上，明确风险的性质及其后果，风险管理者认为主动承担某些风险比其他处置方式更好，于是有意识地筹措资金将这些风险自留。被动自留是指在未能准确识别和评估风险及损失后果的情况下，被迫采取自身承担后果的风险处置方式。被动自留是一种被动的、无意识的处置方式，往往造成严重的后果，使项目组遭受重大损失。

采取风险降低、风险抵消、风险分离、风险分散等方法都无法控制时，可考虑采取风险自留的方法。

① 风险自留采取的时机，包括：

a. 处理风险的成本大于承担风险所付出的代价；

b. 预计某一风险发生可能造成的最大损失，项目管理者本身可以安全承担；

c. 当采用其他的风险控制方法的费用超过风险造成的损失；

d. 缺乏风险管理的技术知识，以至于自身愿意承担风险损失。

② 决定风险自留的条件：

a. 自留费用低于保险公司所收取的费用；

b. 企业的期望损失低于保险人的估计；

c. 企业有较多的风险单位（意味着单位风险小，且企业有能力准确地预测其损失）；

d. 企业的最大潜在损失或最大期望损失较小；

e. 短期内企业有承受最大潜在损失或最大期望损失的经济能力；

f. 风险管理目标可以承受年度损失的重大差异；

g. 费用和损失支付分布于很长的时间里，因而导致很大的机会成本；

h. 投资机会很好；

i. 内部服务或非保险人服务优良。

8) 应急计划

应急计划并不直接解决风险，而是为可能发生的风险提供即时的处理计划。

应急计划是针对具体设备、设施、场所或环境，组织或人员，资金或企业形象，评估了风险后果的形式、发展过程、危害范围和损失程度的条件下，为降低损失，就风险发生后的应急组织和人员，应对行动的步骤和纲领，控制后果发展的方法和程序等，预先作出的、科学而有效的计划和安排。

这个计划包括如果触发或风险发生，相关人员所要采取的行动。

应急计划针对大多数风险，但并非所有的项目风险，风险管理中会为所有风险设立评分临界点，这项计划针对得分超过临界点的那些风险而建立。

案例1-7：密云县左堤路道路改建工程规避风险的对策和措施

本章案例1-3介绍了密云县左堤路道路改建工程的风险评估，本工程战线较长，但施工项目相对单一，基于本工程须经历奥运前施工冲刺，奥运进行过程中各种安全、交通等限制，影响最大的均来自外部环境，因此项目部在继续做好内部管理的基础上，抽调有经验的管理人员去协调外部环境。通过内部组织学习招标文件、施工合同、施工图纸、技术规范，讨论施工方案，优化施工方案，把工程成本降低到最低限度；通过积极与外部各相关单位联系，把项目部即将面临的外部困难提前解决，处理风险的措施如下：

(1) 工期追补措施

充分挖掘内部潜力，优化施工方案。通过科学分析并结合施工实际情况，充分挖掘内部潜力，优化施工方案，调整施工工序，减少施工循环时间，以达到缩短工期的目的。合理加大资源投入，缩短作业循环时间。通过合理增加劳动力、机械设备及周转料具，增加工作面，减少料具周转次数，以缩短作业循环时间。

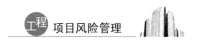

加强施工管理，保证工期追补顺利实施。加强质量、安全等各方面管理工作，保证不因工期追补而出现质量或安全事故，保证工期追补顺利实施。引进竞争机制，在项目内部开展劳动竞赛，采取经济奖罚手段，奖勤罚懒、奖优罚劣，确保工程的进度和质量。

（2）材料采购

面对北京整个建筑市场的材料涨价，项目部虽没有能力改变价格，但可以选择时机，提前预判，科学合理安排、合理采购，同时成立采购小组，由经营、技术、材料、财务共同组成，制定严格的采购办法、控制流程。影响施工工程主要的材料就是二灰、沥青混凝土和路缘石，考虑奥运期间通过城区的运输车辆将被限行。因此主要选择密云县及周边远郊区县的厂家供料，为了实地了解各厂家的情况，采购小组亲自去厂家考察并优选多家口碑好的单位作为材料供应商，然后通过报价谈判确定最终的供应商；为了防止其哄抬价格，至少一种材料选三到四家。

（3）分包单位管理

考虑到分包合作单位与密云公路局的这层关系，项目部本着合作双赢的原则，利用其良好的社会资源和自身资源与本公司优秀的人力资源作利益平衡。如按照合同约定，项目部进场需按规定建立工地现场试验室，经计算整个工程下来需要15万元左右，经与合作单位密云养护中心协商，其单位有试验室而且设备齐全，有专业人员操作，可以共同利用节约开支；当然项目部将其所有竣工资料负责书写和整理，以示诚意，这样最终可以节约10万元的试验费，达到双赢的合作效果。

对各项分包采用招标、议标办法挖掘施工队伍潜力，引入竞争机制，降低价格。根据工程特点合理划分区段，合理设计分包框架，既能满足工期质量要求，又能使分包队伍最为经济的完成分包工程，形成双赢局面，从而降低分包成本与风险。仔细研究合同尤其是专用条款内分包单位的义务，运用严格合同条款管理控制分包，由分包方承担部分预期风险。

（4）与水务局的配合

为了开工后能在水务局管辖范围内顺利开展工作，项目部进场前就积极主动地与其联系，在项目部临设搭建上有两套方案：可租现况地段搭设活动板房，也可租用现况周边房屋作项目部驻地。经现场考察并与水务局协商，决定租用其办公楼西侧小院为项目部驻地，此小院出入交通便利，长时间闲置，项目部租用正好满足其用意，同时也便于跟其沟通解决施工交叉出现的各种问题，达到双赢的效果。而且经测算租用场地搭建板房比租用此小院需额外多花5万元左右。

(5) 应对当地隐性势力

为了应对当地隐性势力的影响，项目部积极策划研究方案，经现场实地考察，全线西段9km现况左堤路旁侧级配砂砾厂家较多且途经村庄较多，施工干扰因素较多，为此经通过业主斡旋，将西段划给合作单位施工，项目部负责东段9km的施工，虽然还有不利因素存在，但是相对已很少了。同时，项目部积极通过当地中间人联系与当地有大的影响的势力沟通，尽量得到他们的支持和配合来保证工程的顺利实施。

(3) 风险管理计划

将前述过程中的风险评价、风险处理的优先项以及风险控制措施等形成文件，便可制订风险管理计划。

风险控制计划包括的内容：

1) 引言

① 风险管理目标；

② 领导人员的责任和任务；

③ 风险管理组织；

④ 进度安排、主要里程碑和审查行动、实施风险管理预算；

⑤ 风险规避策略的内容说明。

2) 风险管理的范围

成本，进度，质量程序表，健康，安全，环境。

3) 风险识别

风险情况调查、风险来源、风险分类等。

4) 风险分析与风险评价

① 风险发生概率的估计；

② 风险后果的估计；

③ 风险评价的方法；

④ 主要风险的确定；

⑤ 风险结果评价。

5) 风险管理

① 根据风险评价结果提出的建议；

② 可用于规避风险的备选方案；

③ 规避风险的建议方案；

④ 风险管理的程序。

风险管理计划也可用表1-7表示。

项目风险管理计划表　　　　　　　　　　　　　　　表 1-7

①项目管理过程	②风险识别		③风险评估				④风险应对措施		
	潜在的风险事件	风险发生的后果	可能性	严重性	不可控性	风险级	应急措施	预防措施	责任人

在制订风险管理计划时，澄清风险的归属权十分重要，包括：
① 谁在该风险因素方面具有利害关系。
② 谁应该对该风险因素负有责任。
③ 谁应该负责控制该风险。
④ 如果风险出现，谁应对该风险造成的整体或部分损害承担财物责任。

1.4.5　项目风险跟踪、监控和管理评价

风险监控就是跟踪已识别的风险，评价风险管理计划和风险应对措施的有效性，并对风险措施实施后的遗留风险进行再评估的过程。风险监控的依据包括风险管理计划、风险应对计划、项目沟通、项目评审以及附加的风险识别和分析。

在监视风险期间可以考虑的迹象来源包括以下各项：
① 临时请来的专家小组讨论会。
② 会议报告。
③ 同项目有关的文献。
④ 项目财务报表。
⑤ 人事报告。
⑥ 项目阶段检查、效能监察与审计。
⑦ 以往项目的教训报告。
⑧ 项目变更建议。
⑨ 保险报告。
⑩ 营销报告。
⑪ 咨询报告。

项目风险跟踪应在风险存续的周期内按一定的时间间隔多次进行，每次的跟踪结果都应予以记录。记录表单可采用表 1-8 的表式。

表 1-9 是每次监控跟踪后的报告，其中对遗留风险作再评价。

项目风险跟踪表

表1-8

项目名称：	风险编号：
风险标识：	减轻行动编号：
风险来源：	风险发生概率：
风险类别：	
风险的影响程度：	造成影响的时间：

风险的跟踪情况					
跟踪时间					

减轻行动措施描述：

措施开始时间	措施结束时间：	发生的成本：	实施人：

风险影响的修订	
风险发生概率：	风险严重程度：

受影响范围的修订
对进度的影响：
对造价的影响：
对质量的影响：
对安全的影响：
对环境的影响：

下一步应采取的行动：	执行人：
填表人：	日期：	批准人：

主要风险跟踪报告表

表1-9

主要风险跟踪报告表				报告编号：	
项目名称：某污水外排工程				编制人：	潜在后果：
风险编号	风险名称	本次排名	上次排名	潜在后果	解决进展情况
RV10	施工安全措施不足	1	3	发生漏水事故时，人员无法及时撤离	已通过资格预审选择有经验的承包商，具体措施尚需进一步落实
RV21	排污管施工上浮	2	1	工程无法达至目标，可能造成人员伤亡，损失无法估计	已组织专家论证，拟增加排污管理深，已交设计院修改原设计
RV15	土方费用超出预算	3	5	可能致使总成本超出项目预控目标	计划将土方工程分包给专业承包商，采用固定总价合同，招标文件已发

续表

主要风险跟踪报告表				报告编号：	
项目名称：某污水外排工程				编制人：	潜在后果：
风险编号	风险名称	本次排名	上次排名	潜在后果	解决进展情况
RV46	建筑材料涨价	4	26	预计建设期主要建筑材料有涨价压力，可能致使总成本超出项目预控目标	招标文件的合同条件中已考虑采用固定单价合同，在承包商申报的工程量清单报价中重点审查主材单价。承包合同条件正在谈判

案例1-8：成彭高速入城段改造工程的风险管理

新成彭路是成都市中心城区北面重要的出入口道路，是连接中心城与彭州市的唯一通道。根据成都市快速路网规划，新成彭路与北新大道、沙西线共同组成北部片区快速路网，交通需求包括成彭高速进入中心城区的快速交通，大丰镇与中心城区的区间交通。随着彭州市石化基地的建设和投入使用，中心城区与彭州之间的交通联系更加密切，新成彭路是一条高速通道，但入城段的交通拥堵严重，无法承担巨大交通新需求，必须进行改造。

成彭高速入城段改造工程高架桥（含金牛段、大丰段）位于成都市二环路（金泉路）和外环路之间，是成都市北部及北部新区的又一条城市快速交通主干道，以上三条道路共同组成北部片区快速路网。

成都市相关部门对成彭高速入城段工程多次研究、论证、修改，2007年4月形成了"成彭高速入城段工程建设方案"。2007年8月21日，成彭高速入城段改造工程（含高架桥）方案设计通过了审查。2007年11月20日项目立项，项目总投资为14.8亿元。

该项目属于典型的市政工程，依据政府市政工程风险管理要求，作出成彭高速入城改造项目风险分析与评价。

根据该改造工程的特点，首先将其按单项工程、单位工程分解，再对各单项工程、单位工程分别从时间维、目标维和因素进行分解，识别出项目主要的、常见的风险，根据技术风险与非技术风险的分类得到项目初始风险因素清单如表1-10所示。

项目初始风险因素清单　　　　表1-10

风险因素		典型风险事件
技术风险	设计	设计内容不全，设计缺陷、错误和遗漏，应用规范不恰当，未考虑地质条件，未考虑施工可能性等
	施工	施工工艺落后，施工技术和方案不合理，施工安全措施不恰当，应用新技术、新方案失败，未考虑场地情况等
	其他	工艺设计未达到先进指标，工艺流程不合理，未考虑操作安全等

续表

风险因素		典型风险事件
非技术风险	自然环境	洪水、地震、火灾、雷电、暴雨等不可抗自然力，不明的水文气象条件，复杂的工程地质条件，恶劣的气候，施工对环境的影响等
	经济	通货膨胀或紧缩，汇率变化，市场动荡，社会各种摊派，资金不到位，资金短缺等
	政治、法律	法律、法规变化，战争、骚乱、罢工、经济制裁或恐怖袭击等
	组织协调	业主、咨询方、设计方、施工方、监理方内部的不协调以及他们之间的不协调等
	合同	合同条款遗漏，表达有误，合同类型选择不当，承发包模式选择不当，索赔管理不力，合同纠纷等
	人力资源	业主人员、咨询人员、设计人员、监理人员、施工人员的素质不高、业务能力不强等
	材料、设备	原材料、半成品、产品或设备供货不足或拖延，数量误差或质量规格问题，特殊材料和新材料的使用问题，过度损耗和浪费，施工设备供应不足、类型不配套、故障，安装失误，选型不当等

根据项目初始风险清单，对本项目典型风险事件进行归纳、识别。然后组织专家进行评审，采用专家评审会法进行本项目实施前期风险定性综合估计。参与评审会的专家成员主要包括市政工程、道路工程、桥梁工程、给水排水工程及相关专业领域教授级高级工程师或有丰富的相关市政工程经验的高级工程师。依据专家组成员丰富的市政工程项目管理经验，组织了两次专家初审会，对本项目风险因素进行识别、分类、归纳，最后进行综合打分。第一次评审打分得出质量风险、组织奉献、环境风险、技术风险、可行性研究期风险、设计期风险、费用风险、进度风险，风险水平均高于 0.60。经过筛选整理，第二次评审打分得出成彭高速入城改造项目风险主观评分综合表，分析得到施工期风险、进度（工期）风险、费用（造价）风险三个风险项目的风险水平较高并超过了项目风险基准水平 0.60 的标准，需要重点关注的风险内容见表 1-11。

需要重点关注的风险内容　　　　表 1-11

风险项目	费用（造价）风险	进度（工期）风险	质量风险	组织风险	环境风险	技术风险	风险权重
可行性研究期	5	6	2	7	3	8	31
设计期	6	8	5	2	2	7	30
招标期	6	3	2	3	2	5	21
施工期	8	9	7	3	8	3	38
运行期	2	2	2	1	6	2	15
合计	27	28	18	16	21	25	135

注：风险权重取值在 0~9 之间，0 代表不成为风险，9 代表风险最大。

从上表可看出，项目最大权重风险＝5×6×9＝270，本项目整体风险水平＝135÷270＝0.50。

依照项目评价基准水平＝0.60判断，本项目的风险低于基准水平，即项目不存在太大风险，项目可行。

同时，分析得到施工期风险、进度（工期）风险、费用（造价）风险三个风险项目的风险水平较高并超过了项目风险基准水平0.60的标准，需要重点关注。

该项目六大风险中的进度风险因素主要有：

1) 交通组织风险；
2) 雨期施工风险；
3) 相关部门协调配合不力风险；
4) 设计变更风险。

在关键路线中，工程开工打围后，由于处于交通要道，交通组织管理要求高；A、B段桩基础施工遭遇雨季，可能导致进度滞后；相关职能部门（交通、水务、城管及当地街道办等）可能会有协调配合风险，导致部分路段施工滞后，影响进度；市政工程由于政府意志干涉，可能会导致设计变更，影响到进度。

施工单位组织相关专家对各进度风险事件打分赋权，按5个级别评价风险事件发生的可能性，且确定风险标准为0.80，结果如表1-12所示。

各进度风险事件评价表 表1-12

风险事件	权重 W_i	风险事件发生的可能性 P_i					$M_i = W_i P_i$
		很大 (1)	较大 (0.80)	中等 (0.60)	不大 (0.40)	较小 (0.20)	
交通组织	0.25			√			0.15
雨期施工	0.2	√					0.2
相关部门协调配合不力	0.35		√				0.28
设计变更	0.2			√			0.12
$M = \sum_{i=1}^{4} M_i = \sum_{i=1}^{4} W_i P_i = 0.75 < 0.80$							

可见，施工单位可以按原进度计划进行施工组织安排。但是，从子项目受各风险事件影响程度来看，风险最高的"相关部门协调配合不力"应该采取风险应对措施，以确保工程施工进度。其他风险因素的得分排序为：雨期施工＞交通组织＞设计变更，风险管理资源应该按照这个排序进行分配。

具体对策和措施如下：

(1) 相关部门协调配合不力风险的应对措施。此项风险属于非技术风险，也是业主方的风险，可采用风险转移或规避的做法：

① 严格做好风险因素预期，定期召开协调会，提前做好防范措施。

② 加强与相关职能部门的沟通，利用市政工程特性的优势（政府工程），多利用政府"绿色通道"政策等有利因素。

(2) 对雨期施工风险的应对措施。雨期施工引起的进度风险,是自然环境风险,属项目外风险,可采取风险规避的做法。

① 以预防为主,采用防雨措施及加强现场排水手段;加强气象信息反馈,及时调整施工计划,将因在雨天施工对工程质量有影响的工作内容避开雨中施工。

② 对机电、塔吊等设备的电闸箱采取防雨、防潮等措施,并安装接地保护装置。

③ 原材料及半成品保护,采取防雨措施并垫高堆码和通风良好。

④ 雨中浇筑混凝土时,应及时调整混凝土配合比;室外装饰要采用遮盖保护;脚手架、斜道等要防滑且必须安全、牢固;露天使用电气设备防雨罩,且必须有防漏电装置。

⑤ 做好施工现场的排水工作,保证雨天排水通畅,现场不得大片存水,并对道路进行修补,以保证车辆行走。

⑥ 做好物资供应和储备,并应对水泥等易受潮材料实行保护。

⑦ 根据天气情况合理安排工作内容,对遭受雨水冲刷的部位在晴天即时进行修补。

⑧ 雨天搅拌砂浆时,砂中不得带有泥块,对砂的含水率及时进行测定,将理论配合比换算成施工配合比。

(3) 对交通组织风险的应对措施。交通组织是业主方的风险,属非技术风险,应该严格按照合同条件进行现场管理,同时采用风险规避的做法:

① 施工现场内部要严格规章制度,岗位职责分明,加强现场监督力度,做好安全文明施工措施的保障。

② 采取适应的施工组织方式,既不影响工期又对交通组织的压力减小至最低。

③ 加大与交通管理部门和当地街道办的协调沟通力度,对交通组织风险要提前预见,及时采取保障措施。

④ 施工物资运输采用错开附近道路交通高峰期的办法,确保各种材料设备等按计划运抵现场,避免停工待料。

(4) 对设计变更风险的应对措施。设计变更风险是业主方的风险,也属于技术风险,应严格按照合同条件进行管理,采用风险转移的做法:

① 在施工合同中严格规定,非承包商原因导致设计变更,致使工程不能按批准方案进行的,由建设单位承担相应的进度责任。

② 严格对设计变更的控制,对未造成事实的变更,严格要求按既定程序报审,经审批同意后方能实施。

③要求甲方代表、代理业主及监理方全程监督工程项目实施，严格预防及控制未上报批准、既成事实的变更发生。对正在发生的未报审的变更要及时予以制止，采取切实措施予以补救。

（其他风险分析和应对措施略）

2 工程项目营销阶段的风险管理

作为施工企业,在工程项目营销阶段包括市场信息的获取、投标以及合同洽谈与签订三个过程,营销阶段是施工企业对项目整体熟悉并与业主初步接触的阶段,每个过程的风险控制将对后续项目施工过程产生重大的影响。

2.1 市场信息获取过程的风险管理

在信息技术飞速发展的今天,随着整个建筑市场的进一步开放,绝大部分建筑产品都是作为商品进入市场。获得市场并且占领市场的第一步就是获得相关的信息,作为施工企业,获取相关的招标信息时也会有许多风险出现,信息越多,面临的风险也越大。也就是说信息的获取是投标决策的前提,正确明智的投标决策是建立在充分掌握的信息基础上的。对于风险管理者而言,系统地收集、整理和分析有关信息是其工作中永不间断的主题。

2.1.1 风险的识别

一般情况下,在信息获取阶段风险识别较多的采用德尔菲法进行。因为在此信息获取阶段的风险主要是依靠众人的经验,特别是一些行业专家经验,基于在行业内长期的从业,会对此阶段的风险有比较全面的了解。同时,头脑风暴法也是值得采用的方式之一,在初期接触大量信息的阶段,能够集合众多参与人士关于风险的意见也是非常有效的。市场信息获取阶段的风险识别方法因人而异,但是比较常用的是上述两种方法。

依据对风险的识别,大致可以将此过程的风险分为以下几类:
(1) 公共关系风险

公共关系风险是指招标人在投标前期获取信息时,由于建设主管部门、审计机构、设计单位、中介代理机构的行为带来的风险。目前,采用招标代理成为很多招标人的选择,主要是因为招标人自身没有编制招标文件的能力,而且不熟悉招标流程等原因,而招标代理公司长期从事招标投标代理工作,对政府招标管理部门的办事流程及编制招标文件较为熟悉,能够将招标工作做得较为顺畅,不过因此招标代理公司的道德风险也就成为了公共关系中的主要问题。

（2）技术风险

技术风险是指招标人在招标准备阶段中，由于信息掌握的不全面，深化设计不到位而产生的风险。资格预审文件、招标文件、标底都是在招标准备期完成的工作，而且都会对招标的效果和项目的成败产生深远的影响。上述三个文件产生风险的根源，就在于深化设计的质量。

（3）社会环境风险

招标过程中社会环境风险主要包括政治风险、经济风险、不可抗力风险。政治风险是指国家政局等方面对工程项目产生的负面影响；经济风险是指国家经济情况、经济发展趋势等给项目造成的不利影响；不可抗力风险是指不可预见的事物和自然灾害等。

案例 2-1：中国人在非洲被枪击事件 12 例（表 2-1）

中国人在非洲被枪击事件　　　　　　　　　　　　表 2-1

时间	地点	枪击事件	进展
2012.11	尼日利亚	在尼日利亚局势动荡的东北部地区，2名中国建筑工人被不明枪手开枪打死	—
2012.10	尼日利亚	迈杜古里的一处建筑工地遭不明身份武装分子袭击，1名中国籍工人中弹身亡	—
2012.10	尼日利亚	武装分子袭击迈杜古里的一家牛市，正在采购的一名中国厨师和一名当地雇员中弹身亡	—
2012.10	加纳	加纳军警对外国人矿区进行清查，拘捕100多名涉嫌非法采金的中国公民，并开枪打死一名中国人	7名中国公民获保释
2012.7	乌干达	为制止歹徒撬窃工地财务室，在乌干达一个建筑工地打工的张勋红遭枪击身亡	犯罪嫌疑人被抓获
2011.10	安哥拉	从事建筑承包的金华浦江商人楼永镇驾车时遭遇持枪歹徒，被枪击身亡	犯罪嫌疑人被抓获
2011.10	坦桑尼亚	中国的两家民营企业接连遭到持枪歹徒抢劫，1名中国公民中枪身亡	1名犯罪嫌疑人被抓获
2011.2	利比亚	中水二局驻利比亚的200多名工人为保卫公司财产，与50多名持枪歹徒抗争，多名工人受伤	受伤工人回国接受治疗
2011.1	刚果	6名持枪歹徒抢劫一家中方黄金开采企业的采矿船，1名中国公民被枪杀身亡，另一中国公民手臂被砍伤	—
2008.8	刚果	4名持枪悍匪冲进某民营冶炼厂进行抢劫，两名中方员工受伤	两名犯罪嫌疑人被抓获

续表

时间	地点	枪击事件	进展
2007.9	南非	一家中资公司的两名中国员工遭遇武装抢劫，被枪击身亡	1名被捕的犯罪嫌疑人认罪
2007.4	埃塞俄比亚	中原油田基地遭到200多名武装人员袭击，65名当地雇员及9名中国工人被枪杀，7名中国工人被绑架	7名遭绑架的中国工人获救

（资料来源：财新网）

从案例2-1可发现，中国企业在非洲所遭受的12起事件中，绝大多数发生在建筑施工企业。可见，在非洲有较大的社会环境风险。

2.1.2　风险的评估

由于这个过程中的风险种类相比后面的过程中的风险而言比较单一，所以相应而言其评估也可以系统而简洁的制定。风险管理者可以根据前面风险识别评估识别出来的各类风险做一个分类，并且由德尔菲法中的专家或者经验较多者具体评估风险概率以及可能带来的负面影响，同时也要确定承受这些风险的成本为多少，确定是否在可承受范围之内。之后就按照分类和概率评估以及所计算出来的承受成本，确定风险消减和控制的优先等级。

2.1.3　风险的应对及措施

（1）加强信息跟踪和信息筛选

对施工企业来讲，信息的跟踪与筛选是对项目的初步接触，全面的了解项目的信息是消除风险的根本。一般而言，施工企业获得招标信息的途径主要有两个：一是对建筑市场各种信息长期跟踪，关注项目前期工作的进展状况，以便做好投标前的准备工作，这是获取招标信息的主要途径；二是从建设工程交易中心发布的招标公告获得信息，这种途径往往使投标承包商措手不及，获得成功的机会较少。因为许多项目从信息发布到开始招标间隔时间很短，承包商没有过多时间对项目进行全面考察，不能深入了解招标人的基本思路和真实意图，参与投标的盲目性较大，造成在公共关系与业主的信息方面产生不对称现象，风险较大。因此，建立日常的广泛的信息网络对承包商的工程项目投标非常关键。对多种渠道取得的大量工程信息要进行认真研究，分析筛选。对前景看好、企业在该项目或该领域占有明显优势的信息要重点追踪；对于预期效果不看好、企业明显处于劣势的项目应及时放弃或只掌握动态不投入过多精力，回避风险。

（2）企业自身实力的充分认识

承包商参加投标并希望在竞争中获胜，必须对企业自身的实力有一个正确的认识，扬长避短地选择更能发挥自己特长的投标范围和工程项目。衡量企业实力可参照表 2-2 所列各因素。

企业自身实力衡量因素　　　　　　　　　表 2-2

企业自身实力	经济方面	有无预付的"带资承包工程"、"实物支付工程"有无垫资能力
		有无资金支付施工预付款
		有无筹集承包工程所需外汇能力
		有无支付投标保函、履约保函、预付保函等各种担保的能力
		有无支付关税、营业税、所得税等各种税费的能力
		有无承担各种不可抗力风险的能力
	技术方面	有无行业专业技术人员
		有无解决施工技术难题的能力
		有无实施工程所需机械设备和检测技术
		有无同类工程承包经验
		有无技术实力强的分包商与合作伙伴
	管理方面	承包商有无以低报价、低利润中标相适应的成本控制能力
		工期、定额、人员、材料等当面有无切实可行的管理措施
	信誉方面	以往履约情况如何
		施工安全、工期、质量如何
		在工程所在地的社会形象如何

（3）业主单位的考察

业主是工程承包合同的主要当事人，对业主的调查也很重要。考察的内容如图 2-1 所示。

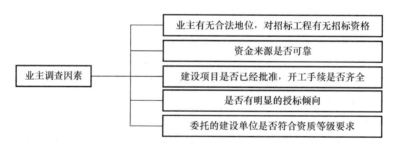

图 2-1　业主调查因素表

其中最重要的是业主资信的调查了解。在决定投标之前，承包商必须了解业主的支付能力和支付信誉，业主拟发包工程的资金来源是否可保证资金的供给，业主能否保证付款的连续性，业主与其过去的合作对象的关系及有无过分挑剔行为等，以便作出相应的对策。当业主的资信存在严重问题时，承包商所要考虑的不仅仅是如何应对，而且应考虑是否参与投标。

（4）分析研究招标文件

购买招标文件后，要组织有关方面的专家认真分析研究，结合各种信息渠道所得到的信息进行综合分析。投标人须知是投标人进行工程投标的指南，集中体现了招标人对投标人投标所提的重要条件和基本要求。投标人必须详细了解并掌握该文件中招标人关于工程的一般性情况的规定,尤其要着重把握关于工程内容、承包范围、允许的偏差范围和条件、价格形式及价格调整条件、分包合同等实质性的规定,以指导正确地投标。合同条件中关于承发包双方权利义务的条款、人员派遣条款、价格条款、支付(结算)条款、保险条款、验收条款、维修条款、赔偿条款、不可抗力条款、仲裁条款等,都直接关系着双方利益分配的比例,关系着投标人报价中各项成本费用以及索赔的费用额。技术规范、图纸、工程量清单是反映工程特点的文件,应分析研究,准确把握业主对材料、设备、工艺、质量、施工程序与方法等问题的具体要求。

案例 2-2:某施工企业招标文件评审流程

在工程项目投标阶段,某施工企业主要是通过严格执行招标文件的评审流程来实现对合同风险的预防和规避(图 2-2)。

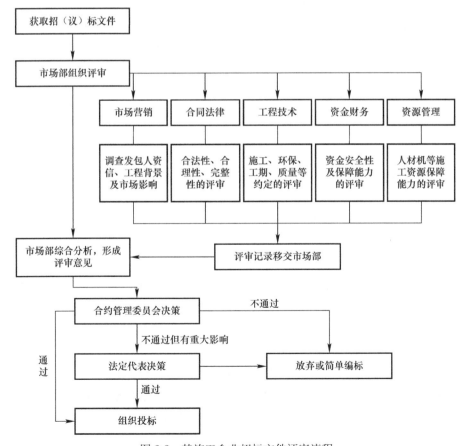

图 2-2 某施工企业招标文件评审流程

案例 2-2 表明，企业获取招标文件后，由市场部组织公司相关人员对招标文件进行评审。各部门从各自的专业角度对招标文件中存在的风险进行识别并评估其影响的性质和严重程度。比如，市场营销部负责调查发包人资信、工程背景及工程对市场影响；法律合约部负责对招标文件的合法性、合理性、公平性、完整性进行评审等。这些评审工作经过全方位的考察评审后，各部门签署评审意见，汇总到市场部，再由市场部综合分析，形成评审意见，交由合约管理委员会决策。合约管理委员会决策通过的，则组织公司力量编制标书，认真进行下一步的投标工作。合约管理委员会决策认为风险大不予通过的，则应当放弃或简单编标；有一种情况例外，在合约管理委员会决策不通过但工程本身具有重大影响的情况下，应当报法定代表人决策，法定代表人同意投标的，市场经营部组织相关人员投标，法定代表人也认为招标文件中包含的风险太大，企业难以承受，则应当放弃投标，以免将来给企业造成更大的损失。

其实，招标文件评审的实质是施工企业评审招标文件中的各项要求有没有能力满足或承受，或是否能在采取某种措施后满足或承受。如果如上文所说，发现招标文件中存在较大风险，招标文件中的某些条款甚至近乎苛刻。然而，如果该项目对于企业的发展战略（包括市场占领、技术进步等）具有重大意义，那么，即使风险很大，也可能会参与投标，案例 1-4 就很好地说明了这个问题。

(5) 重视市场调查和现场考察

加强现场调查，对施工现场的地理、水文、地质、气候、交通、水电供应和通信等条件，以及当地劳务与材料供应进行详细调查了解。考察时应核对招标文件对施工现场条件的描述与实际情况是否相符。调查施工临时设施，大型施工机具、材料堆放场地安排的可能性，当地工程材料的价格、来源、运输的路径与运距，水电是否可以在施工现场附近租借以及管线的长度，大型施工机具的进出场路径，有无特殊交通限制，施工现场附近各种社会服务设施和条件。对材料价格要做到货比三家，对不同来源的材料价格进行分析，选择合理的单价。

案例 2-3：现场踏勘避免了材料成本风险

某水库工程，招标文件明确在库区左岸下游 1km 处设置砂石骨料场，土料场位于上游左岸 0.8km 处，其质量和储量均满足施工需要。承包商在考察现场时，发现土料场覆盖层平均厚度约1m，远大于招标文件注明的0.4m；而砂石骨料天然级配严重不合理，大石含量最多，而砂的含量极低，且含泥量严重超标，在砂石骨料生产中，砂是控制条件，如果仅通过筛分天然骨料获取砂，则弃料率非常高，如果采用人工破碎制砂，调整弃料率，其质量又达不到规范的要求。经过认真考察，只有距工地75km处有天然砂石骨料场，砂的质量和储量均能够满足施工要求，采用此料场的可能性大。于是承包商在投标报价时，标书中注明土料场覆盖层厚度按招标文件的0.4m考虑，适当提高覆盖层剥离单价；砂石骨料按招标文件提供的下游天然料源进行设计和生产，且压低砂的生产单价。

工程开工后，土料场和砂石骨料场的情况如现场考察所见，土料场平均厚度约1.7m，工程所用砂从距工地75km的料场进行开采和运输，承包商为此提出索赔，索赔中砂的价格由 38.2 元/m³，提高到 183.2 元/m³，砂的用量为 15320m³，仅此一项就获得索赔222.14万元，同时，对于土料场的覆盖层厚度差也给予了相应的补偿。

2.2 投标过程的风险管理

由于现在我国的建筑行业仍然处于典型的买方市场，业主往往凭借其在市场中的主导地位，利用合同或招标文件将工程项目风险转嫁给承包商。承包商的正确态度应该是细致地调查各类风险存在的主客观条件，认真分析评价风险的危害程度，事先采取恰当的防范和转移的措施，促使风险的转化。

2.2.1 风险的识别

投标过程的风险识别应从两方面进行，一是所投标的工程的风险，二是投标活动的风险。前者应在投标时进行综合考虑，以经济的、技术的、管理的等各种相应方案化解风险；后者则应科学组织投标团队，加强对投标人员的业务训练，增强其责任心。

因为工程项目投标本身就是一个复杂的系统，所以工程项目投标风险识别应该从系统观点出发，对工程项目投标风险形成透视，横贯工程项目投标所涉及的各个方面，纵观工程项目建设的发展进程，把引起风险的复杂因素分解为比较简单的、较易识别的基本单元，以便风险管理者准确而全面地找出工程项目投标中存在的风险，从各类错综复杂的关系中找出风险因素之间的最根本最本质的联系，在众多的影响因素中抓住主要因素。

通常,对风险的识别是按照工作结构分解的方法来进行。

(1) 按投标项目系统要素进行识别

1) 外部环境风险。外部环境风险包含的内容非常琐碎,具体参见表 2-3。

外部环境风险因素　　　　　　　表 2-3

外部环境风险	政治风险	政局不稳定
		发生战争、动乱、政变、武装冲突等
		国家对外关系紧张
		民族矛盾激化
		政府信用和廉洁程度低
	法律风险	法律不健全
		相关法律法规变化
		有法不依、执法不严
		法律对项目的干预制约过多
		承包商对相关法律未能全面正确理解
	经济风险	通货膨胀、物价上涨、工资上涨
		汇率浮动、利率波动
		国家宏观经济调整,经济政策变化
		投标项目的产品市场变化
		承包市场、材料供应市场的变动
		经济的开放程度低或者排外性等
	自然风险	火灾、洪水等不明的水文气象与位置的不良地质构造
	社会文化风险	社会治安不稳定
		宗教信仰的影响和冲击
		风俗习惯、社会禁忌、社会风气、舆论导向、传统的价值观念所导致的不利影响
		劳动者的文化素质低
	竞争风险	同行业企业快速发展导致市场竞争加剧
		参与项目投标的竞争者较多,竞争对手实力强大
		主要的竞争对手目前任务不足,可能采取低价策略
		处于明显优势的竞争对手非常有意愿参与该项目投标
		处于劣势的竞争对手可能给业主提供优惠条件
		业主特别偏爱某个承包商
		投标竞争中不能显示本企业的技术优势与专业特长

2) 项目自身风险。项目自身风险内容较多，主要包括现场条件风险、技术风险、机械设备风险、材料风险、人员风险与合同风险，具体参见表2-4。

项目自身风险表　　　　　　　　　　表 2-4

项目自身风险	现场条件风险	不充分的现场调查
		不利的地理位置
		基础设施落后
		现场场地狭小
		水电供应不能保证、排水不畅
		地质资料不充分
		地质条件复杂
		征地、拆迁拖延
		三通一平拖延
	技术风险	项目对施工特殊要求，需要最新的技术或最新的施工工艺
		应用新技术、新工艺方法困难
		施工技术和方案不合理
		行政和外界对施工方案和技术的干扰
		承包商对技术文件、工程说明和规范理解不正确
		外文条款翻译与理解不正确
	机械设备风险	项目需要投入特殊的或进口的设备
		施工设备不能及时供应或进场
		施工设备类型不配套或不合格
		施工设备生产效率低
		施工设备备件和燃料不足
		施工机械故障
		设备维修保养不当或超负荷
	材料风险	原材料和成品、半成品供应短缺
		供货延误
		数量差异
		质量和规格不合格
		运输储存和施工中的损耗
		特殊材料和新材料的使用风险
		物资受损或被盗

续表

项目自身风险	人员风险	投标项目对工人、技术人员、管理人员的素质要求
		人身意外事故
		关键人员流失
		罢工、抗议或软抵抗
	合同风险	合同类型风险
		合同文件风险
		工程变更风险（设计、技术方案、工程量等调整）
		分包形式风险
		限定期限风险
		工期拖延风险
		合同文件中定义不准确、条文不清晰不严密、不全面、不完整
		没有将合同双方的责权利关系全面表达清楚
		没有预计到合同实施过程中可能发生的各种情况

3）项目主体风险。项目主体风险涉及很广，一般来源于业主、承包商、分包商、监理等与项目相关的主体方。

① 业主风险的主要风险涉及很广，图2-3为其中的一部分。

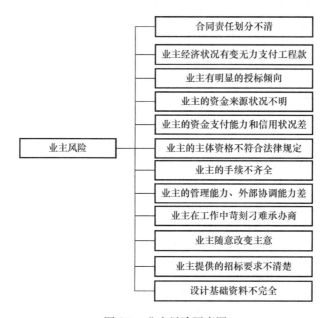

图2-3　业主风险因素图

② 承包商风险。承包商的风险来源比较多，主要分为报价风险、资金风险、责任风险、行为风险、管理风险和技术风险。具体各个风险细分参见表2-5。

承包商风险因素表　　　　　　　　　　表 2-5

承包商风险	报价风险	企业自身的资质、业绩、信誉相对较弱，缺乏自主报价能力
		企业内部消耗定额还未真正建立起来
		多项和漏项
	资金风险	承包商的资金储备不足，周转困难
	责任风险	施工人员缺少质量责任意识和成本控制意识
		项目管理者责任心不强，贪污受贿
	行为风险	盲目压价
		转卖资质
		非法分包或转包施工任务
		无证挂靠
		不执行国家及行业的规范和强制性标准
	管理风险	投标项目规模过大，内容过于复杂
		内部管理制度不完善，执行不严
		项目经理不称职，不能及时解决所遇到的各类问题
		项目成员无合作精神，主观能动性差
	技术风险	承包商在技术上、工艺设备上不能保证施工安全，不能保证工程质量

③ 分包商的风险。主要是来自于分包商的行动，行动不力或者不符合要求导致产生一些损失的可能性，如图2-4所示。

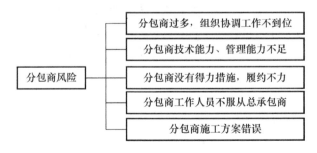

图 2-4　来自分包商的风险

④ 监理方面的风险。主要是来自监理的主观风险，如图2-5所示。

⑤ 其他主体风险：建设主管部门、质量管理机构、环境管理机构、设计单位、中介代理机构的行为、效率、工作质量和相关规定给承包商带来的风险。

4）投标决策风险。

① 信息取舍失误风险。承包商因急于揽到工程以摆脱困境，饥不择食，头脑缺乏冷静或不自量力，到处撒网，四面出击，见标就投。

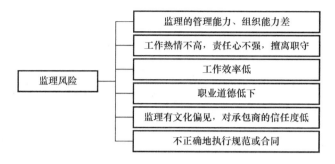

图 2-5 来自监理的风险

② 信息失真风险。由于建筑市场是买方市场，许多假信息应运而生。有的完全无中生有或虚无缥缈，有的项目已经实施或者项目资金不落实，或者手续不齐全。

③ 信息不完全风险。历史数据不完全；预测数据错误，不能反映现实情况；本次投标项目的特殊性；投标项目情况、业主情况和竞争对手情况的信息不完全。

④ 中介与代理风险。中介人员为谋取私利，以种种不实之词诱惑交易双方成交；代理人水平太低，难以承担承包商的委托代理工作；代理人为获私利，不择手段，与业主串通；代理人同时为多家代理，故意制造激烈竞争气氛等。

⑤ 业主买标风险。业主为了压低标价，花钱雇佣一两家投标人投低价标。开标后，要求报价较高但又很想得标的承包商降低至最低标价以下才予授标。

⑥ 联合保标风险。若干家承包商出于统一策略，内定保举一家公司中标且不冒标价过低风险。除了被保举中标的公司外，其他各家报价普遍较高，从而定下高价基调，而被保举的公司则报价相应较低。联合保标限制了非保举承包商的夺标机会。

⑦ 投标报价价格风险。标书编制时间紧迫；报价依据不精确；报价估算错误，漏项等。投标报价价格风险包括工程施工过程中由于物价和劳动力费用上涨所带来的风险，以及报价计算错误风险。承包商在投标报价时，应当进行科学严密的风险分析，对建筑材料市场价格进行认真调查研究，了解供销渠道，收集价格信息，对建材市场价格要有比较准确的预测、判断。简言之，价格风险包括：

a. 因设计不完整、说明不详、节点不清楚给施工及投标报价带来的风险。工程设计是工程建设实施的龙头，没有一个完善的设计，无从谈及招标及合同。设计变更是造成工程索赔的重要原因，因此在工程招标之前应尽量完善设计工作。只有避免在设计方案不确定时招标，才能避免由此带来的风险。设计方案是否确定应作为是否开展招标投标工作的先决条件。某承包商 2008 年在江苏省参加了一个化工企业搬迁改造的项目,当时该项目初步设计刚刚通过审核,因为业主需要赶工,所以在详细设计还没有进行的情况下即开始了招标投标。在投标过程中,这家承包商提出因为详细设计未完成,为了避免日后的索赔,建议改为单价合同或可调总价合同,但业主方不同意,坚持固定总价。为了取得项目,在投标澄清时该承包商确认详细设计与初步设计不符时不再调整报价。但是在项目的执行过程中,该项目的详细设计却与初步设计发生了较大的变化,项目直接成本增加了 1000 多万元,而在最终决算审计的时候,第三方审计单位以此为由拒绝给承包商增加变更签证,给该承包商造成了不小的实际损失。

b. 工程承包范围不清,承包内容意思表达模糊,不够明白无误,增加了项目风险。特别是某些材料供应要约定明确,暂定价的计取方法应当表述清楚。

c. 对固定总价包干的合同,由于承包商对环境因素的忽略,施工方案中存在空洞,对诸如水文、地质等工程条件的论证不充分,对施工图以外可能发生的费用(如文明施工措施费、施工技术措施费、优良工程费、赶工措施费等)考虑不周全,都可能带来不必要的风险。

⑧ 合作伙伴选择失误风险。个别合作伙伴缺乏诚实信用原则,搞欺诈活动;合作伙伴实力差,难以承担自己承担的工程项目。

案例 2-4:某人伪造国家机关工作人员开发项目,通过中间人找到某建筑公司,合同条件十分诱人,而开工时间却未明确规定。后称为开工创造条件请施工单位建路,口头约定了价格(路建到 50% 支付道路工程款)。该公司为尽早拿到工程预付款便立即组织道路施工,工程大约完成一半时,发包人称质量不合格,中止施工,赶走施工人员,扣押工具及生活用品,甚至扣押交涉人汽车,并组织为该单位提供过材料和劳务的人员围攻施工单位负责人,要求支付材料款和工资。

此案结局是:施工单位赔付材料款和劳务费,却未从发包人那里得到任何补偿。

案例 2-4 的教训大致有四条:
1) 施工单位对发包人未作调查核实,仅依靠其装腔作势的自我吹嘘,便轻易相信了其身份。
2) 未核实该项目的合法性,未认真推敲承包合同,被较高的单价和高利润诱惑,忽略了条款的漏洞和陷阱。
3) 道路工程未签订书面合同,为日后变故埋下隐患,使对方有机可乘。

4）该项目自始至终操作不规范，未进行招标投标，合同未在主管部门备案，未申请政府监督，因而很难得到法律援助。

实际上，上述案例中发包人的圈套是：

第一步，以较高的单价和高额工程预付款的承诺为诱饵，引诱施工单位上钩。

第二步，抓住施工单位急于开工以得到高额预付款的心理，迫使施工单位在无书面合同，无图纸的情况下修筑道路工程。

第三步，在适当的时机使出杀手锏，甚至暴力手段，强压施工单位订立"城下之盟"，承担了道路工程的所有费用。

案例 2-5：某企业对南非工程项目投标特点及风险的分析

南非工程项目投标不一定是最低价中标，业主判标时投标人的实力与报价同等重要。

1. 投标人实施项目的实力

与国内投标不同的是，南非业主评估投标人实力的要求更为详尽，主要表现在以下几个方面：

1）详细的人员健康、安全、环保、质量控制计划。业主将人员健康、安全环保、质量控制放在首要位置，要求相关的制度、计划、说明细化到每个施工阶段。南非劳工法非常健全，使本地雇员在薪酬、福利、健康、安全等方面享有足够的权利和待遇。在劳工雇佣方面，投标人要提交遵守雇佣权益法案的证明，包括提交给劳工部的雇佣权益报告，还需提交遵循职工伤病补偿法案的良好记录。此外，投标人要提交近几年已实施项目安全环保、质量控制方面的相关记录。

2）投标人资源部署。资源主要包括投标人设备资源、人员资质和能力。业主注重安全环保、人员健康，因而要求投标人必须聘请专门的安全官、环境官和劳资经理负责相关工作，而这三个职位的人选必须是当地人。

3）施工组织设计及施工计划。要充分考虑到投标项目施工的复杂性，列出清晰明了的工程进度计划，包含各个关键施工阶段。并详细说明投标人将如何运用其技术力量和经验满足合同规定的关键工期，以及如何部署人力、设备资源来实施该项目。

4）施工风险评估和风险预测以及如何来应对这些风险。投标人需对此项进行详细的说明，如与其他关联项目承包商或分包商合作的风险，安全环保方面的问题，设备、人员、材料不到位的应对措施等。

2. 报价

在报价方面，与国内投标报价方法也存在差异。工程量、概（预）算指标、人工费和设备材料价格、机械台班费是影响投标报价的三个主要因素。对南非工程项目报价时，首先要进行实地考察，充分考虑南非当地的工效、施工条件及施工技术，确定较为准确的概算指标；在人工费、设备材料价格及机械台班费用方面，需考虑南非黑人劳工工效低、薪酬相对较高，技术人员和熟练工种不足，建筑材料紧缺，价格上涨，机械设备短缺等造成相对费用偏高的因素。

一般来说，项目业主会确定本地资源比例，也就是采用本地分包商及本土供应商的比例，南非本土分包商和供应商的报价比国内高出许多，在报价时要因地制宜。另外，业主对工期延误的罚款相当高，因而报价也要考虑到工期风险。

3. 投标注意事项

根据南非市场特点，在当地投标还要考虑到以下几个方面：

1) 与经商处多接触。驻南非使馆经商处作为中国在当地的宏观管理和服务机构，积累和掌握了大量当地政治、经济信息以及当地环境、市场分析资料，而这些有助于对投标项目进行可行性分析。此外，经商处还能提供相关的项目信息，便于投标公司进行信息收集、跟踪和寻找合适的合作伙伴。

2) 聘请当地资深合同专家。对新进入南非市场的公司来说，这点尤为重要。聘请在当地工作多年的合同专家做顾问，可以协助公司对投标项目进行深入的风险分析和评估，获取准确的当地材料、设备、人工、供应商信息，作出合理的报价与施工组织设计，为中标打下坚实的基础。

3) 投保。南非保险业信誉度非常高，投保赔付率为 100%。保险包括一般工程险、第三方责任险、人身事故险、医疗社会保险等。南非的治安不好众所周知，投保非常必要。此外，南非路况一好，车速快，交通事故率较高。

4) 合理部署人员和设备。目前南非技术人员和熟练工种短缺，且当地黑人劳工相对懒散，工作效率不高，部署国内人员赴南非工作很有必要。南非施工设备也较为紧张，须对每个施工阶段所需的设备进行合理分配，例如是从中国提供还是在南非当地购买或租赁，做到合理分配，尽可能在降低成本的同时保证对工期不造成影响。

(2) 按风险对项目目标的影响进行识别

1) 工期风险：工期紧迫；局部可预见的意外事件可能会造成整个工程的工期延误。

2) 费用风险：业主财务状况恶化导致无法按期支付进度款；成本超支；投资追加或投资回收期延长或无法收回导致结算受阻。

3) 质量风险：材料、工艺、工程不能通过验收；工程试验不合格；经评价工程质量未达标准；质量返工；质量缺陷；质量事故等。

4) 安全风险：施工人员无安全意识；违章操作机械；高空作业；水下作业；施工保护措施不当等。

5) 信誉风险：无能力履行合同；不能按时完成施工任务；施工队伍野蛮施工；和业主、监理关系处理不当等。

6) 人身伤亡风险：施工人员或过往行人意外伤亡；施工人员违规操作造成伤亡等。

7) 机械设备风险：违章操作机械；机械操作人员无证上岗；机械维护不当等。

8) 法律责任风险：违反合同被处罚、被起诉或承担相应法律责任。

2.2.2 风险的评估

考虑到我国的风险管理水平、施工企业的现实状况和工程项目投标阶段条件的限制，投标阶段的风险评估，一般选用专家调查打分法、层次分析法与模糊数学法等方法。

(1) 专家调查打分法简单易懂，节约时间，适应性强且所需费用比较少。专家之所以能够成为某一领域的权威，在于他们拥有大量的专门的知识和经验，特别是那些从实践中摸索和积累的启发性知识。在风险分析时，该法主要是依据专家的经验和决策者的意向，对工程项目投标中可能遇到的风险作出定性判断。

(2) 工程项目的某些潜在的风险因素或子因素的评价很难用定量数字来描述，层次分析法（AHP）用于工程项目投标风险分析与评价正好解决了这个困难。层次分析法是一种定性分析和定量分析相结合的评价方法，应用在工程项目风险投标评价中易于理解，又具有较高的准确度。

(3) 工程项目中潜含的各种风险因素很大一部分难以用数字准确进行定量描述，但可以利用历史经验或专家知识用语言描述出它们的性质及其可能的影响结果，这种性质最适合于采用模糊数学模型来解决问题。

2.2.3 风险的应对及措施

工程项目投标的风险因素较多，风险的具体应对措施也多种多样，以下就工程项目投标中影响较大的几类风险提出一些可以采取的措施。

(1) 外部环境风险的应对

外部环境风险通常不以施工企业的意志为转移，不管施工企业采用何种措施，都不能避免这些风险事件的发生。所以，预测和预防是主要的应对手段。在天气气候方面，承包商应积极了解工程所在地的天气气候条件，将各季节情况与施工计划相结合，根据客观条件对施工计划进行调整。对于政治、经济、政策、法规方面的风险，施工企业的经营者应从宏观上多了解国际、国内经济的走向，行业的发展趋势，分析判断国家对行业的态度。

（2）投标决策风险的应对

在投标决策阶段，最重要的就是做好报价风险的防范。

1）提高造价人员的素质。学习是提高造价人员自身知识、业务水平、能力及综合素质的根本途径，除了对本专业的知识进行更新、提高外，还应该结合工作广泛了解和掌握有关的工程、技术及经济方面的知识。

2）深刻理解招标文件中的各项条款。认真领会招标文件，对各项技术、经济风险因素建立风险清单，识别出主要风险，对各种风险因素进行量化，然后作出风险决策并及早制定风险应急方案，以期将风险损失降到最低。

3）发挥企业经营管理体系的优势。

① 建立企业定额管理体系。承包商依据当前自己实际的技术力量和管理水平，在参考统一定额和市场信息的基础上建立起企业定额。在制定企业定额时，施工企业应从分解每一道工序入手，从人工、材料、机械等各方面尽可能挖掘工艺创新所带来的优势。

② 建立企业创新体系。技术方案的创新、施工工艺的改进是企业创造预期利润的保证，因此企业应该建立内部的创新体系，在研究现有各项技术方案、工艺流程的基础上、利用外部的技术信息，对此进行创新、改进，开发出新的技术方案，形成企业内部的技术资源。在项目投标时，应该成立专门的技术方案小组，结合工程项目的实际情况，选择最有经济效益的方案，然后细化方案到各施工工艺，如果施工工艺还可以优化的话，再利用创新体系进行挖掘。在此过程中，企业应该做好相应的记录，并形成内部的技术资料，以便于指导施工。

③ 建立企业的市场信息系统。有效的市场信息系统有利于企业掌握市场动态，明确企业和市场之间的差异，从而有利于企业及时调整自身状态来适应市场，这是企业生存的前提。平时要加强内部管理，注重积累资料和信息，建立专门而完备的投标档案资料。在投标报价时，企业可以通过市场信息系统间接了解业主情况，竞争对手的情况，也可以了解市场的其他信息，当企业把这些信息化为己用时就可以提高自身竞争力。

④ 重视资料的积累与分析。工程造价是一门实践性很强的专业，如果没有经验的积累而只掌握方法，则工作无从开展，而单纯的资料积累只是一堆数据，必须适时地对资料进行整理分析，为己所用。因此，要提高工程造价的编制水平，必须重视资料的积累与整理分析。

⑤ 建立投标报价的后评价工作制度。投标报价后评价工作是指在每次投标活动结束后，针对本次投标报价情况进行优势和劣势分析，旨在获取更多的中标

机会。投标报价总体负责组织实施，要有活动记录。对投标活动中一举获胜、取得中标的，要总结经验，推广经验，赢得更多的市场份额；对投标活动中未中标的情况，要分析原因，吸取教训，以利再战；对一些新工艺、新技术的应用也可在投标报价后评价工作中推广，并对由此引起的新的预算单价进行研究论证。

4）时刻注意报价时的外部风险：

① 自然风险。在投标报价时，本地工程中要充分利用"地利"的优势，争取中标；外地工程，应认真研究工程所在地的水文、气象地质资料，进行周密分析，在合同条款中进行合理的风险分配，将风险降低。

② 技术风险。随着施工技术的不断进步，成熟、先进的施工工艺和施工方法越来越多，不同的工艺、方法的施工成本各不相同，有的甚至相差甚远。因此在施工前，对于影响成本较大的分部分项工程，一定要进行成本分析、施工方案的技术经济比选，并结合企业人员、设备的实际情况选择最优施工方案，避免因方案的失误而导致资源浪费和亏损。

③ 材料涨价的风险。一般说来，材料和设备的价格信息可通过工程项目所在地的造价管理部门获得。同时，在时间充裕的情况下，可做亲自调查，通过对若干供应商提供的材料和设备的单价信息，综合运输费用、是否便利等因素加以比较后，方可确定材料和设备的报价。

（3）承包商自身风险的应对

承包商自身风险防范主要通过不断提高企业自身综合实力和信誉来实现。施工企业的综合实力包括企业资质、银行信用等级、财务实力、类似工程经历和业绩、管理水平、人力资源、机械装备水平等方面。企业资质是施工企业的入门证，没有相应的资质就进入不了招标投标市场。施工企业的资质等级高、类别多，可进入的行业和项目就多，就有机会参与更多的工程项目的投标。另外，施工企业应不断加大投入以提高自身的技术装备水平。

加强对投标人员的教育培训是应对投标风险的另一重要方面。由于投标人员业务素质差距导致的风险往往表现在四个方面：

1）标书中未对招标内容作出实质性响应。

招标文件的内容包括：投标人须知；投标书及附件；合同协议书；合同条件；合同的技术文件，如图纸、工程量清单、技术规范等。在工程项目的招标投标活动中，招标文件是一份最重要的文件。《招标投标法》中规定，投标人应当按照招标文件的要求编制投标文件，投标文件应当对招标文件提出的实质性要求和条件作出响应。没有实质性响应招标文件的投标文件往往被认为是废标。

2）工程项目组织构成不合理。

工程项目组织由项目经理和各专业技术人员构成。项目经理的个人业绩和技术人员的专业构成是评标的重要考核指标。如果项目经理没有施工过类似工程项目，或者人员构成不合理等都会导致投标失败。

3) 施工组织设计不合理。

承包商提出的施工技术方案不成熟，或者编制的施工方案不够详细具体，以及施工的各项计划安排、现场施工平面布置不合理等也会导致投标失败。

4) 投标报价风险。

投标报价过高，超出业主的预算或者与标底相差太远，中标的机会就会大大减少。投标报价过低或清单漏项却未能发现，均会使承包商利润减少甚至亏损。

(4) 业主风险的应对

应对业主方面的风险，首先要加强对业主资信的考察。承包商要配备专门人员，多渠道地对业主进行全方位的了解。在进行招标时，要求业主出具项目资信证明；在正式签订工程合同时，要求业主按合同价款提供业主支付担保。担保责任随着业主支付工程进度款而逐渐降低，直至工程竣工结算结清尾款而消失。

承包商要控制工程垫资，但控制工程垫资不等于绝对不垫资。对于业主资信良好，有可靠的资金保证，确属调度性或临时性困难，有特殊重要意义的工程可以适当垫资，但同时要加强完善对垫资项目的管理，防止后期风险发生。首先，要分清工程垫资的性质，在项目履约过程中变相垫资已越来越成为工程垫资的核心问题；其次，对于需要垫资施工的项目，包括支付周期延长等变相垫资的项目，在施工企业有承受能力的同时，必须商请业主给予有效的担保或实物抵押；再次，在制定垫资合同时，要增强法律观念，对垫资方式、归还方式、归还期限、违约责任等作出明确而细致的规定，最大限度地减少垫资风险；最后，在垫资合约履行时，要实施严格的过程管理，关注业主资信状况的进一步变化，了解其资金运作的情况，按时催收工程款，当业主资信状况有不良趋势时，要采取果断措施，包括必要的停工，敦促业主履约，以减少损失；对不按合同约定付款又不提出解决问题的办法、社会关系复杂的业主，可以通过法律或新闻媒介解决问题。

承包商取得招标文件后，应首先检查招标文件的完备性，然后从以下几方面对招标文件进行全面的分析：

① 招标条件分析。主要分析的内容是投标人须知，通过分析不仅掌握工程项目的情况、招标活动的安排和各项要求，对投标活动作出相应的安排，而且承包商应了解投标风险，综合分析企业目标、企业自身的经营状况、建筑市场的形势等多方面的因素，确定是否投标及投标的策略。

② 技术文件分析。即进行图纸会审，工程量复核，从而了解具体的工程范围、技术要求、质量标准。在此基础上进行施工组织设计，安排劳动力，做好各

种材料、构件的供应采购计划。

③ 合同文本分析。分析的内容主要是合同协议书和合同条件。合同文本的最基本要求是内容完整、定义清楚、平等互利。合同的文本分析一般从以下几方面进行：

a. 合法性分析。主要分析的内容是当事人主体资格是否合法，发包人是否具有发包工程、签订合同的资质和权能；工程项目是否具备招标投标的条件；工程承包合同内容是否符合法律的要求。

b. 完备性分析。承包合同的完备性包括相关的合同文件的完备性和合同条款的完备性。合同文件的完备性主要指各种合同文件齐全。合同条款的完备性指合同条款齐全、完整。

c. 合同双方责、权、利平衡性分析。合同应公平合理的分配双方的责任和权益，使它们达到总体平衡。在承包合同中要注意合同双方责任和权利的制约关系。业主的一项合同权益，必是承包商的一项责任，反之亦然。对于合同的任一方，他有一项权益，他必然有与此相关的一项责任；同时，他有一项责任，则必然又有与此相关的一项权益。

承包商在详细分析招标文件的基础上，应认真编制投标文件，根据工程项目的特点确定项目经理人选和专业技术人员的构成，编制高水平的施工组织设计，增加业主的信任度和对业主的说服力。在投标报价方面，根据企业生产经营状况，灵活采取各种报价策略。在报送投标文件前，应指派专人检查投标文件，避免一些细节上的失误。

案例 2-6：某公司控制投标风险的措施

2010 年，某公司针对国际国内建筑行业的形势变化，及时调整了公司的投标管理办法，并结合上级集团公司市场营销工作的实际情况，出台了《投标项目风险评审和决策管理办法（试行）》（以下简称《评审办法》）和《投标项目风险评审和决策管理办法（试行）实施细则》（以下简称《实施细则》）。

根据《评审办法》和《实施细则》的要求，公司所属各项目部必须在投标前提交详尽书面资料进行公司层面的风险评审和投标决策。并且需要提交包括建设单位概况、工程项目概况、项目招标投标文件评审、招标文件中合同条款的风险评审、可上缴收益率不低于 3% 的经营成本分析报告、投标项目部采取的风险防范措施、投标项目部的法律意见书、投标项目部最终评审意见书、区域市场调研报告和拟派出项目经理部人员情况，合作工程还需提供合作单位相关情况介绍等在内的详细书面资料。

公司对各项目部以公司名义投标的工程实施"三层"递进式的严格评审。第一层面由各项目部组织相关专业人员进行评审；第二层面由公司市场部对经项目部评审合格后上报的书面汇报资料进行预评审；第三层面是经预评审通过后，由公司经营部牵头安排组织公司评审委员会进行评审。通过"三层"递进式评审，他们坚持"五不开十不揽"，坚决做到不投问题标，不投亏损标，杜绝微利、高风险项目。

通过在投标前组织对投标工程资金情况、项目部人员组成、合同条款的影响因素分析、施工质量、安全、工期和施工技术难点重点等各类风险的综合评审，对合作项目增加资信情况、业绩工程、履约能力、派出管理班子、合作协议符合性等内容评审，严控垫资工程、合作工程任务承揽。对于评审中风险较大或不符合公司相关要求的工程项目，他们将坚决禁止项目部进行后续工作，先后有多个不符合基本要求的合作工程投标工作被终止。

通过强化评审，他们也在不断完善各项管控措施，细化程序和标准，逐项逐条审核项目资料，在加大一次经营风险管控力度、有效规避企业经营风险的同时，耐心细致地指导各单位实施评审制度，帮助投标单位分析风险因素，反复完善评审资料和各项评审准备工作，不断提高工作质量、管控能力和经营水平，落实了"三强化""三监管"的各项要求，为工程顺利实施奠定了基础。去年公司市场部共组织工程项目预评审38次，报公司经营部组织工程项目评审32次，评审工程项目累计合同额近20亿元。各项目部均能按照公司《评审办法》《实施细则》规定执行工程投标评审程序，以公司名义投标的工程项目通过各单位自评审基本达到了公司规定的要求。

通过组织工程项目的风险评审，一可以让公司各部门详细地了解到各项目部工程项目的投标情况；二是可以对于拟投标的工程项目给予一些善意的提示；三是如果项目中标能够有效减少合同会签过程中的时间；四是项目一旦进入到工程实施阶段，公司各系统也能够给予有效的支持与配合。

2.3 合同洽谈与签订过程的风险管理

在中标之后要进行合同的洽谈和签订，在建筑企业中，由于市场环境不规范、施工过程变化大，造成施工合同复杂，管理混乱，也成了一项重要的风险因素。

2.3.1 风险的识别

合同文本可以很规范，也可以有较大随意性。业主往往会借助买方市场的优势，一方面签一个符合规范的合同，报有关部门备案，另一方面擅自使用自制的不规范合同文本与施工单位签约，条件苛刻，履约困难，形成所谓的"黑白合同"。业主真正想使用的"黑"合同中，条款和语言推敲不严密，不明确，疏漏较多，极易造成理解偏差，认识难以统一，容易酿成纠纷，而且解决难度较大。这类合同还设置了对承包商不公平的许多条款，权利、义务规定不对等，难以在真正平等的地位上签订合同；缺乏索赔条款或索赔条款规定不完善，如果施工企业工程索赔意识不强，在签约时忽视了该条款的规定，在对方违约后便不能及时进行有效补救。

要在对风险特征充分认识的基础上，辨识合同中潜在的风险和引起这些风险的具体因素。只有首先把项目中主要的风险因素揭示出来，才能进一步通过风险评估确定损失程度和发生的可能性，进而找出关键风险因素，提出风险对策。合同中风险识别的关键是发现风险事件，找出风险症状，应当借鉴历史经验，特别是后评价的经验，有关此前若干合同履行情况的历史资料对识别目前合同中的潜在风险具有特殊帮助。风险识别要采用分析和分解的方法，将综合性的风险分解为多层次的风险因素。大部分风险都可能会存在多个风险类别的识别特征，当出现这种情况时，必须从多个角度去解剖风险，找到有效的应对措施。

工程承包合同中一般都有风险条款和一些明显的或隐含地对承包商不利的条款。这是进行合同风险分析识别的重点。例如：①合同中明确规定的承包商应承担的风险。这种风险一般在合同条款中都比较明确的规定应由承包商承担。如合同中规定，工程变更在5%的合同金额内，承包商得不到任何补偿，则在这个范围内工程量的增加是承包商的风险。②合同条文不全面、不完整、不清楚，合同双方责权利关系不清楚所带来的风险。这样的承包合同在执行过程中会导致双方发生分歧，最终导致承包商的损失。如合同中缺少业主拖欠工程款的处罚条款。又如合同中对一些问题不作具体规定，仅用"另行协商解决"等字眼。承包商要注意这些风险条款，合理分析所承担的风险。③业主为转移风险所单方面提出的过于苛刻、责权利不平衡的合同条款。例如，合同中规定"业主对由于第三方干扰造成的工程拖延不负责任"，这实际上把第三方干扰造成的工程拖延的风险转嫁给了承包商。

常用的合同风险识别方法主要有以下几种：①专家调查法：包括调查问卷法、面谈法、专题讨论法、德尔菲法；②财务报表法；③流程图法；④初始清单法；⑤经验数据法；⑥风险调查法。因为第1章在风险识别方法里面已经介绍过，在此不再赘述。对于工程项目合同风险来说，仅仅采用任何一种风险识别的方法都是远远不够的，一般都应综合采用两种或者多种风险识别方法，才能取得较为满意的结果。而且，不论采用何种风险识别方法组合，都必须包含风险调查法。从某种意义上讲，前五种风险识别方法的主要作用在于建立初始风险清单，而风险调查法的作用则在于建立最终的风险清单。

按照以上的方法对工程项目中的合同风险进行识别之后,可以将工程中常见的合同风险按照其来源分为以下五大类:

(1) 来自业主方面的风险

来自业主方面的风险参见图 2-6,所有的这些风险,都有可能给施工单位带来风险,造成工期拖延和成本增加。

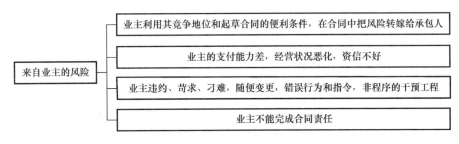

图 2-6 来自业主风险因素图

(2) 来自技术方面的风险

来自技术方面的风险,也是建设工程实施中的主要风险,主要表现如下:在项目建设中,虽然对拟采用技术的先进性、可靠性、适用性进行了必要的论证分析,选定了认为合适的技术,但由于各种主观和客观的原因,仍然可能发生意想不到的问题,使工程项目遭受风险损失;设计中存在的专业不协调,地质不确定,图纸和使用规范错误等,均会影响工程建设的顺利进行;设计变更会影响施工安排;设计图纸供应不及时,会导致施工进度延误;技术规范及技术规范以外的特殊工艺,对于这些影响因素,合同中都应有相关方面的责任条款,否则将使工程施工无法正常进行。如果合同中没有明确采用的标准、规范,在工序过程中又没有很好地进行协调和统一,可能会影响到以后工程的验收和结算。

(3) 来自环境方面的风险

环境方面的风险多是不可控制风险,它包括自然环境、经济环境和社会环境的风险,个别项目还涉及政策风险和政治风险。

1) 自然环境,包括地质地基条件和水文气象条件等。工程发包人一般应提供相应的地质资料和地基技术要求,但这些资料有时与实际出入很大,而施工单位处理异常地质情况或遇到其他障碍物时,都会增加工作量。

2) 经济环境,大到国家的经济政策,产业结构和金融市场,小到工程承包市场、各生产要素市场。国家经济政策的变化,产业结构的调整,银根紧缩,金融市场的存贷款利率变动,以及项目的工程承包市场、材料供应市场、劳动力市场的变动等,都直接或间接的影响着建设项目的正常进行。

3) 社会环境，包括宗教信仰的影响和冲击、社会治安的稳定性、社会的禁忌、劳动者的文化素质、社会风气等。

4) 政策风险，主要是指国家和地区各级政府的政策调整，行业协会的相关规定的变化等。

5) 政治风险，诸如政局的稳定与否，国家的对外关系，政府信用和政府廉洁程度，经济的开放程度，国内的民族矛盾等，同样对项目的建设带来风险。

（4）来自资源条件的风险

资源条件的风险主要是由于施工企业自身的因素造成的。施工企业由于自身的人力、财力、物力等资源不足，从而造成了履行合同的风险。

（5）来自外部协调的风险

在合同的履行过程中，施工企业需要与外部众多的部门进行沟通、协调、配合，如果在沟通、协调、配合中出现问题，就有可能造成合同履行的困难。这里的相关部门除业主单位之外，还包括监理单位、勘察设计单位、其他施工单位（总包单位或分包单位）、政府主管部门（质监部门、消防部门等）、材料设备供应商等。

以上五类风险并不是孤立的，而是相互影响的。某一方面的风险可能转化为另一方面的风险。进行风险评估时，必须考虑到它们之间的关联性。相应的，在合同洽谈时，必须就上述问题对工程的影响进行责任的划分，并在最终的合同中形成相应的条款。

2.3.2 风险的评估

合同的风险评估是对风险的规律性进行研究和量化分析。每一个风险都有自身的规律、特点、影响范围和影响量，通过分析，可以将它们的影响统一成本目标的形式，按照货币来度量，对每一个风险都必须作出分析和评价。

（1）合同风险的时间分析

即风险可能在合同实施的哪个阶段、哪个环节上发生。许多风险有明显的阶段性，有的风险是直接与具体的工程活动相联系的。时间分析对风险的预警有很大的作用。

（2）合同风险的影响和损失分析

风险的影响是非常复杂的，有的风险影响面较小，而有的风险影响面很大，甚至会引起整个项目的中断。同时，风险之间常常是有联系的，必须考虑各种风险之间的相关性。相反，有些风险的影响可以互相抵消。

（3）合同风险发生的可能性分析

风险的发生通常可用概率表示，它在必然事件（概率＝1）和不可能事件

(概率＝0)之间。不同合同，各类风险发生的概率也有较大差异，一个体育馆项目和一个住宅项目比较，前者发生技术风险的概率比后者的大很多。

(4) 合同风险的级别分析

根据风险因素对合同履行的影响程度和风险发生的可能性大小，可将合同风险的级别划分为以下四个等级：

1) 一般风险。风险发生后造成的损失较小，一般不影响合同的正常履行。如项目部与监理工程师之间的协调没有做好，造成合同履行中某个阶段工期延长，但是在施工企业合理的组织下，有可能将该损失挽回。

2) 较大风险。风险发生后造成的损失较大，但损失程度是可以接受的。如由于市场上材料价格上涨幅度较大，而合同中规定部分材料由施工企业采购，这样施工企业便承担着这些材料上涨的风险。

3) 严重风险。通常有两种情况，一是风险发生造成的损失大，使合同无法正常履行；二是风险虽然会造成严重损失，但由于采取有效的防范措施，合同仍可以正常履行。对于某些施工要求非常高的项目（如大型钢结构项目），如果施工组织方案中的缺陷，会造成合同履行过程中技术风险非常大，一旦风险发生，损失也特别大，这属于第一种情况。对于某些传染性疾病，如果在施工现场蔓延，将造成工地停工。但是如果采取正确的防范措施，这种情况通常能避免，这属于第二种情况。

4) 灾难性风险。风险发生的可能性很小，一旦发生将产生灾难性后果。如在地震多发的地区，地震引起在建工程的倒塌就属于灾难性风险。

(5) 合同风险评估的方法

风险评估通常是凭经验、靠预测进行，但也有一些基本的分析方法可以借助。一般就是在第1章中所提及的列举法、专家经验法、决策树法、敏感性分析法以及蒙特卡罗模拟法等。除这些经常运用的方法外，合同风险的评估还有很多方法，像贝叶斯推断法、马尔可夫过程分析法、模糊数学法等。合同风险的评估需要一定的方法，但仅仅是这样还不够。在风险分析中，人的思维、经验、理解力，以及个人的偏向，都会对风险分析产生一定的影响。

2.3.3 风险的应对及措施

(1) 签约准备阶段的风险控制

1) 进行权利能力和行为能力调查。签约前，首先要了解对方组织合法性，即权利能力和行为能力的调查。对于业主，应调查其是否是依法登记注册的正规单位，是否具备法人资格，如果是法人下属单位，应查清其授权委托书，必要时可保留其复印件或向被代理单位查询。

2）对工程的合法性进行调查。建筑工程开工前，业主必须申领建筑许可证。无证施工的视为非法，会导致施工合同无效，施工款项和损失难以追回等后果。建筑工程依国务院规定不必领取施工许可证的，和法定不必申领许可证的小型工程，以及个人依法建筑，可以不必办理施工许可，但施工方仍需对此情况进行核实，分析其是否符合规定。

3）对建设方的资信进行调查。在签约时，尽量选择资金有保障的单位。如果提供担保的，还必须对担保方进行担保主体合法性和资信调查。

4）对工程相关条件进行调查。包括环境条件、人文条件和施工条件等；环境条件，包括气候、地形、地貌、地质等；人文条件，包括民族、风俗、文教、经济等；施工条件，包括交通、原材料供应、设备供应、生活供给等，对了解施工的难易程度，确定某些特定条款有很大作用，必须严格调查。

（2）合同洽谈阶段应注意防范的风险

招标文件是要约邀请，不具有法律约束力，但其内容对后续的中标签约和施工影响很大。要注意分析招标文件中给定的项目性质、技术要求、工程相关条件以及给定的主要合同条款，对其中超出自身条件和可能导致违法违规的要特别注意，应在标书中对其进行适当处理。

标书的制作是非常关键的，除为中标服务以外，它还是签约过程的要约，对合同的影响极大，标书的措词，既应避免与招标公告中的意思表示冲突，又应尽量把自己的意思表达出来，而且要为自己留有余地。

作为要约，投标文件可以补充、修改、撤回和撤销。按照《招标投标法》规定，投标文件在要求提交的截止时间前可以补充修改和撤回。所以，标书发出以后，如果对方或自己或市场条件发生了变化，使签订这种合同变得没有利益，或有新的利益出现，可以依法补充修改或撤回撤销标书，从而维护自己的利益。

经开标、评标过程，一旦定标，意味着承诺的产生。要约一经承诺，合同关系即告成立，所以，定标以后，不允许再对招标投标文件擅自进行变更。

案例 2-7：香港 Mega Tower 大厦钢结构工程

2005 年，中国 M 公司中标香港九龙联合广场 7 标段摩天大楼（mega tower）钢结构工程，总造价 7.5588 亿港币。该工程是一幢 118 层的办公及酒店大楼，建筑高度为 490m。工程位于香港西九龙港填海地九龙综合开发区西南角九龙地铁站上盖，其钢结构总重约 32000 余 t；发展商为香港新鸿基地产发展有限公司及香港地铁公司。

M 公司为了降低风险，提高工程收益，在和业主谈判过程中，针对合同文件中不利的条款进行了有力的协商变更，使得最终合同的条款利于己方，最大程度地降低了施工过程中的风险。具体合同条款的修改情况见表2-6。

具体合同条款的修改情况 表2-6

序号	原招标条件	M公司要求修改	最终结果
1	工程优化设计无奖励	奖励节约造价	30%
2	价格浮动采用单价不浮动形式	采用浮动单价	单价不浮动,钢结构主材由业主采购
3	工期延误赔偿无封顶	赔偿7%封顶	业主同意
4	业主要求加快或延期12个月不赔偿	最大补偿15万\$/日	不超过1个月不补偿,超出1月按(Max)15万\$/每日补偿
5	无预付款	10%预付款	2400万港元
6	雨期施工无补偿	补偿工期	恶劣天气(24h内降雨量20mm/8级台风)可补偿工期

(3) 合同条款确定阶段的风险控制

正确对待格式合同及其格式条款。现实中采用的建设方或主管部门印制的合同文本,往往不能注意到具体工程事项的特点,规定死板,过于原则化。在实际过程中,一般按照具体情况添加:项目履行中各方明示代表外的其他人的行为效力;窝工时工效下降的计算方式及损失赔偿范围;工程停建、缓建和中间停工时的退场、现场保护、工程移交、结算方法及损失赔偿;工程进度款拖欠情况下的工期处理;工程中间交验或建设单位提前使用的保修问题;工程尾款的回收办法和保证措施等。

1) 合同中的垫资条款,担保条款的确定。垫资兴建工程,为我国行政规章明令禁止,合同中出现这类条款,将导致合同部分无效或整体无效。因而,施工企业要想以垫资条款增强竞争力,就必须在确保合同合法有效的前提下,采用变相的词句来表达垫资的意思,并要确保所垫付资金能够收回或得到补偿。在垫资施工合同或非先付工程款的施工合同中,应要求建设方提供担保。

2) 原材料供应条款的商定。原材料供应有施工方依建设方标准自行采购和建设方提供两种方式。在实践中,还有一种方式,即建设方指定材料供应商,要求施工方必须从该处购买。因为原材料对项目的成本和质量有较大的相关性,因此,在实际过程中,具体的原材料供应,应在合同中明确。

3) 合同索赔条款的确定。在合同条款中,要明确规定索赔条款,在建设方不履行约定义务,或不配合、不协作时,可以进行索赔。

4) 招标投标文件的肯定条款。在施工过程中,施工企业经常遇到工地实际情况与招标文件的说明不一致的情况,为了在处理这种问题时有所依据,应在合同中明确规定招标文件所提供的说明和条件的效力。为了与招标投标文件充分衔接,增强合同的适应性,防止出现漏洞,应在合同中指明合同未尽事宜以标书为准或依相关法律规定。

5) 在许多地方政府"走出去"政策的鼓励下，越来越多的建筑施工企业走向了国际市场。也有许多跨国公司在中国境内投资建设，这些工程同样具有国际工程的特色。那么，在国际工程合同谈判中有哪些风险呢？

国际工程承包合同的内容按优先顺序一般包括以下几个方面：合同协议书、中标通知书、投标书和投标书附录、专用合同条件、通用合同条件、特殊技术规范、国家规范、图纸、标价的工程量清单、投标书附录中所列的其他文件等。从谈判的内容准备来说，主要应注意以下几个方面：

① 招标文件中的投标人须知部分。在投标人须知中，业主会对合同范围、资金来源、对承包商的要求、标书文件的组成、评标办法等进行规定。很多工程公司认为这些内容只是对投标的指示，由于很少涉及合同具体内容而不被重视。但实际上，有时投标人须知中会隐藏对合同实施很重要的条款，不重视就会给公司带来重大风险。

2003 年 11 月，国内 C 工程公司曾在 M 国参加了一个公路项目的投标，评标过程由于业主原因，投标人须知规定的 6 个月投标有效期结束前，即 2004 年 5 月份，评标没有结束，业主要求投标人延长投标保函有效期至 2004 年 11 月份。2004 年 10 月份，业主通知 C 工程公司进行合同谈判。投标人须知条款中规定，业主若是推迟授标，每月将补偿承包商合同总价的 5‰。同时由于工期为 15 个月，合同条件规定本项目不使用价格调整。当时没有谁能预料 2005 年油价会大规模上升，因而对这项条款没有什么异议。而随后施工过程，由于油价大规模上升带动各项材料、设备费用上涨的金额，远远大于业主延期授标的补偿费用。

② 合同条件部分。对于使用世界银行、非洲发展银行、亚洲开发银行等国际金融组织资金的合同项目，通常使用 FIDIC 合同条款或其他国际通用合同条款，这些条款对所有投标人的要求是一样的，是承包商不能改变的。因此，对此类合同谈判的重点是业主为此编制的合同专用条款，如付款方式、付款期间、质保金扣除比例与返还时间、业主风险等都需要认真研究。对于业主自己编制的合同条款，则应仔细审查每一个条款。

③ 技术规范部分。对于合同实施的国家规范，承包商不能改动，但可尽量争取同等条件下使用所熟悉的中国标准和规范；技术规范部分主要是看业主针对本项目编制的特殊规范，看其有无特殊要求，及对我们不利或我们可以利用的规定。

④ 谈判阶段。谈判初始阶段主要是了解对方的基本情况，如对方主谈人员有多大决定权、是否还有幕后决策人、主谈人员的谈判风格和谈判策略、对方人员的分工等。在谈判中应注意引导对方转向自己关注的问题。谈判中出现僵局应

该努力控制自己的情绪,并认真对待对方的观点,冷静分析其合理性,应该积极努力填补双方立场间的缝隙。在说服对方时,也应该坦率地说明自己的利益,使对方认为所提要求合情合理,强调双方利益的一致性。在达成一致意见后,拟订合同条款时,一定要注意条款的完整、严密、准确、合理、合法,防止已经取得的结果被谈判对手在条款措词或表述技巧上而丧失殆尽。

案例2-8:坦桑尼亚 L-K 公路项目的合同风险规避

2006年3月13日,中国 M 公司与坦桑尼亚公路局签署卡戈马-卢萨洪加154公里项目承包合同。该项目位于坦西北部维多利亚地区。合同额4383万美元,由非洲发展银行、尼日利亚石油基金和坦政府共同出资建设。工程内容主要为升级154公里砾石路面为沥青表处路面等。开工日期为2006年4月14日,工期39个月。

合同谈判期间,鉴于坦桑尼亚货币对美元汇率不稳定,因此 M 公司尽量争取加大美元的比例,最终合同价款支付采用80%美元,20%坦先令的比例;投标估算中当地劳工工资、油料,当地可采购材料、配件等的支付远多于20%;工程开工后坦先令对美元的汇率不断下跌,仅此一项,可能带来近百万美元的节约。

(4)合同审定签字阶段的风险控制

施工合同关系虽承诺已经成立,但一般需要经过签字或盖章才能生效,所以在签字或盖章之前一定要对合同进行审定。

1)要对前述阶段进行审核,检查是否存在疏漏,及时解决问题。

2)签约过程的前述阶段一般由专门人员具体承担,往往不能总揽全局,企业负责人员要对合同进行通读,从全局和整体出发,对合同条文进行审查。

(5)完善企业自身合同管理制度,控制合同风险

1)树立法制观念,充分认识合同的严肃性和重要性。

目前,施工行业法律观念和法律意识普遍不强,随着市场的不断规范,管理人员要树立法制观念,严肃对待合同的内容和条款,也可以由专职法律人员进行合同的把关,保证合同的严肃性。

2)搞好人才培养,重用复合型人才。

建设工程合同签订过程的管理,是设计面广、技术性强的系统性工作,做好这项工作,必须要有适应现代市场要求的同时具备法律知识、现代化管理知识、建筑经济知识的复合型人才。因此,合同的条款需要多部门或多专业人才共同来控制风险,同时,加强对复合型人才的培养。

3) 改进合同管理的组织制度。

一般情况下，施工企业在公司一级会有相关的法律部门或人员，但职能远远没有发挥出来，为了能加强对签约的管理，有必要对合约法律职能部门应实现专门化。可以在企业内部设置专门合同管理部门，将合同管理从经营部门独立出来，或直接由企业内部的法律部门进行管理，将法律部门的工作从单纯的协调诉讼活动转化到合同管理的全过程。

实施律师负责制。在设置专门机构的同时，可以仿效总工程师，总会计师制度，设立律师职位，推广律师签字负责制。

法律工作以预防为主，所以在合同管理中应充分发挥合同管理部门的事前风险控制职能，结合合同履行过程的事中控制，预防和减少纠纷，事后的纠纷处理应当是迫不得已而为之。

4) 实现合同的动态管理。

合同工作从准备开始，经投标、合同签约、施工履行、竣工结算一直到保修期满，贯穿企业业务工作的全过程。合同管理不能仅停留在投标和签约阶段，也不能只盯住合同本身；在合同履行过程中，客观情况纷繁复杂，各种现实条件都有可能发生变化，合同双方的要求也可能需要补充修改；合同的签订履行涉及工程预算、技术装备、成本核算、财务管理、质量管理、后续服务等多个部门，合同条款也涉及以上多种业务，因而，合同部门要对多个部门的材料、信息进行汇总、分析、综合运用，并充分协调与各部门的关系，通力合作，以实现合同的综合动态管理。

5) 建立健全合同管理的规章制度和工作流程。

施工单位在加强合同风险控制中，应理顺各种信息沟通和反馈的渠道，适应施工单位合同过程管理、动态管理、风险控制的需要，在提高人员素质的同时，明确合同管理每一环节的具体事务和负责机构，建立和不断完善规章制度和工作流程。

案例 2-9：某公司合同重大风险"红线"标准表（表 2-7）

某公司合同重大风险"红线"标准表　　　　表 2-7

序号	内容	"红线"标准
1	合同主体	签约主体为非法人单位或签约主体出现两个及以上法人单位
2	工程盈利	工程纯盈利水平低于合同造价的 5%
3	承包形式	固定总价包干或固定单价包干，主材乙供且价格闭口的
4	合同工期	1. 工期缩短超过国家定额工期的 20% 及以上； 2. 或工期缩短超过国家定额工期的 15% 及以上，且工期违约罚款高于合同造价 0.5‰/天，没有约定罚款或罚款上限高于 5%

续表

序 号	内 容	"红线"标准
5	合同质量	1. 合同约定质量目标为鲁班奖或国家优质工程； 2. 或合同约定质量目标为省优，且违约罚款标准超过合同造价的1%或50万元
6	合同付款	1. 按月进度付款，比例低于70%； 2. 或按形象进度付款，付款间隔周期超过两个月且比例低于80%； 3. 或硬垫资超过工程造价的10%，或其额度超过500万元以及无垫资能力分公司投标的需公司总部投入资金的工程
7	合同担保	1. 需交纳合同造价5%及以上现金履约保证金，或其额度超过500万元的工程； 2. 业主要求提供无条件转让保函
8	竣工结算	1. 没有约定结算方式和时间； 2. 或约定的结算时间超过6个月
9	相关承诺	1. 业主要求承诺放弃使用优先受偿权； 2. 业主要求承诺放弃任何性质的索赔； 3. 业主要求承诺执行实际履约合同，但备案合同条件劣于实际履约合同，特别是造价低于实际履约合同或承包范围不一致的
10	其他	合同约定除工期和质量违约责任外，其他性质的违约造成100万元以上的经济处罚，或无条件退场，或不予结算，或按一定比例（低于100%）结算的（未明确非己方原因造成退场免责的）

3 施工准备阶段的风险管理

施工项目在合同签订之后,进入施工准备阶段,施工的准备一般包括项目策划与施工前期准备。为了能在业主规定的工期内,确保安全的情况下为业主提供质量合格的产品,同时,获得应有的利润,在项目开工前需要进行项目策划,用以指导项目实施的各项活动,规避各种风险。而在项目施工前,需要进行文件、资源(人力资源、物资设备等)、技术等各方面的准备工作。

3.1 项目策划的风险管理

项目策划整体上可以分为战略性策划、商务性策划和技术性策划。战略性策划主要是确定工程项目的运作模式、项目经理的选任、项目部组织结构及责、权、利的划分并确定项目的目标责任;商务性策划主要是各类商务关系的沟通与协调,包括合同管理、分包模式等;技术性策划主要是对项目的施工技术及施工方案以及项目内部管理各个层面的策划,包括工期、安全、质量、材料设备、现场管理方案等方面的策划。项目策划是对项目的整体规划,其风险也存在于项目策划的各个环节。

3.1.1 风险识别

(1) 战略性策划的风险

战略性策划影响整个项目的运作,战略性策划其风险主要包括四个方面(图3-1),对这四个方面的思考要深入合理,选择不慎会成为项目实施过程中的潜在风险。

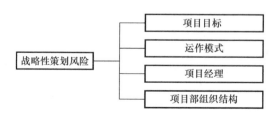

图 3-1 战略性策划的风险

1) 项目目标。要达到什么项目目标,在项目策划阶段要有一个全局性的掌控,一般项目目标包括财务目标、进度目标和质量目标,这三个目标之间不是相互独立的,例如对进度目标设定太过苛刻,为了追赶工期,项目部可能粗制滥造,结果出了工程事故,对项目质量目标造成影响。因此,在设定项目目标时要综合考虑成本、进度和质量等关键因素,设定合理的目标值。

2) 运作模式。选择不同的运作模式,例如考核制和项目经理责任制等,总体来说,考核制侧重于对结果的控制,项目经理责任制通过设定责、权、利等过程因素对项目进行控制,选择不同的运作模式,项目部可能会在资源配置上有所差异。

3) 项目经理。选择谁来担任项目经理,该项目经理是否能够承担整个项目,是否有项目的相关经验,都对能否顺利完成项目目标造成影响,所谓"兵熊熊一个,将熊熊一窝",项目经理作为项目部的最高领导,对项目的各项决策都有决定意义,如果项目经理不能胜任项目的工作,轻一点可能造成工程进展不顺,严重一点可能使得整个项目最终失败。

4) 项目部组织结构。包括项目部各部门和岗位的设置,及明确各部门各岗位责、权、利等,组织结构作为战略的直接支撑,对整个项目的成败有着不容忽视的重要意义,在项目开始进行时,部门和人员开始增加,工作界面和流程迅速增加,工作量急剧膨胀,如果组织结构的设置能够推动项目高效前进,人员权、责、利划分明确,工作流程清晰,那么整个项目就能顺利运行下去,反之,则会造成分工不清、界面模糊、流程冗长、效率低下,给项目目标的实现造成风险。

(2) 商务性策划的风险

商务性策划是策划的重要环节,是结合市场对项目环境进行整体性考虑,其风险包括项目分包模式、分包商选择、业主关系等环节,如图3-2所示。

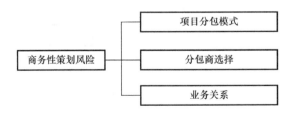

图3-2 商务策划风险

1) 项目分包模式。一般包括专业分包和劳务分包,专业分包即将专业性强的分部分项工程分包给具有专业承包资质专业公司的方式,它其实又可分为将该专业工程整体分包给一家公司,还是分别给两家、三家公司分别分包。劳务分包则有包工包料(俗称"大包")、只包工不包料(俗称"包清工")、包工并包一部分周转材料和小型工具（一些企业称其为"扩大的劳务分包"）等几种。

案例 3-1：某工程钢结构专业分包模式的选择

北京某工程钢结构分包模式选择时，项目部比较了两种形式：钢结构制作、安装整体分包，钢结构制作、安装分别分包。两种方案的比较如下：

方案一：制作、安装整体分包（表3-1）

方案一 表3-1

序号	分项工程名称	工程量（t）	报价（元）	合价（元）	综合单价（元）
1	钢柱制作安装	540	10400	5616000	
2	钢梁制作安装	230	9345	2170050	
3	螺栓费用	17560	5	87800	
4	吊车机械费			200000	
总计				8073850	10485.52

方案二：制作、安装分别发包（表3-2）

方案二 表3-2

序号	分项工程名称	工程量（t）	组装单价（元）	合价（元）	综合单价（元/t）
1	钢柱钢梁材料费	770	5253	4044810	
2	制作及运输	770	20000	1540000	
3	安装	770	1200	924000	
4	螺栓费用	17560	5	87800	
5	吊车机械费			200000	
6	其他不可预见费用			300000	
总计				7096610	9616.38

两种方案比较见表3-3。

方案一与方案二比较 表3-3

模式类别	总价格（元）	技术管理	质量标准	安全	进度
方案一	8073850	主要技术管理由分包队伍进行，项目管理相对轻松	质量主要是靠制作厂家及安装队伍决定	安全决定于项目管理及安装队伍	一致
方案二	7096610	技术管理难度加大，主要是制作尺寸及运输的控制，但项目能力足以满足要求	分开管理，对质量无影响	安全管理主要在吊装和安装上，素质取决于安装队伍	一致

结论：采取第一种方案虽然项目的管理较为轻松，只对一个分包队伍，但成本增加97.7万元以上。采用第二种方案主要管理难度在制作与安装队伍的配合协调上，同时要求项目技术深化能力及技术管理能力能够满足专业要求。对加工

厂家的下料尺寸可以准确控制，对于安全和质量除了加工厂家外，对队伍的素质主要是在安装工序上。因此项目应采取方案二，组装分包，同时选择过硬的钢结构安装队伍。

在案例 3-1 中，第一种分包方案的风险在于项目部"押宝"于一家分包商，项目部虽相对轻松，但工程质量、安全等风险相对较高；第二种方案虽成本较低，但管理风险、项目部人员专业能力风险相对较大。

2）分包商选择。在分包商的选择上存在的风险，是在较短时间内无法认真考察分包商的能力、信誉，在项目过程中无法达到自己的要求，给项目造成影响。

3）业务关系。这里其实是同项目施工有关的各相关方关系的处理，关系网络的建立等。主要包括没有或不能真正了解相关方的诉求，没有建立相互信任的关系，缺乏及时有效的沟通，信息不对称，责任矩阵划分不合理或者没有细化，资源没有充分共享造成相互之间工作不理解，这样就去作策划，很有可能一开始就注定是失败的结局。策划不充分或根本就没有进行这方面的策划，就有可能在施工过程中遇到各种意想不到的阻力。

项目部需处理的相关方关系如图 3-3 所示。

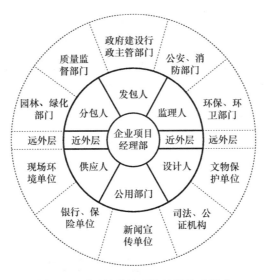

图 3-3 项目部需处理的外部关系示意

案例 3-2：浙江省电网建设中冲突的调查

电网建设本是造福于民的项目，但项目的建设也会给沿线群众当前或长远利益造成损失，以致建设过程中冲突不断。

通过 Google 输入检索关键词"电网建设受阻"，可以搜索到 27100 条记录。输入关键词"浙江电网建设受阻"，可以搜索到 9260 条记录。表 3-4 给出浙江省各地区电网建设受阻记录情况，从中可以看出，检索记录最多的是杭州地区，记录个数达 5120 个，占总检索记录的 25%。记录个数最少的丽水地区，记录个数为 545 个，占总记录个数的 2.76。依据电网建设外部环境冲突情况，可以把浙江省各地区划分为三类，第一类是冲突关注非常高的杭州市、宁波市、温州市三个地区，这些地区的检索记录均达到 3000 条以上；第二类是冲突关注度比较高的台州、金华、绍兴、嘉兴四个地区；这些地区的检索记录在 1000 条～1500 条之间；第三类是冲突关注度较弱的舟山、湖州、衢州、丽水四个地区，这些地区的检索记录在 1000 条以下。

浙江省各地区电网建设受阻记录情况　　　　　　　　表 3-4

地区（市）	记录数	所占比例/%
杭州	5120	25.95
宁波	3640	18.45
温州	3110	15.76
嘉兴	1020	5.17
湖州	904	4.58
绍兴	1170	5.93
台州	1390	7.05
金华	1300	6.59
丽水	545	2.76
衢州	588	2.98
舟山	943	4.78
合计	19730	100

浙江省各地市电网建设受阻数据
（注：数据来源：2008.9.16，www.google.cn 检索记录）

(3) 技术性策划的风险

技术性策划包括项目的整个实施方案，其风险主要来源于施工技术、进度、质量安全、成本、采购等技术与管理方面，如图 3-4 所示。

图 3-4　技术性策划风险

1）施工技术。科学的施工技术和合理的施工方案是工程项目施工的基本条件，也是实现合理工期的基本保证，但在项目策划阶段，往往由于这样或那样的因素，使得在选择施工技术上与现实存在偏差，例如，由于现场踏勘过程中对当地水文、地质条件研究不够仔细或出现偏差，在策划中制定出不合适的土方开挖及运输方法、吊装方法、安装方法、临时设施布置等，选择使用了公认的落后技术，单纯为追求"高新"技术而忽视自身条件，造成设备或工程项目不适合等，给项目的质量、工期、成本等造成风险。

2）进度。在战略性策划中已经提到过，进度目标与财务目标、质量目标是对立和统一的关系，工程项目能否在预定的时间内交付使用，直接影响到整体效益的发挥，进度控制的风险主要来自于施工进度网络计划是否合理、计算是否准确、施工组织是否科学、施工方案是否适用等，这些方面都会对工程进度造成风险。

3）质量安全。质量安全方案设定不到位，对可能的紧急情况估计不足、预案准备不充分，对可能的政治、经济、自然、合同风险估计不足等，都可能对施工造成影响。

4）成本。策划过程中如不能提前考虑有哪些可能的意外费用，并估计出意外费用的多少，没有考虑不能避免但能够接受的损失，对项目预算的必要的应急费用的预估造成偏差，从而减弱了项目成本预算的准确性和现实性，容易在施工过程中因项目超支而造成项目各有关方的不安，可以说，成本控制尤其需要提防风险。

5）采购。采购风险主要来自于对供应商的选择，部分供应商虽然报价较低，但并非行业的优质企业，其产品质量一般或较差，不能满足项目的高质量和长周期可靠运转的要求；供应商生产能力不足或同一产品选择的单位过少，不能满足承包商的数量和进度需要，影响甚至制约工程建设的连续性和进度要求；有些专有设备或特殊材料设备一般只有 1~2 家制造商具备相应的技术和制造能力，如果不事先调研或提前锁定这些资源，工期就不能得到保证。

此外，项目策划编制人员本身缺少丰富的同类项目管理经验，不能正确估计项目，从而不能制定行之有效的项目策划书来指导施工过程中的项目管理，也是工程项目施工阶段风险的来源。

3.1.2 风险的应对及措施

消除项目策划阶段风险需要管理人员充分重视项目的前期策划工作，对项目进行充分的调查，并在此基础上合理规划，从而规避项目策划阶段的风险。

化解施工准备阶段风险的根本措施是加强对项目管理人员的责任心教育，提

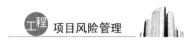

高项目管理人员项目策划的业务水平。在项目策划活动中则应把握如下几点：

(1) 细致并有效地进行合同交底

合同交底是在合同签订后，为使合同执行人员充分了解合同的内容，关注合同的重要条款而开展的必要工作。

1) 合同交底的目的意义在于以下三个方面：

① 合同交底是项目部技术和管理人员了解合同、统一理解合同的需要。

合同是当事人正确履行义务、保护自身合法利益的依据。因此，项目部全体成员必须首先熟悉合同的全部内容，并对合同条款有一个统一的理解和认识，以避免不了解或对合同理解不一致带来工作上的失误。由于项目部成员知识结构和水平的差异，加之合同条款繁多，条款之间的联系复杂，合同语言难以理解，因此难于保证每个成员都能吃透整个合同内容和合同关系，这样势必影响其在遇到实际问题时处理办法的有效性和正确性，影响合同的全面顺利实施。因此，在合同签订后，合同管理人员对项目部全体成员进行合同交底是必要的，特别是合同工作范围、合同条款的交叉点和理解的难点。

② 合同交底是规范项目部全体成员工作的需要。

界定合同双方当事人（承包商与监理、承包商与业主、监理与业主）的权利义务界限，规范各项工程活动，提醒项目部全体成员注意执行各项工程活动的依据和法律后果，以便在工程实施中进行有效的控制和处理，是合同交底的基本内容之一，也是规范项目部工作所必需的。由于不同的公司对其所属项目部成员的职责分工要求不尽一致，工作习惯和组织管理方法也不尽相同，但面对特定的项目，其工作都必须符合合同的基本要求和合同的特殊要求，必须用合同规范自己的工作。要达到这一点，合同交底也是必不可少的工作。通过交底，可以让内部成员进一步了解自己权利的界限和义务的范围、工作的程序和法律后果，摆正自己在合同中的地位，有效防止由于权利义务的界限不清引起的内部职责争议和外部合同责任争议的发生，提高合同管理的效率。

③ 合同交底有利于发现合同问题，并利于合同风险的事前控制。

合同交底就是合同管理人员向项目部全体成员介绍合同意图、合同关系、合同基本内容、业务工作的合同约定和要求等内容。它包括合同分析、合同交底、交底的对象提出问题、再分析、再交底的过程。因此，它有利于项目部成员领会意图，集思广益，思考并发现合同中的问题，如合同中可能隐藏着的各类风险、合同中的矛盾条款、用词含糊及界限不清等。合同交底可以避免因在工作过程中才发现问题带来的措手不及和失控，同时也有利于调动全体项目成员完善合同风险防范措施，提高他们合同风险防范意识。

④ 合同交底有利于提高项目部全体成员的合同意识，使合同管理的程序、

制度及保证体系落到实处。

合同管理工作包括建立合同管理组织、保证体系、管理工作程序、工作制度等内容，其中比较重要的是建立诸如合同文档管理、合同跟踪管理、合同变更管理、合同争议处理等工作制度，其执行过程是一个随实施情况变化的动态过程，也是全体项目成员有序参与实施的过程。每个人的工作都与合同能否按计划执行完成密切相关，因此项目部管理人员都必须有较强的合同意识，在工作中自觉地执行合同管理的程序和制度，并采取积极的措施防止和减少工作失误和偏差。为了达到这一目标，在合同实施前进行详细的合同交底是必要的。

合同交底主要是对合同中核心条款进行讲解、讨论。各职能部门负责人应将合同目标和责任具体落实到各执行人员的管理工作中。

2）合同交底的程序。

合同交底是公司合同签订人员和精通合同管理的专家向项目部成员陈述合同意图、合同要点、合同执行计划的过程，通常可以分层次按一定程序进行。层次一般可分为三级，即公司向项目部负责人交底，项目部负责人向项目职能部门负责人交底，职能部门负责人向其所属执行人员交底。这三个层次的交底内容和重点可根据被交底人的职责有所不同。据一些企业的经验，按以下程序交底是有效可行的：

① 公司合同管理人员向项目负责人及项目合同管理人员进行合同交底，全面陈述合同背景、投标策略、合同工作范围、合同目标、合同执行要点及特殊情况处理，并解答项目负责人及项目合同管理人员提出的问题，最后形成书面合同交底记录。

② 项目负责人或由其委派的合同管理人员向项目部职能部门负责人进行合同交底，陈述合同基本情况、合同执行计划、各职能部门的执行要点、合同风险防范措施等，并解答各职能部门提出的问题，最后形成书面交底记录。

③ 各职能部门负责人向其所属执行人员进行合同交底，陈述合同基本情况、本部门的合同责任及执行要点、合同风险防范措施等，并解答所属人员提出的问题，最后形成书面交底记录。

④ 各部门将交底情况反馈给项目合同管理人员，由其对合同执行计划、合同管理程序、合同管理措施及风险防范措施进行进一步修改完善，最后形成合同管理文件，下发各执行人员，指导其行动。

合同交底是合同管理的一个重要环节，需要各级管理和技术人员在合同交底前，认真阅读合同，进行合同分析，发现合同问题，提出合理建议，避免走过场，以使合同管理有一个良好的开端。

3) 合同交底的内容。

合同交底是以合同分析为基础、以合同内容为核心的交底工作,因此涉及到合同的全部内容,特别是关系到合同能否顺利实施的核心条款。合同交底的目的是将合同目标和责任具体落实到各级人员的工程活动中,并指导管理及技术人员以合同作为行为准则。合同交底一般包括以下主要内容:

① 工程概况及合同工作范围,包括:

a. 工程名称、业主名称、设计单位、工程地点、工程规模、结构形式等;

b. 工程招标文件的主要内容,如招标范围、承包方式、工期要求、质量要求、计价依据、风险条款等;

c. 招标答疑文件主要内容,主要是讲清影响工程价格重点问题。

② 合同主要条款,包括:

a. 承包范围;

b. 合同工期控制总目标及阶段控制目标;

c. 合同质量控制目标及合同规定执行的规范、标准和验收程序;

d. 合同价款及调整,包括:合同价格、确定合同价款方式(可调价格合同还是固定价格合同)、可调整的内容、合同范围外新内容计价原则等;

e. 付款方式、结算方式、风险条款等;

f. 合同对本工程的材料、设备采购、验收的规定;

g. 合同双方争议问题的处理方式、程序和要求;

h. 合同双方的违约责任;

i. 合同风险的内容及防范措施;

j. 合同进展文档管理的要求。

③ 本工程的投标报价情况,包括:

a. 投标价格和报价说明,如:投标报价采用的计价方式、材料价格依据、图纸清单做法不详内容等;

b. 不平衡报价内容及存在的风险;

c. 投标时的成本测算情况,包括机械设备、料具、临建、管理人员配置方案,机械、劳务、材料、料具价格取定,主要措施项目费用明细,措施项目、规费及其他费用控制指标等;

d. 索赔的机会和处理策略;

e. 工程投标技术方案的简要介绍。

(2) 深入项目现场,充分了解项目信息和现场情况

每一个项目也都有各自的不同实际情况,从项目所在地的地形、气候、人文环境、地理环境都千差万别,因此策划人员需要进入项目施工现场进行全面施工

调查，通过施工现场调查确定现场"三通一平"，调查主要材料来源、产量、价格，调查当地工程机械设备资源情况。案例 2-3 和案例 3-3 都说明了这个问题。

案例 3-3：达陕公路项目策划

由于地处山区，山高林密，达陕公路项目部进行项目策划时，通过多次实地查看地形，方案比选，最后确定最佳临时道路方案和临时搅拌站、预制梁场地。当地缺少建筑用砂，供应价达 200 元/m³，经过调查选择从临近省份通过军用铁路线运砂到施工现场只要 110 元/m³，降低材料成本。当时炸药要 13000 元/t，通过调查并与当地公安部门协调最后采购价控制在 9000 元/t 以下。

(3) 编制科学合理的施工组织设计

施工组织设计是项目策划的核心，施工组织是否科学合理、施工方案是否适用可靠、要素配置是否齐备将直接关系到项目的成败。由于施工组织不合理、施工方案不切实际、要素配置严重不足，而造成项目要么施工进度严重滞后、要么出现安全质量事故、要么项目经营状况不佳出现重大亏损，因此做好施工组织设计尤其是总体施工顺序及施工方案的选择、主要节点工期要求则更是重中之重。一般来说，施工组织设计主要包括如下的内容：工程概况、项目组织机构及总体部署、总体施工顺序及施工方案、大型临时设施布置、主要节点工期要求、各种资源的配置及注意事项。

1) 要根据企业管理能力、技术装备、人员素质、资源状况及现场实际情况而确定的总体施工顺序及施工方案，充分考虑自然条件和施工组织条件的影响，与施工方法施工机具的配置相协调，必须考虑安全生产、工程质量的要求，体现施工过程的基本原则即连续性、协调性、均衡性、经济性。

2) 主要节点工期是工程项目中重点（难点）、关键工程和控制工程，项目部必须高度重视。主要节点工程为满足项目合同工期或业主阶段性工期要求而制定的，有很强的针对性和明确的目的性。在项目策划阶段，必须对工程项目中重点（难点）、关键工程和控制工程进行深入的研究，考虑所需的各种资源，按生产计划均衡连续组织实施并做好工期阶段性计划。

工程项目管理实践中往往在工程投标时已经根据招标文件和图纸编制完成了施工组织设计，即投标时的所谓"技术标"。在工程中标后进行施工准备时，必须将投标的施工组织设计转化为施工用的施工组织设计，二者有时可能相差很大，这是因为后者是在已经签订了施工合同并且进行了图纸会审的基础上完成的，此时考虑的施工组织、技术方案、资源配置等必须考虑如何既满足合同要求，又经济合理，保证项目实施能实现本企业的经济和技术目标。一般情况下，投标用的施工组织设计不应当用于实际的施工。

案例 3-4：达陕高速公路项目的施工组织设计

达陕高速项目中，施工组织设计以王家坝大桥、杉木溪大桥连续刚构现浇桥梁以及石码河隧道、吴家河隧道为重点，组织路基土石方调配及中小桥桩基、承台、墩柱等下构工程流水作业。又如，在高墩施工中的垂直运输在方案上首选塔吊作为垂直运输设施，但在塔吊布置和选型上则注重考虑到左右线桥梁平面位置和桥跨大小，根据塔吊的性能及特点来选用塔吊的机型，有的塔吊一机管两墩，有的塔吊一机管三墩，从而提高了塔吊利用率，降低了机械使用费，节约了工程成本。以上总体施工顺序及施工方案的选择既反映了项目施工内在的关联性，又体现了公司整体管理水平和技术装备实力。它是施工组织的核心所在。

(4) 做好图纸会审和数量清理工作

与合同工程数量清单对照，找出施工图设计中不合理或数量差错漏问题，及时向设计单位提出调整意见进行修改或变更设计。

案例 3-5：达陕高速公路项目的图纸会审和数量清理工作

达陕公路项目策划时，提出了将单价偏低的吴家河 2 号桥改为高路基，将嵌岩较深的路基挡墙改为桩基挡墙的变更意见，得到设计单位的采纳。通过对××项目施工图工程量的清理，发现图纸数量比合同工程量清单少许多，于是策划人员将施工图纸数量与清单数量进一步对照，按设计施工图数量和概算编制办法重新编一次概算，将施工图不足部分，与设计单位交涉，讲明道理，要求设计将施工图数量尽量列足或将数量及造价空间增加到桩基地质，地基处理，改建铁路轨料补充、道砟补充，土方调配，以及顶进施工架空既有线防护之中。通过对××项目施工图工程量的清理，发现路基地基处理（旋喷桩法）施工图数量比合同清单数量少约 20 万 m，当时××段路基的咨询图未发，项目部抓住机会及时与设计院交涉将 20 万 m 加到了帮宽段既有路基的边坡范围里。这项工作在前期开展设计人员容易接受，有利于今后的施工图检算，也为项目部建好工程数量台账、分包结算台账打下了基础，这项工作还在进行中是一项长期进行而有成效的工作，策划就是要为这项工作找出空间制定目标明确方向。

(5) 反复比选和优化大型临时设施布置，确定修建规模和标准

大型临时设施布置是根据项目所在地的自然条件、交通条件和资源条件，本

着尽量临地结合、少占农田绿地、标准适中能用、快速建成使用、降低工程成本、兼顾当地利益的原则来规划大型临时设施,它是保障项目施工生产正常的关键环节。

案例 3-6:达陕高速公路项目的大型临时设施布置

达陕高速项目把 302 省道作为施工的纵向运输的便道,沿线部分段落需要对地方道路进行整修或新修横向便道、便桥约 12km,使纵向便道与项目线位相通。铁路交通在项目内有襄渝铁路和万白军用铁路在巴山、官渡及万源有站点,可为本工程服务。沿线有大河、后河分布两侧,水源较丰富,水质清无污染,可满足工程用水需要。施工用电则根据施工组织设计中所配置的人员和机具设备量及施工技术要求来配备的。沿线增设 6 处临时用电变压器,并配备 6 处应急发电设备满足工程需要。这种大型临时设施布置充分利用了当地的既有条件和资源,从而既满足工程施工的需要,又降低工程成本。达陕项目便道修建费用控制在 300 万元以内,与投标相比节约成本约 200 万元。

(6) 重点关注项目目标成本的测定

为保证目标成本的准确性,重点从四个方面入手:

1) 对初步选定的协作队分项目进行招标议标,锁定分包工程费。

2) 根据机械设备需用量,调查确定设备的租赁价格和使用时间,从而确定机械费成本。

3) 测定好混凝土成本,主要材料成本。

4) 确定项目管理经费。

(7) 协调好和业主各方的关系

策划工作中保持和业主通过不同的渠道,进行全方位沟通,建立起冲突解决的流程和步骤,使双方意见上的分歧能够得到及时的统一;各参与方也要积极共享资源,要以项目整体的最优为目标,打破组织间的界线和壁垒,使用一切能够让项目获得最大成功的资源,使得双方的合作产生"1+1>2"的效果。同时,也要明确定义双方职责。双方要能够了解项目的组织使命,并且知道跟自己工作的联系。在工作中随着工作不断开展,将责任矩阵不断深入和细化。责任划分要在遵守合同的前提下兼顾到结果最优原则,谁能更好地完成这部分工作,就将这部分工作分配给他,由他负责;建立共赢的思想,共赢思想是伙伴关系概念的精髓,平等是其重要的条件。各方要本着平等的原则进行合作,不能利用承发包上的优势地位来压制另一方,为项目的成功共同努力。

3.2 项目施工前期准备的风险管理

施工前期准备工作的主要任务是为拟建工程的施工建立必要的技术和资源条件，统筹安排施工力量和施工现场。施工准备工作是施工企业做好目标管理的重要依据，也是施工和设备安装顺利进行的根本保证，因此认真地做好施工准备工作，对于发挥企业优势、合理供应资源、加快施工速度、提高工程质量、降低工程成本、增加企业经济效益、赢得企业社会信誉、实现企业管理现代化等具有重要的意义。

3.2.1 风险识别

前期准备阶段的风险来自下面几个环节：
（1）施工文件的准备

施工文件包括合同、图纸、施工组织设计、档案资料文件等，相关文件产生的风险一般来源于文件内容和对文件的保管上，例如合同，如果不熟悉合同里面规定的条款，想当然做事，极有可能造成不理解甲方的意思，施工目标不是实际要达成的目标等，引起不必要的纠纷，影响企业的形象，对其中比较重要的合同管理、图纸会审、资料保管必须进行说明。施工文件准备的风险如图 3-5 所示。

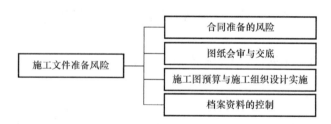

图 3-5　施工文件准备的风险

1）合同准备的风险。

项目部的管理人员应熟悉关于本项目的各种相关合同。合同是进行工程施工、施工管理、工程验收以及竣工结算的主要法律依据，只有熟悉并严格执行合同，才能保证甲方、总承包方及其他相关各方的利益，从而保证工程建设的顺利进行。但是在实际项目中，项目人员如果对合同研究不够仔细，例如合同中对工作范围的约定、技术标准的约定、变更的约定、付款的约定等并没有了然于胸，容易在实际施工过程中造成被动，给企业造成损失。

2）图纸会审及交底。

读懂图纸是非常重要的第一步。试想不看图纸或看不懂图纸，甚至不理解设计意图,别说保证施工质量,就是完成施工任务都成为问题,更何谈向甲方交付满意的产品。另外,图纸修改但是没有及时通知下属施工单位,大家按照自己的想法完成自己的职责内容,结果相互矛盾,受累的是整个工程项目。

3) 施工图预算与施工组织设计实施。

施工图预算不仅是编制施工组织设计的依据,也是造价和成本控制的依据。通过预算才能掌握工程的实物量、材料用量、施工机械种类和台班、各工种劳动力用量等。所以如果开工前不把预算做好,并达到及时准确的要求,则对工程施工分层、分期安排劳动力和材料计划,给生产管理创造便利条件以及施工组织设计都会造成影响。

施工组织设计是一个工程的战略部署。它的对象是项目决策层,是项目的主要领导宏观决策的技术管理文件,它对施工管理全过程,起到战略战术安排的双重作用,是具有规划、协调和控制的作用。施工组织设计要落实到具体的施工组织、施工方案和技术、质量、安全等措施,内容要严谨全面,涵盖工程从开工准备到工程竣工、验收的全部内容。如果项目技术负责人不从开工到竣工,按步骤、按内容要求进行思考,就容易忽略施工重点、难点、衔接、交叉等方面的问题,影响工程顺利进行,甚至造成停工、返工,影响工程目标的实现。

4) 档案资料的控制。

档案资料记载了建筑安装工程施工活动的全过程,它既是工程竣工交付使用的必备文件,也是对工程进行检查、验收、移交、使用、维修、改建和扩建的原始依据,因此,保管好档案资料,不仅是保证工程顺利完结的工具,更是项目管理水平的直接反映。

(2) 资源准备

项目的资源包括人力资源、物资设备、技术准备等,其风险如图 3-6 所示。

1) 人力资源准备。

为项目配备合适的人员是项目取得成功的最大保证,人永远是项目中最具活力最具

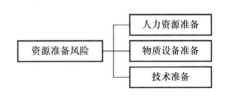

图 3-6 资源准备的风险

影响力的能动因素,如果技术人员不掌握项目需要的技术特点,熟悉相关的标准文件,如果管理人员不能高效履行管理职能,创造良好的管理环境,如果一般的工人不懂得分配物料,操控机械,可想而知,在这样的项目工地上,只会见到一盘散沙,危险重重。

2) 物资设备准备。

不能充分利用当地现有的合格资源,给工程造价造成浪费,增加施工成本;未能预先估计建筑材料的价格波动而进行相应的准备措施,配件与制品的加工准

备预估不足等,都是物资设备准备方面的风险因素。

另外,在工程开工前,完成各项施工用料的调查落实,经取样试验合格后,签订供货合同,按计划分批组织进场的工作做得不够,可能会影响工程的质量。

3) 技术准备。

技术准备的好坏不仅影响预算编制和施工组织设计环节,也会对后续的技术交底、技术图纸审查造成影响。

在技术准备方面的风险主要来源于人,技术人员对有关的技术规范、工艺标准、招标文件以及业主、监理下发的有关文件不熟悉、不了解,对本工程的施工特点没有研究,施工测量方案的编制和控制网点的测设不严谨规范,轻则技术图纸达不到要求,一再修改影响工程进度,重则造成工程的整体质量出现严重的问题。

(3) 施工条件准备

施工条件准备主要是临时设施、临时水电等方面的准备。如果未能提前做好现场雨水、污水、自来水接口位置的调查和确定,从而不能根据现场雨水、污水、自来水接口位置合理安排施工临建的雨水、污水排放;现场临建搭设未进行总体规划、统一布置,造成资源的浪费,给管理也带来不便。在工程开工前未仔细核算临时用水、用电量,对水(电)接入点、用水(电)点、管路(线)走向、铺设方式做出不合理的规划,甚至造成水、电布置与未来建筑物、地下地上管线、场地整平等相互冲突,临时用电及配电箱的布置不合规范,造成漏电、伤亡事故。

3.2.2 风险的应对及措施

准备工作就像打仗一样,必须"先谋后战","不打无准备之仗"。俗话讲,"兵马未到,草料先行"。施工也一样,缺乏计划而盲目行动必然要失败。所以项目施工管理人员首先要认识准备工作的重要性,只有准备工作做得充分、全面、及时、细致,才能保证施工效率高、进度快、质量好、成本低等施工目标的实现。准备工作可以起到预见性的管理、控制、保证的作用,从而实现规范化、程序化、优质化的目标。

针对上述几类因素,可以采取以下的措施规避风险。

(1) 施工文件的准备

在合同管理方面,要从严要求项目部的管理人员研读合同条款,熟悉关于本项目的各种相关合同,特别是对合同中对工作范围的约定、技术标准的约定、变更的约定、付款的约定等要达成一致意见,或者请权威专家进行解释。

在图纸会审及研读方面,项目团队和分包单位的技术人员在施工前必须读懂设计图纸，避免施工过程中或施工后发现问题，给企业造成损失，例如：设计使用的标准是否有效，是否已经更新等。尤其是管道汇总图更要认真读，看是否与现场相符、是否有管道支架生根节点图，如果缺少管道支架生根节点图，必须与设计人员沟通及时补充，否则无法施工，结算时也没有依据；图纸的修改，应及时通知相关单位，项目团队应制定设计图纸及修改通知单保管、更新、发放、识别制度。随时更新有效图纸目录和有效修改通知单的目录并及时向施工单位和监理单位发放，同时督促施工单位及时销毁作废图纸和修改通知单，凡涉及主体结构及使用功能的设计变更，均应报原施工图审批机构批准。设计图纸及修改通知单必须处在受控状态，以避免错误的施工和错误的甚至重复的结算。

在施工组织设计方面，首先编制者要严格按规定标准，遵守编制和执行的严肃性，并对施工组织设计的重要性有清晰的认识，因为施工组织设计是编制施工方案的依据，施工方案是施工组织设计的延伸和补充，又是技术交底的依据，三者密切相关，贯穿于项目的全过程，服务于项目的始终，只有通过一体化，才能实现工程最终目标。

施工组织设计的一个重要方面是应根据建设部相关要求，针对危险性较大的分部分项工程的专项施工方案以及重大专项施工方案应该有专家论证及审查程序。

案例 3-7：杭州市交通建设危险性较大工程安全专项施工方案编制及论证审查办法

一、为加强交通建设工程项目的安全技术管理，建立危险性较大工程的方案编制、论证及审查管理体系，预防重特大施工安全事故，保障人身和财产安全，根据国务院《建设工程安全生产管理条例》、交通部《公路水运工程安全生产监督管理办法》，结合我市交通建设工程实际，制定本办法。

二、本市行政区域内纳入基本建设程序的交通工程新建、改建、扩建等建设项目适用本办法。

三、杭州市交通局负责全市交通建设危险性较大工程安全专项施工方案编制及论证审查工作的监督管理。杭州市交通工程质量安全监督机构受杭州市交通局委托，对杭州市交通建设危险性较大工程安全专项施工方案编制及论证审查工作具体实施监督管理。

四、杭州市交通建设危险性较大工程按危险等级不同实行分级管理。杭州市交通建设危险性较大工程危险性等级划分详见《杭州市交通建设危险性较大工程等级划分表》（附表）。

危险等级1的交通建设危险性较大工程，应当编制安全专项施工方案，并组织专家论证。

危险等级2的交通建设危险性较大工程，应当编制安全专项施工方案，是否组织论证应根据工程规模、施工条件、施工管理水平等因素综合考虑。

危险等级3的交通建设危险性较大工程，应当编制安全专项施工方案。

五、交通建设危险性较大工程应当以分部分项工程为单位编制安全专项施工方案，并按要求组织论证审查程序。同一类型的分部分项工程，如果施工条件、工程环境类似，施工工艺一致，可以统一编制安全专项施工方案并执行相应的论证审查程序。

对于杭州市交通建设危险性较大工程等级划分表中的不属于分部分项的工程，当该工程划分小于分部分项工程时，以该工程归属的分部分项工程为对象编制安全专项施工方案并执行相应的论证审查程序；当该工程划分大于分部分项工程时，以该工程为对象编制安全专项施工方案并执行相应的论证审查程序。

规模较小并且危险性较大分部分项工程集中的单位工程，可以该单位工程为对象编制安全专项施工方案并执行相应的论证审查程序。

六、施工单位负责交通建设危险性较大工程安全专项施工方案的编制和论证工作。交通工程实行施工总承包的，由总承包单位对交通建设危险性较大工程安全专项施工方案的编制、论证工作负总责。

施工单位应当组织专业工程技术人员编制交通建设危险性较大工程安全专项施工方案，并根据不同等级的交通建设危险性较大工程管理对策措施相关要求组织论证，经施工单位技术负责人审核，签字批准，上报监理单位审查批准。

交通建设危险性较大工程安全专项施工方案应当包括以下内容：

（一）编制说明：编制依据，编制目的，适用范围等；

（二）工程概况：工程简介，水文地质条件，施工条件（准备情况）等；

（三）主要施工技术方案、工艺流程、工程进度计划、平面布置图等；

（四）安全生产组织机构及职责分工；

（五）危险因素分析及对策措施；

（六）安全保证措施；

（七）文明施工、环境保护措施；

（八）安全检查和审查（指安全检查和审查的方法、内容等）；

（九）应急预案；

（十）安全验算；

（十一）其他需要说明的内容。

七、监理单位负责交通建设危险性较大工程安全专项施工方案的审查，并对施工单位交通建设危险性较大工程安全专项施工方案的编制、论证工作进行监理。

3 施工准备阶段的风险管理

施工单位上报的安全专项施工方案，监理单位应当予以审查，并将审查合格的安全专项施工方案由总监理工程师签字批准实施。

施工单位未按规定履行交通建设危险性较大工程安全专项施工方案编制、论证职责，或未按规定落实安全生产条件，监理单位不得对该工程发出开工许可，且应责令施工单位落实整改，拒不整改的，应及时上报上级相关部门。

八、建设单位应当督促、配合监理和施工企业做好交通建设危险性较大工程安全专项施工方案编制、论证、审查的各项工作。

九、安全专项施工方案的编制、论证、审查工作，应当遵守以下规定：

（一）施工单位应及时编制安全专项施工方案，并根据交通建设危险性较大工程分级管理对策措施要求，结合施工条件、技术管理水平综合考虑，确定是否组织专家论证。

（二）施工单位可根据工程实际情况自行选取、邀请专家和相关人员参加论证，也可以申请行业管理部门从"杭州市交通建设工程安全生产监督管理网络专家库"选取专家参加论证。选取专家人数不得少于5人。

（三）施工单位组织召开安全专项施工方案专家论证会，对已编制完成的安全专项施工方案进行论证，并形成书面论证意见。专家组的书面论证审查意见应作为专项安全施工方案的附件备查。

（四）安全专项施工方案按照专家论证会意见修改后，经施工单位技术负责人审核批准，上报监理单位。

（五）监理单位接到施工单位的方案审查申请，应当及时组织专业工程技术人员进行方案审查，并在7日内提出方案审查意见。

（六）施工单位应根据监理单位审查意见对方案进行进一步修改并再次报送监理单位并按要求修改完善，经总监理工程师签字批准后方准予实施。

十、施工单位应严格按照监理单位审查批准后的安全专项施工方案落实安全生产条件并组织实施，在施工过程中指派专职安全生产管理人员进行现场监督。

十一、施工单位在工程施工过程中确实需变更、调整安全专项施工方案，应及时编制变更、调整方案，经施工单位技术负责人、总监理工程师审查签字批准后予以实施。重大内容变更、调整，应组织变更、调整方案专家论证会。

十二、施工单位未按照本办法规定编制、论证、变更调整安全专项施工方案，或未落实安全生产条件，未按专项方案组织实施的，按有关法律法规予以处罚。

监理单位未按照本办法规定履行安全专项施工方案审查，或未履行安全生产条件审核，未履行施工过程中的监理职责的，按有关法律法规予以处罚。

十三、杭州市交通局根据行业管理需要,组织建立杭州市交通建设工程安全生产监督管理网络专家库。

杭州市交通局负责杭州市交通建设工程安全生产监督管理网络专家库的日常管理工作,组织开展专家论坛,促进经验交流和学术研讨。

十四、本办法由杭州市交通局负责解释。

十五、本办法自2009年1月1日起施行。

附表:杭州市交通建设危险性较大工程等级划分表(表3-5)

杭州市交通建设危险性较大工程等级划分表 表3-5

序号		危险性较大工程	危险等级
1	基础工程	基坑爆破、人工挖孔桩	1
		地下水位在坑底以上基坑支护与降水工程	2
		明开挖基础深度超过5m(含5m)	1
		深度未超过5m,但地质条件不良或周围环境及地下管线复杂	2
		桩基础、挡墙基础、地下连续墙、沉井基础、深水基础及水深3m以上围堰工程	2
		挖深2~5m土质基坑	3
2	土石方开挖工程	土石方爆破	1
		不良地质条件下有潜在危险性的土方、石方开挖	2
		6m以上的边坡施工	2
		大型滑坡体处理	2
		边通车边施工作业工程	2
3	模板工程	工具式模板工程(滑模、爬模、大模板等)	2
		高度超过8m的水平混凝土构件模板支撑系统;跨度超过18m的水平混凝土构件模板支撑系统;施工总荷载大于10kN/m² 的水平混凝土构件模板支撑系统;集中线荷载大于15kN/m的水平混凝土构件模板支撑系统。	1
		特殊结构模板工程	2
4	起重吊装工程	普通构件的正常吊装	3
		特殊环境下的吊装工程	2
		大型设备、大型结构、特殊物件的吊装	2
5	水上水下工程	打桩船作业、施工船作业、水上平台作业,外海孤岛作业等	2
		边通航边施工作业	2
		水下爆破工程	1
		水下混凝土浇筑	2
		水下打捞、拆除、焊接、设置设施等作业	2
		大江大河截流导流工程	2
		大江大河中深水作业的工程	1

续表

序号		危险性较大工程	危险等级
6	架设拆除工程	爆破拆除工程	1
		拆除拱、梁等较易坠落、坍塌的工程	2
		拆除高3m以上墙、立柱等易倒塌的工程	2
		大型支架、模板、便桥、设备的架设与拆除	2
		30m以上高空作业	1
7	桥涵工程	跨径15m以上圬工拱桥拱圈施工及支架拆除	1
		跨径30m以上钢筋混凝土拱桥拱圈施工及支架拆除	1
		跨径40m以上梁、高10m以上柱、墩等构件施工	2
		预应力结构张拉施工	2
		跨径20m以上行车便桥架设与拆除	2
		桥梁的加固与拆除工程	2
		20m跨径以上现浇桥梁支架	2
		桥梁悬浇、悬拼施工	1
		桥梁转体、顶推施工	1
		斜拉桥、悬索桥塔、索施工	1
		跨线桥梁的施工	1
8	隧道工程	隧道爆破	1
		溶洞、暗河、瓦斯、岩爆、涌水突泥、断层等不良地质隧道、浅埋段、偏压严重段隧道掘进施工	1
		隧道出渣、运输	2
		隧道初期支护	2
		竖井、斜井、辅助坑道施工	1
		预应力锚杆施工	3
		隧道围岩突变区段的掘进施工	2
		隧道洞口、明洞施工	2
		沉管隧道施工中沉管浮运、就位、对接等水上、水下作业	1
		盾构隧道深基坑施工,盾构设备安装、拆卸,盾构进出洞施工,特殊地质、环境区域盾构隧道掘进施工,盾构隧道掘进常见问题处理等	1
9	港口航道工程	潮汛高发区的江河、海岸等处港口、码头的基坑及结构物施工	1
		码头加固与拆除工程	2
		港口、码头大型设备的安装与拆除	2
		不良地质区域的基坑、航道开挖	2
10	大型机械装拆工程	沥青混凝土、水泥混凝土拌和设备	3
		自制或自行组装的设备施工	3
		塔吊(移动式、附着式)、大型门吊、架桥机	2
		打桩机械	3

续表

序号	危险性较大工程		危险等级
11	其他工程	采用新技术、新工艺、新设备、新材料时，可能影响建设工程质量安全，已经行政许可，尚无技术标准的施工	2
		施工临时用电	2
		其他危险性较大的工程视具体情况而定	—

　　档案资料的保管方面，工程项目开始前期，应取得当地建设主管部门发布的相关标准与指南，并认真研究，确定文件签署的要求。依据《建筑工程文件归档整理规范》GB/T50328-2001、《建筑工程施工质量验收统一标准》GB/T50300-2001，对当地"建设工程技术文件的归档范围"的条目随时、逐一的检查，定期整理建档。关键是做到工程资料应随工程进度同步收集、整理，并按规定移交。

　　（2）资源准备

　　为项目配备合适的人员，严格要求技术人员掌握项目需要的技术特点，熟悉相关的标准文件，管理人员高效履行管理职能，创造良好的管理环境。

　　充分利用当地现有的资源，对建筑材料的价格波动进行预先估计并进行相应的准备措施，在工程开工前，完成各项施工用料的调查落实并按计划进行相应的准备。

　　技术准备方面，开工前，组织技术人员和管理人员学习有关的技术规范、工艺标准、招标文件以及业主、监理下发的有关文件，熟悉了解本工程的施工特点，掌握各项目的施工工艺和技术标准，同时组织专业技术工种人员进行培训教育，为工程施工顺利进行创造条件。接到施工图纸后，立即组织技术人员进行看图、审图，及时完成审图、工程量计算、材料计划等工作。根据业主要求编制切实可行的施工方案，向监理部门提出开工申请并在开工前完成前期施工各项的现场施工技术交底工作。

　　（3）施工条件准备

　　在施工中推行现代化管理方法，科学组织施工，按照施工总平面布置图设置各项临时设施。堆放大宗材料、成品、半成品和机具设备，不得侵占场内道路及安全防护等设施。施工现场的用电线路、用电设施的安装和使用必须符合安装规范和安全操作规程，严禁任意拉线接电。施工现场必须设有保证施工安全要求的夜间照明；危险潮湿场所的照明以及手持照明灯具，必须采用符合安全要求的电压。

案例3-8：蝶湖湾工程项目前期施工组织方案（局部）

一、人员组织及安置

1. 食宿问题

项目部临时生活用房以自己建造和租用附近民房两种方式进行，施工现场配置必要的值班室、工具房和卫生间等。现场临时用房采用活动板房。为了便于施工生产并确保安全，生活驻地及各工点住房建设时，以靠近施工现场为原则，同时要考虑对当地居民的干扰以及生活区对施工现场的干扰。根据进场人员，拟搭建简易住房$1000m^2$，食堂$50m^2$。如不能满足需要，以租用民房的方式解决。预计临时住房开工日期：2006年6月13日，完工日期：2006年6月20日前，应完成$200m^2$的宿舍及$50m^2$的食堂，2006年7月1日，应全部完成。

2. 人员进场安排

2006年6月16日，项目管理人员进场。

2006年6月19日，吊篮安装及技术人员进场（设备安装100人，技术人员8名）。

2006年6月25日至7月5日，涂装工人全部进场。

3. 现场办公

设备配置：电脑一部，打印机一部，传真机一部，对讲机、办公室桌椅若干。

办公地址：取得总包单位支持后，再行决定。办公地址的选择应有利于和甲方及总包单位的配合，有利于现场管理。

4. 材料进场及存放

6月30日第一批材料进场，考虑到本工期短的特点，在7月12日前，进场材料要达到预算量的80%，为了保证施工的顺利进行，利于材料的管理，仓库需有结实牢固的围护设施，简明的标识，并有专人管理。

仓库地址：每组楼的底层（待与总包单位沟通后确认）。

面积：每个仓库面积约为$150m^2$。

二、设备的运输及安装

1. 设备运输

6月19日以前，115台吊篮须由上海运到工地现场，每个吊篮重达1.8t，总重2000t。6月25日以前，所有吊篮必须进场安装。具体方案由亚士涂装储运部安排。

2. 吊篮的安装

（1）安装人员：

针对4组群楼14栋楼的特点，我司将成立14个吊篮机械安装小组，每组由

1名组长和5名组员组成,共14个班组、84个人,另安排一个搬运班组由一名组长和15名搬运工组成,共100人完成吊篮安装工作。

(2) 安装时间:

若塔吊和升降机可全方位为吊篮安装开放并提供全线服务,且没有妨碍吊篮安装的其他障碍物存在,安装班组安装时间需要3天左右。若考虑到塔吊不能及时服务或升降机不能满负荷使用,或安装条件不顺畅,可能安装时间需要7天左右。

(以下略)

4 项目实施阶段的风险管理

工程项目,特别是大中型工程项目,是一项极其复杂的系统工程,实施过程充满各种各样的风险。一般而言,工程项目的实施过程的风险控制分为生产过程的风险控制(包括进度、安全、质量、技术等)和生产要素的风险控制(包括成本、资金、物资、设备等)两类。一个工程项目的实施过程可分为若干阶段,而每一阶段又由许多子过程组成。这些子过程的实现一般有规定的程序、工作规程、检查或验收标准等。对这类常规性的工作,是程序化和结构化的管理问题,管理工作的复杂性并不大。工程项目的实施过程离不开成本、资金、物资、设备等生产要素,而这些生产要素在一定程度上又影响着工程项目的生产过程。

4.1 项目进度的风险管理

工程项目的进度是指工程从开工起到完成承包合同规定的全部内容,达到竣工验收标准所经历的时间,以天数表示。施工进度是建筑企业重要的考核指标之一,进度直接影响建筑企业的经济效益。工程项目进度风险是指影响项目施工进度的各种不利因素造成工程项目进度不能按计划目标实现的可能性。

影响进度的风险因素很多,影响关系错综复杂,有直接的,也有间接的,有明显的,也有隐含的,或是难以预料的,而且各个风险因素所引起的后果的严重程度也不一样。完全不考虑这些风险因素或是忽略了其中的主要因素,都将会导致决策的失误。

4.1.1 风险的识别与评估

(1) 自然环境风险

建筑工程施工进度会受到地理位置、地形地貌、气候、水文及周围环境等的影响,一旦这些因素出现不利情况,就会影响到施工进度。如出现地质断层、溶洞、地下障碍物、软弱地基以及恶劣的气候、暴雨、高温和洪水等都会对施工进度产生影响,造成临时停工或破坏。自然环境风险的影响因素如图 4-1 所示。

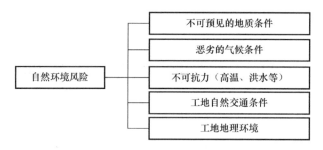

图 4-1 自然环境风险因素

（2）项目行为相关主体产生的风险

1）与业主有关的风险。

业主是工程建设项目的发起者和受益者，也是工程项目所有风险的最终承担者。如何在有限的预算资金前提下，保证工程项目的质量和施工进度是每一位业主都十分关心的问题。与业主有关的进度延误风险主要有资金是否能按时到位，并按时足额支付工程款；业主与设计、承包商、监理等各方的沟通协调能力；进度设计的依据是否可靠、合理；业主方能否为工程按期开工提供施工条件，业主方项目管理人员的知识和能力等（图 4-2）。

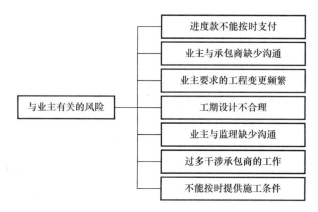

图 4-2 与业主有关的风险因素

2）与承包商自身有关的风险。

施工现场的情况千变万化，如果承包商自身的项目管理人员（特别是项目经理）管理水平不高，施工方案不当，计划不周，管理不善，解决问题不及时等，都会影响工程项目的施工进度，造成进度延误的可能（图 4-3）。

3）与监理有关的风险。

工程监理在业主授权的范围内，对工程的投资、质量和进度实施全面的控制和管理。因此，监理的管理和沟通能力以及知识和素养也将对工程建设项目的进

4 项目实施阶段的风险管理

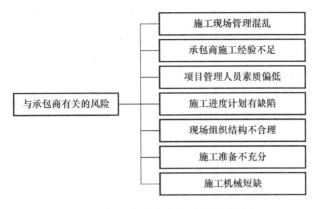

图 4-3　与承包商自身有关的风险因素

度控制产生影响，与监理有关的风险因素如图 4-4 所示。

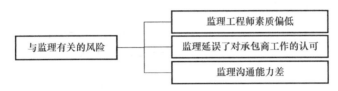

图 4-4　与监理有关的风险因素

（3）技术因素

施工方案不当，采用的工艺技术不合理，会影响到工程项目的施工进度。尤其是建筑的施工技术难易程度会给工程进度造成较大的影响。如果建筑工程的设计采用高、新、尖的技术，会给施工增加困难，不利于进度的控制。如果设计中采用的是较为普遍的、使用较为成熟的技术，会给施工带来便利，施工进度也易于控制。

（4）设计因素

在施工过程中出现设计变更是难免的，或者是由于地质勘探不准确，设计人员经验不足造成设计疏漏，或者是由于设计参数确定不当、设计新技术的采用等，或者由于业主提出了新的要求，都有可能导致原设计有问题需要修改，从而导致进度延误风险。设计风险因素如图 4-5 所示。

（5）资金因素

建筑工程建设要求首先落实资金的筹措，只有保证资金及时到位，才能保证施工进度的有效控制。如果资金到位不及时，就会影响施工机械设备、建筑安装设备、建筑材料等资源的采购，这些材料设备供应不及时就会导致停工待料现象，最终影响施工进度控制。

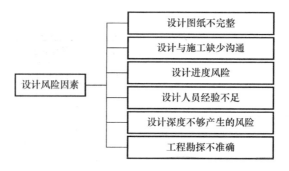

图 4-5 设计风险因素

（6）材料因素

施工过程中需要的材料、构件、配件、机具和设备等如果不能按期运抵施工现场，或者是运抵施工现场后发现其质量不符合有关标准的要求，都会对施工进度产生严重的影响。材料风险因素如图 4-6 所示。

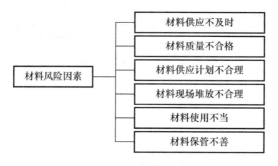

图 4-6 材料风险因素

（7）其他因素

工程施工进度还会受到其他一些风险因素的影响，比如战争、内乱、拒付债务、制裁等政治因素，会造成停工等中断现象进而影响进度。此外，延迟付款、汇率浮动、通货膨胀、分包单位违约等经济方面的风险因素可能导致工程资金问题，从而影响工程施工进度。

4.1.2 风险的应对及措施

（1）组织措施

为确保工程进度，要成立高效精干的项目经理部，全面进行包括进度管理在内的各项施工管理。项目组织机构在投标期间确定，并提前做好相应人员的就位准备工作，如：主要骨干成员参与投标过程，熟悉工程特点，在最短时间内进入角色；管理人员在投标期间着手工作移交，中标后立即就位。

(2) 管理措施

1) 编制进度计划。

进度计划应以多种形式表现。以网络计划编制的施工进度计划应至少形成三级网络：总进度网络、阶段性工期计划/季度/月度网络、月/周网络；以甘特图（横道图）方式形成的进度计划应有"计划进度"和"实际进度"的比较；在项目部的办公室里，还应当有工程形象进度的"计划"与"实际"的比较；工期相对较长的工程，则应制订里程碑计划，将形象进度的重要节点规定其完成的时间。

案例 4-1：广州新白云机场迁建工程的"五大战役"和"十大里程碑"

广州新白云机场迁建工程为实现 2003 年 10 月底航站楼竣工初验、飞行区完成试飞以及各项配套设施基本完成的总目标，必须确定若干控制节点。经论证，机场迁建工程可分为"五大战役"，重点应抓"十大里程碑"事件。

1. 航站区建设总进度的五大战役

工程可分为"五大战役"（图 4-7），具体如表 4-1 所示。

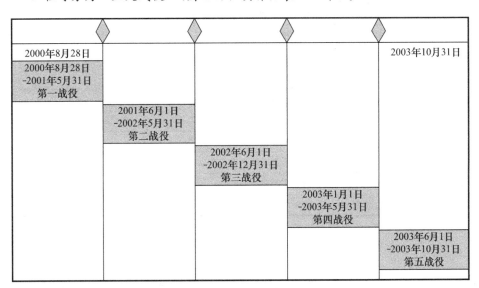

图 4-7 航站区工程的"五大战役"

航站区工程的"五大战役" 表 4-1

名 称	时 间	工作内容
第一战役	2000年8月28日-2001年5月31日	完成航站楼±0.00以下结构工程；完成总承包管理单位招标；完成钢结构细部设计、制作及安装招标；完成幕墙招标

续表

名称	时间	工作内容
第二战役	2001年6月1日-2002年5月31日	完成航站楼±0.00以上结构工程（特别是钢结构的制作、吊装施工）
第三战役	2002年6月1日-2002年12月31日	完成航站楼主楼玻璃幕墙施工；完成东西连接楼、指廊施工；全面展开航站楼机电安装工程；基本完成±0.00以下装饰工程
第四战役	2003年1月1日-2003年5月31日	全面展开精装修及弱电工程施工；2003年5月底航站区主楼土建施工基本完成；机电安装完成单机及系统调试
第五战役	2003年6月1日-2003年10月31日	全面完成航站楼、精装修及收尾工作；机电安装及智能化弱电工程进行联动测试；工程交付初验

2. 工程建设的"十大里程碑"

要实现总目标，机场迁建工程必须按期完成"十大里程碑"事件（表4-2）。

机场迁建工程的"十大里程碑"事件　　　　表4-2

序号	时间	事件
1	2001年5月31日	完成航站楼±0.00以下结构工程，完成全场地势及土方工程
2	2002年5月31日	航站楼封顶，即完成航站楼±0.00以上结构工程
3	2002年12月31日	完成航站楼主楼玻璃幕墙施工，基本完成连廊及指廊的施工
4	2003年5月31日	航站主楼土建基本完成
5	2003年7月31日	机电安装完成单机及系统调试
6	2003年10月31日	全面完成航站楼、精装修及收尾工作；机电安装及智能化弱电工程进行联动调试；工程交付初验
7	2001年3月31日	飞行区土方工程和排水工程完成
8	2002年9月30日	跑道、滑行道及联络道工程完成
9	2003年1月31日	飞行区试飞测试完成
10	2003年3月31日	飞行区验收

3. 关键节点的确定方法

"五大战役"和"十大里程碑"事件并不是靠"拍脑袋"确定的，而是根据各分区项目的工作内容及工程量，工程的进展情况，设计、招标、采购供应，安装及施工等工作内容的论证结果，根据各分区项目采取的具体设计、施工方案，根据各工作的搭接安排等综合因素确定合理工期，再结合项目总进度目标最终确定的。以航站楼为例，编制了用于论证该项目里程碑事件的数据字典，如表4-3所示。

航站楼进度计划编制数据字典 表 4-3

工程内容及工程量		施工图设计	细部设计	招投标	采购供应	加工制作	现场安装及施工
±0.00以下混凝土结构	桩基、桩承台、-1层底板、侧墙	已完	无	省水电二局中标，8298万元	无	无	合同工期：2000年8月29日～2001年4月30日
±0.00以上混凝土结构	地上1层4.5万m^2；2层0.4万m^2；3层4.9万m^2；合计9.8万m^2；3层楼板及混凝土柱（1m直径）	2000年12月31日	无	2000年1月10日～2000年2月28日	无	无	2001年5月1日～2001年9月30日（5个月）
钢结构	人字形钢柱，南段及北段70m钢屋架，加最大23m悬挑，中段钢屋架，用钢量共10482.44t＝71kg/m^2×147640m^2	2000年12月31日	2001年3月1日～2001年6月30日（4个月）1个月以后拿出钢材清单用于采购	2001年1月1日～2001年2月28日	2001年4月1日～2001年9月30日（6个月）假定日本供应	2001年8月1日～2002年3月31日（7个月）	2001年10月1日～2001年5月31日（8个月）原设计高空就位拼装，建议采用端头高合拼装、整榀水平滑移就位850t/跨（不包括挑檐）吊装顺序：南段-北段-中段（两班制）
屋面工程	南段屋面、北段屋面、中段屋面（压型钢板、拉模）500t	同上	同上	同上	同上	无	2002年2月1日～2002年6月30日（5个月）开始后4个月与钢结构搭接，顺序同钢结构

续表

工程内容及工程量		施工图设计	细部设计	招投标	采购供应	加工制作	现场安装及施工
玻璃幕墙	2.56万m^2，南立面、北立面、西立面、东立面	2001年1月～2001年1月31日	2001年6月1日～2001年9月30日（4个月）	2001年2月1日～2001年5月31日（4个月）	2001年10月1日～2002年3月31日（6个月）		2002年6月1日～2002年12月31日（7个月），开始后4个月与屋面搭接
通风空调	DX空调系统14台，烟雾排气扇7台，排气扇10台	2001年1月1日～2001年2月28日		2001年3月1日～2001年4月30日（2个月）	2001年5月1日～2001年11月30日（7个月）		2002年4月1日～2003年5月30日与屋面工程搭接2个月（14个月）

依据招标文件要求编排合理的总进度计划。根据工程总进度计划和分阶段进度计划，确定控制节点，提出分阶段计划控制目标。以整个工程为对象，综合考虑各方面的情况，对施工过程作出战略性部署，确定主要施工阶段的开始时间及关键线路、工序，明确施工主攻方向。

案例4-2：武汉某工程施工进度计划甘特图（图4-8）

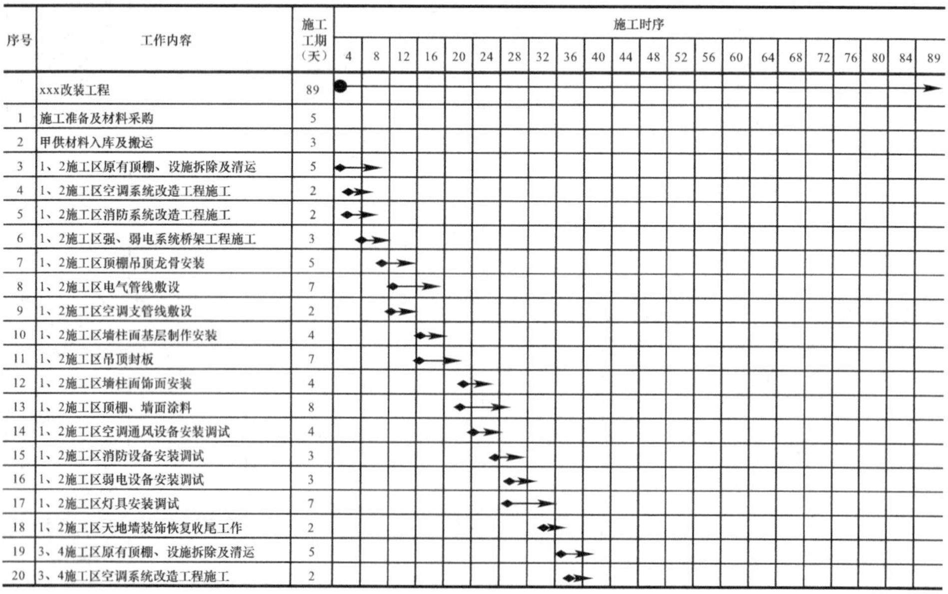

序号
工作内容
施工工期（天）
施工时序
4 8 12 16 20 24 28 32 36 40 44 48 52 56 60 64 68 72 76 80 84 89
xxx改装工程 89
1 施工准备及材料采购 5
2 甲供材料入库及搬运 3
3 1、2施工区原有顶棚、设施拆除及清运 5
4 1、2施工区空调系统改造工程施工 2
5 1、2施工区消防系统改造工程施工 2
6 1、2施工区强、弱电系统桥架工程施工 3
7 1、2施工区顶棚吊顶龙骨安装 5
8 1、2施工区电气管线敷设 7
9 1、2施工区空调支管线敷设 2
10 1、2施工区墙柱面基层制作安装 4
11 1、2施工区吊顶封板 7
12 1、2施工区墙柱面饰面安装 4
13 1、2施工区顶棚、墙面涂料 8
14 1、2施工区空调通风设备安装调试 4
15 1、2施工区消防设备安装调试 3
16 1、2施工区弱电设备安装调试 3
17 1、2施工区灯具安装调试 7
18 1、2施工区天地墙装饰恢复收尾工作 2
19 3、4施工区原有顶棚、设施拆除及清运 5
20 3、4施工区空调系统改造工程施工 2

图4-8 武汉某工程施工进度计划甘特图

2) 监测施工进度。

监测各专业施工单位的进度计划完成情况，规定时间提供进度报表。进度监测依照的标准包括：工作完成比例，工作持续时间，相应于计划的实物工程量完成比例，用它们实际完成量的累计百分比与计划的应完成量的累计百分比进行比较。跟踪检查施工实际进度，专业计划工程师监督检查工程进展，得出实际与计划进度相一致、超前或拖后的情况。

3) 进度考核。

严格按照合同条款中规定的进度对专业承包商及专业分包进行考核，合同中明确的进度责任，必须履行，实行奖惩制度。

(3) 技术措施

施工前做好技术交底工作，召开技术交底会议，参与各方认真分析研究设计文件，及时发现问题并予以纠正，避免带到施工过程中而影响工程进度。组织技术人员学习和掌握招标文件、施工技术规范、本工程质量标准和施工工艺流程。

案例 4-3：红叶二级水电站首部枢纽工程技术措施满足了工期要求

中国水利水电第七工程局承建的红叶二级水电站首部枢纽工程，因施工技术复杂、地下渗水严重、施工场地狭窄等一系列不利施工因素，使得工期压力和成本控制的难度非常大。在业主、监理、设计、施工四方共同努力下，采取二期提前截流、右岸护坦齿槽改为防渗墙等一系列重大施工方案调整，使总工期提前了约一个月，施工成本和施工质量、安全都得到有效的控制。

例如，按照招投标文件，水电站工程闸坝导、截流均在枯期进行，二期截流时间为开工当年的11月初，导流时段为11月至翌年4月底，在枯水期围堰保护下进行1号泄洪闸、1号铺盖、右岸护坦、右岸海漫、右岸储门槽、右岸挡水坝及右岸防渗墙等施工。

若按原导流方案施工，其正常施工进度是：防渗墙施工：开工当年11月初截流，11月底具备开钻条件，次年4月底完成右岸全部防渗墙施工（因右岸防渗墙均为深孔，平均深度在53m左右，加之地层复杂，地层架空严重，地下渗水特大等特点，5个月完成防渗墙的施工已为最快速度），5月15日完成平台拆除与平台开挖，5月底完成防渗墙戴帽混凝土施工，6月进行坝体混凝土浇筑。根据前面所述，工程导流为枯水期导流，围堰需在5月上旬拆除，从而意味着右岸挡水坝、1号铺盖混凝土施工无法进行，要进行混凝土浇筑只有再到枯期11月初再次截流后进行，大约在开工后第三年1月完工，这才具备挡水发电条件，如此施工总工期约滞后7个月，这是合同工期所不允许的。

要满足合同工期要求,唯一的解决办法就是将二期截流提前,在汛期到来前将坝体混凝土浇出水面。

开工当年8月底,施工单位会同业主、监理、设计等单位就二期提前截流事宜进行了认真仔细的分析,决定将二期截流提前到开工当年9月初(实际截流时间为9月7日)。二期截流提前实现首先得源于将原一孔过流改为两孔过流,满足了10月份和翌年5月份过流要求,其次是改砂壤土麻袋围堰为浆砌石围堰。上述方案的实施使二期坝体混凝土在汛期前均浇出了水面。

实际工程进度是:开工当年9月7日截流,防渗墙9月底开钻,第二年2月底完成防渗墙混凝土浇筑,3月底完成防渗墙平台开挖与防渗墙戴帽。4月完成坝体混凝土浇筑,总工期提前一个半月。

(4) 经济措施

1) 预算管理。

执行严格的预算管理。施工准备期间,编制项目全过程现金流量表,预测项目的现金流,对资金做到平衡使用,避免资金的无计划管理。

2) 支出管理。

执行专款专用制度。随着工程各阶段控制日期的完成,及时支付各专业队伍的劳务费用,防止施工中因为资金问题而影响工程的进展,充分保障劳动力、机械、材料的及时进场。

(5) 资源投入措施

1) 劳动力投入。

根据进度要求调配劳动力进场及施工时间安排,完全满足进度要求。选派优秀的工程管理人员和施工技术人员组成项目管理班子,管理本工程。选派技术精良的专业施工班组,配备先进的施工机具和检测设备进场施工。

2) 机械设备投入。

施工所需的机械设备要及时到位,并对这些设备严格检查,及时发现和排除故障。机械设备操作人员应持证上岗,按操作规程作业,保证机械的正常使用,提高施工效率,按进度计划完成任务。

3) 材料、料具投入。

在保证质量的前提下,按照"就近采购"的原则选择供应商,尽量缩短运输时间,确保短期内完成大宗材料的采购进场。严把材料采购、验收的质量关,避免因材料质量问题影响进度。编制详细的需用量计划和采购计划,严格按招标文件技术参数要求做好材料设备的采购工作,确保供应的设备材料质量满足要求。

(6) 加强各方沟通

密切与建设单位、设计单位、监理单位、材料设备的供应单位等各方的联系，畅通渠道，搞好协作，共同进行进度控制。

4.2 项目安全的风险管理

安全风险是危险、危害事故发生的可能性与其所造成损失的严重程度的综合度量。建筑施工安全事故的发生都是存在事故要素并孕育发展的结果，风险管理人员要根据建设工程的自身特点，从系统的观点出发，从整体上考虑可能引起安全风险的各种因素，从而制定一个与建设工程总体目标相一致的安全风险管理方案，有效预防重大事故的发生，消除或减弱施工过程中产生的危险、危害。

4.2.1 风险的分类

(1) 按诱发危险、有害因素失控的条件分类

危险、有害物质和能量失控主要体现在人的不安全行为、物的不安全状态和管理缺陷等3个方面。

1) 人的不安全行为。人的不安全行为分为操作失误、造成安全装置失效、使用不安全设备等13大类，见表4-4所示。

人的不安全行为 表4-4

分类号	分 类	分类号	分 类
01	操作错误、忽视安全、忽视警告	01.14	工件坚固不牢
01.1	未经许可开动、关停、移动机器	01.15	用压缩空气吹铁屑
01.2	开动、关停机器时未给信号	01.16	其他
01.3	开关未锁紧，造成意外转动、通电或泄漏等	02	造成安全装置失效
01.4	忘记关闭设备	02.1	拆除了安全装置
01.5	忽视警告标志、警告信号	02.2	安全装置堵塞，失掉了作用
01.6	操作错误（指按钮、阀门、扳手、把柄等的操作）	02.3	调整的错误造成安全装置失效
01.7	奔跑作业	02.4	其他
01.8	供料或送料速度过快	03	使用不安全设备
01.9	机械超速运转	03.1	临时使用不牢固的设施
01.10	违章驾驶机动车	03.2	使用无安全装置的设备
01.11	酒后作业	03.3	其他
01.12	客货混载	04	手代替工具操作
01.13	冲压机作业时，手伸进冲压模	04.1	用手代替手动工具

续表

分类号	分 类	分类号	分 类
04.2	用手清除切屑	08	在起吊物下作业、停留
04.3	不用夹具固定，用手拿工件进行机加工	09	机器运转时加油、修理、检查、调整、焊接、清扫等工作
05	物体（指成品、半成品、材料、工具、切屑和生产用品等）存放不当	10	有分散注意力行为
06	冒险进入危险场所	11	在必须使用个人防护用品用具的作业或场合中，忽视其使用
06.1	冒险进入涵洞	11.1	未戴护目镜或面罩
06.2	接近漏料处（无安全设施）	11.2	未戴防护手套
06.3	采伐、集材、运材、装车时，未离危险区	11.3	未穿安全鞋
06.4	未经安全监察人员允许进入油罐或井中	11.4	未戴安全帽
06.5	未"敲帮问顶"开始作业	11.5	未佩戴呼吸护具
06.6	冒进信号	11.6	未佩戴安全带
06.7	调车场超速上下车	11.7	未戴工作帽
06.8	易燃易爆场合明火	11.8	其他
06.9	私自搭乘矿车	12	不安全装束
06.10	在绞车道行车	12.1	在有旋转零件的设备旁作业穿过肥大服装
06.11	未及时瞭望	12.2	操纵带有旋转零部件的设备时戴手套
07	攀、坐不安全位置（如平台护栏、汽车挡板、吊车吊钩）	13	对易燃、易爆等危险物品处理错误

2）物的不安全状态。物的不安全状态分为防护、保险、信号等装置缺乏或有缺陷，设备、设施、工具、附件有缺陷，个人防护用品、用具缺少或有缺陷，以及生产（施工）场地环境不良四大类，见表4-5所示。

物的不安全状态　　　　　　　　　　表4-5

分类号	分 类	分类号	分 类
01	防护、保险、信号等装置缺乏或有缺陷	01.1.11	其他
01.1	无防护	01.2	防护不当
01.1.1	无防护罩	01.2.1	防护罩未在适当位置
01.1.2	无安全保险装置	01.2.2	防护装置调整不当
01.1.3	无报警装置	01.2.3	坑道掘进、隧道开凿支撑不当
01.1.4	无安全标志	01.2.4	防爆装置不当
01.1.5	无护栏或护栏损坏	01.2.5	采伐、集材作业安全距离不够
01.1.6	（电气）未接地	01.2.6	爆破作业隐蔽所有缺陷
01.1.7	绝缘不良	01.2.7	电气装置带电部分裸露
01.1.8	风扇无消音系统、噪声大	01.2.8	其他
01.1.9	危房内作业	02	设备、设施、工具、附件有缺陷
01.1.10	未安装防止"跑车"的挡车器或挡车栏	02.1	设计不当，结构不符合安全要求

续表

分类号	分 类	分类号	分 类
02.1.1	通道门遮挡视线	04.1.1	照度不足
02.1.2	制动装置有缺陷	04.1.2	作业场地烟雾尘弥漫视物不清
02.1.3	安全间距不够	04.1.3	光线过强
02.1.4	拦车网有缺陷	04.2	通风不良
02.1.5	工件有锋利毛刺、毛边	04.2.1	无通风
02.1.6	设施上有锋利倒棱	04.2.2	通风系统效率低
02.1.7	其他	04.2.3	风流短路
02.2	强度不够	04.2.4	停电停风时爆破作业
02.2.1	机械强度不够	04.2.5	瓦斯排放未达到安全浓度爆破作业
02.2.2	绝缘强度不够	04.2.6	瓦斯超限
02.2.3	起吊重物的绳索不符合安全要求	04.2.7	其他
02.2.4	其他	04.3	作业场所狭窄
02.3	设备在非正常状态下运行	04.4	作业场地杂乱
02.3.1	设备带"病"运转	04.4.1	工具、制品、材料堆放不安全
02.3.2	超负荷运转	04.4.2	采伐时,未开"安全道"
02.3.3	其他	04.4.3	迎门树、坐殿树、搭挂树未作处理
02.4	维修、调整不良	04.4.4	其他
02.4.1	设备失修	04.5	交通线路的配置不安全
02.4.2	地面不平	04.6	操作工序设计或配置不安全
02.4.3	保养不当、设备失灵	04.7	地面滑
02.4.4	其他	04.7.1	地面有油或其他液体
03	个人防护用品用具—防护服、手套、护目镜及面罩、呼吸器官护具、听力护具、安全带、安全帽、安全鞋等缺少或有缺陷	04.7.2	冰雪覆盖
03.1	无个人防护用品、用具	04.7.3	地面有其他易滑物
03.2	所用防护用品、用具不符合安全要求	04.8	贮存方法不安全
04	生产(施工)场地环境不良	04.9	环境温度、湿度不当
04.1	照明光线不良		

3) 管理缺陷

① 对物(含作业环境)性能控制的缺陷,如设计、监测和不符合处置方面要求的缺陷。

② 对人的失误控制的缺陷,如教育、培训、指示、雇佣选择、行为监测方面的缺陷。

③ 工艺过程、作业程序的缺陷,如工艺、技术错误或不当,无作业程序或作业程序有错误。

④ 用人单位的缺陷,如人事安排不合理、负荷超限、无必要的监督和联络、

禁忌作业等。

⑤对来自相关方（供应商、承包商等）的风险管理的缺陷，如合同签订、采购等活动中忽略了安全健康方面的要求。

⑥违反安全人机工程原理，如使用的机器不适合人的生理或心理特点。此外，一些客观因素，如温度、湿度、风雨雪、照明、视野、噪声、振动、通风换气、色彩等也会引起设备故障或人员失误，是导致危险、有害物质和能量失控的间接因素。

（2）按导致事故和职业危害的直接原因进行分类

根据《生产过程危险和有害因素分类与代码》GB/T13861-2009的规定，将生产过程中的危险、有害因素分为6类。此种分类方法所列危险、危害因素具体、详细、科学合理，适用于安全管理人员对危险源识别和分析。

1）物理性危险、有害因素：

①设备、设施缺陷，诸如：强度不够、刚度不够、稳定性差、密封不良、应力集中、外形缺陷、外露运动件缺陷、制动器缺陷、控制器缺陷、设备设施其他缺陷等。

②防护缺陷，诸如：无防护、防护装置和设施缺陷、防护不当、支撑不当、防护距离不够及其他防护缺陷等。

③电危害，诸如：带电部位裸露、漏电、雷电、静电、电火花及其他电危害等。

④噪声危害，诸如：机械性噪声、电磁性噪声、流体动力性噪声及其他噪声等。

⑤振动危害，诸如：机械性振动、电磁性振动、流体动力性振动及其他振动等。

⑥电磁辐射，诸如：电离辐射，包括X射线、γ射线、α粒子、β粒子、质子、中子、高能电子束等；非电离辐射，包括紫外线、激光、射频辐射、超高压电场等。

⑦运动物危害，诸如：固体抛射物、液体飞溅物、反弹物、岩土滑动、料堆垛滑动、气流卷动、冲击地压及其他运动物危害等。

⑧明火。

⑨能造成灼伤的高温物质，诸如：高温气体、固体、液体及其他高温物质等。

⑩能造成冻伤的低温物质，诸如：低温气体、固体、液体及其他低温物质等。

⑪粉尘与气溶胶，不包括爆炸性、有毒性粉尘与气溶胶。

⑫ 作业环境不良，诸如：基础下沉、安全过道缺陷、采光照明不良、有害光照、通风不良、缺氧、空气质量不良、给排水不良、涌水、强迫体位、气温过高或过低、气压过高或过低、高温高湿、自然灾害及其他作业环境不良等。

⑬ 信号缺陷，诸如：无信号设施、信号选用不当、信号位置不当、信号不清、信号显示不准及其他信号缺陷等。

⑭ 标志缺陷，诸如：无标志、标志不清楚、标志不规范、标志选用不当、标志位置缺陷及其他标志缺陷等。

⑮ 其他物理性危险、有害因素。

2) 化学性危险、有害因素：

① 易燃易爆性物质，诸如：易燃易爆性气体、液体、固体，易燃易爆性粉尘与气溶胶及其他易燃易爆性物质等。

② 自燃性物质。

③ 有毒物质，诸如：有毒气体、液体、固体，有毒粉尘与气溶胶及其他有毒物质等。

④ 腐蚀性物质，诸如：腐蚀性气体、液体、固体及其他腐蚀性物质等。

⑤ 其他化学性危险、有害因素。

3) 生物性危险、有害因素：

① 致病微生物，诸如：细菌、病毒及其他致病性微生物等。

② 传染病媒介物。

③ 致害动物。

④ 致害植物。

⑤ 其他生物性危险、有害因素。

4) 心理、生理性危险、有害因素：

① 负荷超限，诸如：体力、听力、视力及其他负荷超限。

② 健康状况异常。

③ 从事禁忌作业。

④ 心理异常，诸如：情绪异常、冒险心理、过度紧张及其他心理异常。

⑤ 辨识功能缺陷，诸如：感知延迟、辨识错误及其他辨识功能缺陷。

⑥ 其他心理、生理性危害因素。

5) 行为性危险、有害因素：

① 指挥错误，诸如：指挥失误、违章指挥及其他指挥错误。

② 操作错误，诸如：误操作、违章作业及其他操作错误。

③ 监护错误。

④ 其他错误。

⑤ 其他行为性危险、有害因素。

6) 其他危险、有害因素：

① 搬举重物。

② 作业空间。

③ 工具不合适。

④ 标识不清。

（3）按引起的事故类型分类

参照《企业职工伤亡事故分类标准》GB6441-1986 的规定，综合考虑事故的起因物、致害物、伤害方式等特点，将危险源及危险源造成的事故分为 16 类。此种分类方法所列的危险源与企业职工伤亡事故处理调查、分析、统计、职业病处理及职工安全教育的口径基本一致，也易于接受和理解，便于实际应用。

1) 物体打击，指落物、滚石、锤击、碎裂崩块、碰伤等伤害，包括因爆炸而引起的物体打击。

2) 车辆伤害，是指企业机动车辆在行驶中引起的人体坠落和物体倒塌、飞落、挤压伤亡事故，不包括起重设备提升、牵引车辆和车辆停驶时发生的事故。

3) 机械伤害，是指机械设备运动（静止）部件、工具、加工件直接与人体接触引起的夹击、碰撞、剪切、卷入、绞、碾、割、刺等伤害，不包括车辆、起重机械引起的机械伤害。

4) 起重伤害，是指各种起重作用（包括起重机安装、检修、试验）中发生的挤压、坠落、（吊具、吊重）物体打击和触电。

案例 4-4：东莞某工地塔吊坠落酿惨剧

2009 年 12 月 4 日下午 4 时 10 分许，东莞××大厦正在施工的核心筒部位一台 30 余 t 重的动臂式塔吊大臂发生断裂，塔吊大臂从 212m 高空坠落地面，平衡臂配重砸落至核心筒外首层钢结构堆场处，砸穿地面、负一层及负二层楼板，将正在负一层施工的 2 名工人砸倒，吊臂的操控人员李某也从 212m 高空坠落地面，造成 3 人当场死亡。坠落物还造成在现场施工工人 5 人重伤。

从案例 4-4 可以看出工程事故的主要原因是动臂式塔吊转速太快而导致钢结构断裂、坠落，管理不到位，未能及时检测到问题。

5) 触电，包括雷击伤害。

6) 淹溺，包括高处坠落淹溺，不包括矿山、井下透水淹溺。

7) 灼烫，指火焰烧伤、高温物体烫伤、化学灼伤（酸、碱、盐、有机物引起的体内外灼伤）、物理灼伤（光、放射性物质引起的体内外灼伤），不包括电灼伤和火灾引起的烧伤。

8）火灾。

9）高处坠落，是指在高处作业中发生坠落造成的伤亡事故，不包括触电坠落事故。

10）坍塌，是指物体在外力或重力作用下，超过自身的强度极限或因结构稳定性破坏而造成的事故，如挖沟时的土石塌方、脚手架坍塌、堆置物倒塌等，不适用于矿山冒顶片帮和车辆、起重机械、爆破引起的坍塌。

案例 4-5：2011 年下半年的脚手架事故表（表 4-6）

2011 年下半年的脚手架事故表　　　　　　　　　　表 4-6

时间	地点	后果
2011 年 8 月 19 日	上海浦东轨道交通 11 号线工地发生一起施工排架倒塌事故	6 名工人随架坠落，其中 2 人死亡、4 人受伤
2011 年 9 月 10 日 上午 8 时 30 分	陕西省西安市一高层建筑工地，施工单位在实施整体提升附着式脚手架时，违规拆除承力构件，导致架体失衡发生坠落事故	10 人死亡，2 人受伤
2011 年 9 月 11 日晚	南昌在建厂房发生坍塌事故	15 人受伤，3 人死亡
2011 年 9 月 24 日 上午 10 时许	位于佛山三水白坭镇进港大道的鲸鲨化工有限公司一栋 3 层在建的食堂发生脚手架坍塌事故	伤亡 5 人，其中一人被抛下 3 楼后又被坠落物压砸伤势严重，经抢救无效死亡，另 4 人受伤
2011 年 10 月 5 日 14 时 40 分左右	重庆市长寿经开区润江水泥厂江南粉站一熟料进料口在屋面浇筑过程中，支撑脚手架失衡坍塌	3 人死亡，2 人受伤
2011 年 10 月 8 日 13 时 50 分左右	辽宁省大连市旅顺口区蓝湾三期工程工地在进行地下车库顶板混凝土浇筑作业时发生一起模板脚手架支撑体系整体坍塌事故	13 人死亡，4 人受伤
2011 年 10 月 27 日 下午 3 点左右	位于扬州市广陵产业园董庄路上的翰昇汽车配件公司的一在建厂房突然发生坍塌事故	共造成 30 多人被压
2011 年 11 月 9 日 下午 1 点左右	上海遵义路仙霞路一个在建工地拆除脚手架时发生坍塌	两名正在作业的工人受伤
2011 年 11 月 19 日 下午 6 点 20 分左右	安徽省巢湖市散兵镇一水泥厂工地发生脚手架坍塌	2 人死亡
2011 年 11 月 22 日	汕尾市汕尾大道的中国工商银行汕尾市分行培训综合楼在建工程部分坍塌事故	6 人死亡，7 人受伤

从案例 4-5 可以看出，2011 年下半年发生的 10 起脚手架事故中，9 起为脚手架坍塌，可见坍塌事故占了脚手架事故的绝大多数。

11）放炮，是指爆破作业中发生的伤亡事故。

12）火药爆炸，指生产、运输、储藏过程中发生的爆炸。

13）化学性爆炸，是指可燃性气体、粉尘等与空气混合形成爆炸性混合物，接触引爆能源时,发生的爆炸事故(包括气体分解、喷雾爆炸)。

14) 物理性爆炸,包括锅炉爆炸、容器超压爆炸、轮胎爆炸等。

15) 中毒和窒息,包括中毒、缺氧窒息、中毒性窒息。

16) 其他伤害,是指除上述以外的危险因素,如摔、扭、挫、擦、刺、割伤和非机动车碰撞、轧伤等(矿山、井下、坑道作业还有冒顶片帮、透水、瓦斯爆炸危险因素)。

(4) 按职业健康分类

参照卫生部、劳动与社会保障部、总工会等颁发的《职业病范围和职业病患者处理办法的规定》和《职业病目录》,将生产性粉尘、毒物、噪声和振动、高温、低温、辐射(电离辐射、非电离辐射)及其他危险、有害因素分为7类。

4.2.2 风险的识别与评估

(1) 自然风险因素

1) 自然灾害风险。

自然灾害风险主要是指突发性的、超出目前控制能力的自然界的不可抗力,如洪水、地震、滑坡、泥石流、台风、龙卷风、雷击、干旱等。自然界的不可抗力所涉及的范围较广,自然灾害事件的发生,往往会给建设工程安全造成严重的威胁。如核电工程项目多选择在沿海地区,正是台风、暴雨频发的重灾区,面临自然灾害侵袭的机会多,后果严重,不排除对工程项目安全造成灾难性或毁灭性打击的可能性。

2) 气候条件风险。

气候条件一般是指当地通常的气候条件,如持续的雨季、持续长时间高温、持续长时间寒冷等,这些因素将不同程度地影响建设工程的施工安全。如:持续的雨季会造成土方和土建、安装工程的作业条件恶化,从而增加人员和设备的安全风险(如案例4-6所示)。

案例4-6:湖南湘江水利枢纽工程在建引桥垮塌

2012年5月26日15时39分,湘江长沙综合枢纽工程左岸引桥半幅一跨(第53~54号桥墩段),在浇筑过程中发生支架倾塌,4名施工作业人员受伤,事故直接经济损失27.6万元。

事故发生后,参建单位和桥梁专家在现场对事故原因和施工补救方案进行了研究,明确了后续工作安排。湖南省交通建设质量安全监督管理局检查组抵达施工现场,对事故现场进行了踏勘,听取了参建单位对本次事故的情况汇报,认定本次事故是因连续降雨（21日～25日施工区域连续降雨达150mm），致使桥梁施工支架的临时墩地基本含水量饱和导致承载力下降，支架加载后产生不均匀沉降，发生倾斜变形所致。

3）现场条件风险。

现场条件风险包括现场地形条件、地质条件和地下障碍物等因素。恶劣的现场条件是工程项目建设过程中经常面对的安全风险因素，特别是一些异常的工程地质条件的突变，会对工程项目的建设安全带来极大的危害性。如果一个市政工程项目建设合同所给的项目现场条件，如地形地貌、地基岩土的分布及特性、不良地质作用、地下水和地下障碍物等信息资料，与现场实际情况存在差异，或者现场条件在合同签订后发生改变，因此引起施工手段及方法的调整等，从而导致安全风险因素增加。

（2）社会风险因素

1）政治环境风险：

① 政治稳定性。从宏观角度而言，安定的政治局面和良好的社会秩序是工程项目建设安全的必要保障条件。例如，如果发生暴乱事件会使工程建设项目直接遭到毁坏，从根本上威胁工程建设安全。

② 国际关系。如果国际关系紧张，轻则可能会使其他国家对该国实施封锁、禁运等，影响进口材料、设备供给，重则可能发生武装冲突，直接影响工程建设人员安全和工程安全。例如，我国核电建设项目目前仍采用引进技术，三代核电技术AP1000三门核电站一期工程，是由西屋联合体进行设计，国家核电技术公司和美国核工程有限公司负责实施，中美两国关系就成为影响双方合作的重要风险因素之一。

③ 政策变动。例如铁路工程项目投资大，工期长，如果项目建设期间，相关部门要求加快工期，希望在××纪念日之时通车作为"献礼"，则极易因抢工期导致安全事故发生。

2）经济环境风险。

宏观经济形势的变化、通货膨胀幅度过大、利率风险和汇率风险等，都可能对项目管理人员或施工人员带来心理上的波动，从而导致安全事故的发生。

3）文化环境风险。

文化环境风险主要由于业主与设计方、承包商等不同文化背景的主体之间的文化差异，可能导致不同的价值判断和行为趋向，甚至导致冲突。一些工程建设项目采取引进技术的模式，不同国家的文化差异，可能导致工程项目组织运作效率降低，对工程项目安全产生消极影响。

4）法律环境风险。

工程项目建设还需要法制环境作为保障。法律法规不健全，对社会秩序整治不力，可能发生社会治安问题而造成工程建设安全风险。

(3) 技术风险因素

1) 设计风险：

① 基础资料的准确性。作为工程设计的主要技术依据，设计基础资料和工程勘察文件可能受到技术经济条件和工程勘察手段的限制，而导致准确性和客观性无法满足工程设计要求，甚至出现严重错误，从而引发重大工程安全风险。

② 设计规范的适用性。规范是工艺设计、施工方案选择、材料设备选型的基本依据。如在设计阶段没有选取适当的安全系数、排污指数等标准，就可能造成工程安全事故。

③ 设计专业的协调性。工程建设需要电气、热控、焊接、土建、安装等专业的密切合作，一个专业出现失误或遗漏，则会影响与之联结的几个专业的设计工作，造成的设计失误进而会引发施工中的安全事故。

案例 4-7：湖南凤凰桥垮塌的教训

2007 年 8 月，位于湖南凤凰县沱江上正在建设中的凤凰桥突然垮塌，64 名工人不幸遇难。一时间，各种议论的火力大多数对准了施工单位——湖南路桥集团。从有关方面披露的情况看，该桥是一座多垮高墩的拱桥，桥墩高达 40 多 m，纯由岩石堆砌而成，其实这才是出问题的关键。

拱桥和梁桥的一个重大区别是，梁桥的桥墩只承受纯向下的压力和垂直的水流冲击力。水流的冲击力和桥梁的正压力相比很小。也就是说，桥墩主要是承受正压力。

拱桥不同，桥墩除要承受全部的正压力和水平的水流冲击力外，还要承受极大的侧向力，侧向力的大小由拱桥桥拱的弯度确定，桥拱越弯曲，侧向力越小，桥拱越平，侧向力越大，甚至可以达到正压力的数倍。现代拱桥都比较平，可以肯定，侧向力一定超过了正压力，非常大。

古代和平常所见的石拱桥，为了抵消这个巨大的侧向力，一个办法是将桥拱修得很弯曲，像苏州小河上的石拱桥那样，几乎成半圆形。另一个办法是不修桥墩，直接将侧向力引到江河两岸的堤坝上。因此，拱桥是不适合修高墩桥的。高墩拱桥稳定性会很差。

1. 凤凰桥设计者没有考虑到拱桥的这个特点，在这样高的位置修拱桥就是一个极不明智的选择，甚至可以说是错误的选择。

2. 高桥墩的抗侧推力的能力很差，因此，高墩一定要用钢筋混凝土筑墩。

这样，才有比较强的抗侧向推力能力。恰恰相反，设计者将桥墩设计为不用钢筋的石块堆砌，这样高度的砌石墩，只能承受正压力，不能承受侧向力。一旦有侧向推力产生，桥墩必垮无疑！

3. 这样高大的桥梁，其自重就很大，侧向推力更是自重的数倍。随着大桥完工，脚手架拆除，大桥自重和侧向推力就完全传到地面和大桥两端，一定会产生向下的沉降和向两边推移。于是，巨大的侧向力全部由不能承受侧向力的桥墩承担，桥墩必然向一侧断裂，导致全桥垮塌。

因此可以断定，凤凰大桥垮塌的责任在于设计错误。

然而，最大的"黑锅"却背在了施工单位身上。

2) 施工风险：

① 施工条件变化。施工条件的重大变化，相应地需要对施工部署、施工总平面布置、进度计划、施工方案、施工机械和劳动力配备等施工组织设计进行修订，由此引致人力、物力、资金和管理等相关工程要素的系统性调整，从而增加工程项目的施工安全风险。

② 工程变更风险。由于工程项目建设规模大、周期长，在整个施工周期内不可避免地出现工程变更。如由于施工图纸缺陷，增加或减少合同中所包含的工程数量等原因造成的安全风险。

③ 承包商能力风险。工程项目承包商应具备对项目管理的能力与经验、工程技术条件、施工力量与装备、资金状况和项目资金运作经验、采购项目设备材料的渠道与网络等，哪个方面能力缺失，都可能成为安全事故的诱因。

④ 施工操作风险。工程建设施工包括吊装、高空作业、焊接等多个工种，操作如不符合质量规程，都可能引致安全风险。如基坑开挖时，错误操作可能造成基坑塌方，或引起周围建筑物开裂和倾斜；桩基施工时，错误操作可能引起大量挤压，导致附近地区的管线断裂等。

案例 4-8：长沙地铁建筑工程风险识别

一、工程介绍

长沙市轨道交通 2 号线一期工程土建施工项目 SG-4 标位于长沙市天心区，工程包括位于湘江东岸绿地内的湘江中路站，为地下四层岛式车站，顺橘子洲大桥东西向呈一字形布置，下穿湘江大道，北边为橘子洲大桥，西边为湘江东岸堤坝，东侧为橘子洲大桥，南临引桥匝道。湘江中路站施工内容包括车站主体、4 个出入口、2 组风亭风道和消防疏散通道等附属结构，采用明挖顺作法施工。

长沙市轨道交通 2 号线一期土建施工项目 SG-5 标包括一站（橘子洲站）、两区间（荣湾镇站～橘子洲站区间、橘子洲站～湘江中路站区间）。橘子洲站总长138m，为12m岛式车站，主体结构采用四层三跨矩形框架结构，施工范围包括车站主体和2个出入口、2组风亭风道等附属结构，采用明挖顺作法施工。区间隧道施工范围包括隧道主体和联络通道、洞门等附属工程，采用盾构法施工。橘子洲站位于湘江橘子洲岛上，车站顺橘子洲大桥东西向呈一字形布置，站址周边为停车场，车站东西两端紧靠湘江，距湘江最小距离分别为13.5m和15m。

二、工程项目风险分析

1. 自然风险

（1）火灾

由于该项目地处湘江边上，空气湿润，发生火灾的危险较小；但是施工方的防火设施良好，火灾的威胁不是很大。但是，电气设备线路老化、短路、机械碰撞摩擦引起的火花、安装人员携带易燃易爆物品等因素，均会引起隧道结构及其中的机电设备发生火灾。所以该项目火灾风险与其机器设备以及安装人员素质有很大关系。

（2）地震

长沙处于长江中下游的平原上，不在地震活动带上，境内基地地质结构较好，没有大的活动断裂存在，且根据《中国地震烈度区划图》，该区的地震基本烈度为Ⅴ度。因此发生大地震的可能性不大。所以，施工期间发生地震灾害风险的可能性较小。

（3）台风

一般是在沿海等地区发生的频率较高，破坏程度比较大。该项目地处内陆平原地区，受台风影响较小。因此，台风风险小。

（4）洪水

长沙处于长江中下游，几乎每年在汛期时都会遭遇洪水，而项目所在地为临近水域地区，地势低，靠近湘江，且存在穿越江河、湖泊或海湾的区段，因此该地区的洪水风险因素比较大。

（5）暴雨

长沙地处湖南东北部，位于东经110°53′～114°15′、北纬27°51′～28°41′之间，属亚热带季风性湿润气候，四季分明。春末夏初多雨，夏末秋季多旱；春湿多变，夏秋多晴，严冬期短，暑热期长。年平均降雨量1360mm，夏季多暴雨，一般在夜间，气候湿润。暴雨可能会使施工材料、设备受潮，施工进度滞后等。

（6）雷电

工地夏季常有雷电发生，不过一般是在夜间。雷电出现有时会损害工地财产，堆放在工地现场的供给发电机所用的燃油和用于焊接或切割的气体等易燃易爆物品，都有可能起火并发生爆炸。

2. 环境风险

（1）生态环境影响

工程征地、拆迁，开辟施工场地，土石方施工等活动将造成负面影响。地铁盾构施工，越江隧道（穿越湘江）施工对土壤、地下水，桥梁施工对河流水文、通航、水生动物等均存在潜在的影响。施工中将产生大量的弃土、弃渣和生活垃圾，给周边环境带来负面影响。施工后期将实施绿化，场地清理及其他恢复性工程，以改善和复原受影响的生态环境。

（2）噪声环境影响

施工机械和运输车辆都会对周围环境产生较大的噪声污染，特别是位于居民集中区、学校、医院等敏感设施的施工场地，其噪声干扰可能导致环境问题。

（3）空气污染

施工期间可能产生较严重的局部扬尘污染，从而污染空气。施工机械和运输车辆排放的尾气也是较为突出的空气污染源。

（4）水污染

在降雨条件下，施工场地及进场道路可能形成高浊度污水，无组织漫流，从而污染地表水，部分施工机具还可能泄漏，排放油料而产生含油污水。

（5）对文物的影响

在轨道交通工程施工过程中可能引发的地质灾害，如地面沉降，基坑开挖过程中的涌水涌沙，沙土液化等对文物可能产生影响，在施工过程中还可能遇到未经探明的古墓葬。

总之，该标段环境风险较大，由环境污染所造成的第三方责任风险也比较大。

3. 项目性质风险

长沙地铁2号线湘江中路站到橘子洲站是青藏线中任务最难、险、重的地段之一。其中盾构机穿越湘江是其中的一大重点。这次盾构施工从溁湾镇站出发，到达橘子洲站，掘进过程中要穿越湘江西汊河床，主要面临五大难点。主要为：地层较为复杂，需穿越多处建筑物及交通要道；要穿过湘江大堤；江底河床地下水与江水连通，水量大，可能发生喷涌；湘江河床存在断层，断层处的大直径破碎石容易对刀盘造成影响；若刀具磨损严重，存在江底换刀的风险。同时，设计技术及标准要求较高，对建材的要求也比较高，施工难度较大。因此该项目性质风险较大。

4. 现场施工风险

该项目主要采用的施工方法有明挖顺作法以及盾构法，施工工艺较成熟。但是地铁施工的难度还是相当大的，总结以往的地铁施工事故，可以得出其风险主要有：通道漏水、流沙涌入的风险；施工地塌方的风险；使用盾构法施工时引起路面塌陷的风险；施工时发生爆炸的风险；施工时钢筋脱落风险等。

5. 其他风险

项目的投保方式为分标段投保，即是对不同的施工标段进行分别投保。对于标段间关联小而风险差别大的项目，用这种方式可以根据不同的标段作相应的风险评估，然后制定适宜的保险方案。但是由于投保标段间的衔接难度较大、保单覆盖性较低，如果责任划分不清，就会给理赔带来困难。

(4) 资源风险因素

这里的资源风险主要指劳动力、原材料及设备等资源供应情况对工程项目建设安全产生的不利影响。有效的资源供应是工程实施的物质基础，常规做法是根据工程项目的设计方案和施工进度来编制资源计划，但资源供应的不确定性往往会影响施工质量或进度，甚至引发安全事故。

1) 人员素质风险。

人是导致施工过程出现安全事故的重要因素，因为材料安全、设备安全、环境安全诸要素都是通过人的要素发挥作用的。人员素质风险一方面表现为领导和工程技术人员、管理人员的素质引发的安全风险，如领导安全意识不强、工程项目安全培训不足、尚未建立安全管理激励约束机制、技术人员技术能力不足、管理人员管理水平低，疏于职守等；另一方面表现为工人素质。随着劳动用工制度的改革，施工方的农民合同工、临时工占绝大多数，他们的技术水平相对较差，且缺乏质量、安全意识，随意性较大。

2) 原材料供应与使用风险。

在工程项目建设过程中，原材料引发的安全风险主要源自：一是原材料质量或规格不合格。如，在工程项目中使用质量不合格的电缆，那么项目后期的系统调试、设备试运行过程中，由于电缆质量满足不了设计负荷要求，很可能导致过热而引发火灾。二是物料存放或使用不当。工程项目使用的物料数量大、品种多，而且高空作业较多，物料如果存放和使用不当，很容易导致事故。另外，物料由于性质和状态不同，可能引发不同性质的事故。如，切割钢板使用的氧气、乙炔遇火将会导致爆炸；使用苯板等外墙保温材料容易引起火灾等。

3) 设备供应和操作风险。

设备供应引发的安全风险主要包括：设备供应或进场拖延，设备类型不配套或质量不合格，设备生产效率低，设备的备件、燃料不足，设备故障，设备安装或调试失败，设备维修保养不当或超负荷等因素。设备操作引发的安全风险主要包括：设备超负荷运转，使用过期老化设备，违反设备操作规程安装、使用设备。例如，某单位现场安装起吊设备时人员违规操作，以致发生死伤工程技术人员等 10 余人的重大事故。

(5) 管理风险因素

1) 组织协调风险。

工程施工过程是通过建设单位、设计、监理、承包方、供应商等多家合作完成的，如何协调组织各方的工作和管理，是能否保证进度、质量、安全的关键之一。特别是在项目部内部的沟通协调上，项目安全管理人员要加强对施工人员的安全思想教育，提高人员素质，建立周例会制度，对施工现场存在的安全问题进行会上交流，若遇到急需解决的安全问题，还需要与建设单位、设计、监理商讨解决。

2) 安全制度风险。

安全制度是企业和员工保证安全的行为规范。工程项目建设过程中，存在不严格执行工程安全规定的行为，如高处作业没有执行 100％系挂双钩五点式安全带制度，未经培训取得准入证而进入工地等，可能导致严重的安全风险。工程项目安全责任制的实施、安全管理人员的配置、安全培训制度的建立、应急准备及应急预案的演练等制度的缺陷和不足，都可能引发工程项目安全风险。另外，如审查危险源、风险评价和控制清单，监督检查不可接受危险有害因素的控制管理情况，检查确认安全开工条件、安全技术交底、参与项目竣工验收等制度措施没有落到实处，也可能导致严重的工程项目安全事故。

3) 团队管理风险。

工程项目团队包括工人、技术人员、管理人员、监理人员等，团队是进行工程建设安全管理的基本单元，团队领导安全观念淡薄，安全制度不健全，安全措施不到位，团队成员思想技术素质不高，有可能给工程项目带来不可预期的安全风险。

案例 4-9：某桥梁工程风险评估

1. 风险辨识的主要内容

风险辨识是风险评估与控制的基础。风险因素辨识是否全面、辨识的结果是否准确，将影响风险评估和控制过程。风险辨识主要内容有：

(1) 在桥梁工程项目施工过程中有哪些风险应当考虑？

(2) 引起这些风险的主要因素有哪些？

2. 各项基本风险、引起风险的因素

根据现场勘察资料和给定的设计图纸对大桥危险单元划分及风险分析：

(1) 大桥施工要跨过305省道,一旦桥上施工发生危险,存在影响省道正常通行的危险。

(2) 桥梁上部施工属于高空施工,存在人员高空坠落和高空坠物等危险因素。

(3) 起重机具等特种设备存在使用过程中出现故障的危险因素。

(4) 在上部结构风、雨天施工(小风雨),存在人员跌落等危险因素。

3. 建立风险指标体系

风险指标体系见表4-7(其中"★"号表示该风险因素对风险事件有影响)。

风险指标体系　　　　　　　　　　　　　　　　　　　　表4-7

风险因素＼风险事件	人员高空坠落	高空吊装坠落	起重机具事故	风、雨天气施工	边坡失稳	交通堵塞	悬臂灌注
桩基				★	★	★	
承台				★	★	★	
墩柱	★	★	★	★		★	
梁	★	★	★	★		★	★
检查设备	★	★	★	★			

评分依据隧道工程事故安全风险评估指南。隧道工程施工安全总体风险评估主要考虑隧道地质条件、建设规模、气候与地形条件等评估指标,具体见表4-8。

工程总体风险评估指标体系　　　　　　　　　　　　　　　　表4-8

评估指标	分　类	分　值	得　分
建设规模(A1)	$L<100m$ 或 $L_K<40m$	0～1	1
地质条件(A2)	地质条件较好,基本不影响施工安全	0～1	1
气候环境条件(A3)	气候条件良好,基本不影响施工安全	0～1	1
地形地貌条件(A4)	山岭区;一般区域	0～3	2
桥位特征(A5)	陆地;跨线桥	3～6	5
施工工艺成熟度(A6)	施工工艺较成熟,国内有相关应用	0～1	1

根据公式桥梁总体风险值 R:$R=A1+A2+A3+A4+A5+A6=11$,总体风险等级划分见表4-9。

总体风险等级划分标准　　　　　　　　　　　　　　　　表4-9

风险等级	计算分值 R
等级Ⅳ(极高风险)	14分及以上
等级Ⅲ(高度风险)	9～13分
等级Ⅱ(中度风险)	5～8分
等级Ⅰ(低度风险)	0～4分

根据总体风险划分标准，本项目桥梁工程总体风险等级为Ⅲ级（高度风险）。需要对其作出专项风险评估。

4. 风险评估

本阶段风险评估以定性、半定量为主，结合现有统计数据及现行规范、规定，通过工程类比进行。根据已掌握的勘测、设计资料和桥梁工程的施工情况分析，确定各风险因素导致的风险事件可能发生的概率和可能产生的后果。初始风险评估结果见表4-10。

初始安全风险等级　　　　　表4-10

编号	风险源		风险估测			
	作业内容	潜在事故类型	严重程度		可能性	风险大小
			人员伤亡	经济损失		
1	模板，支架和拱架安装与拆除	高处坠落	一般	一般	可能	中度
		物体打击	一般	一般	可能	中度
		坍塌	重大	重大	偶然	高度
2	钢筋工程施工作业	容器爆炸	重大	较大	不太可能	中度
		触电	一般	一般	很可能	高度
		物体打击	一般	一般	可能	中度
		机械伤害	一般	一般	很可能	高度
3	满堂脚手架现浇法作业	高处坠落	较大	一般	可能	高度
		起重伤害	较大	较大	偶然	中度
		坍塌	重大	重大	可能	高度
		物体打击	较大	较大	可能	高度
		机械伤害	较大	一般	可能	高度
4	钢筋混凝土和预应力混凝土梁式桥上部结构施工	高处坠落	较大	一般	可能	高度
		起重伤害	较大	较大	偶然	高度
		物体打击	较大	一般	可能	高度
		机械伤害	一般	一般	可能	中度

经过桥梁风险评估，极高的风险事件有：人员高空坠落、高空吊装坠落、起重机具事故。高度的风险事件有：风、雨天气施工。

4.2.3　风险的应对及措施

（1）安全管理措施

1）安全风险管理制度建设。

主要包括各级各类人员的安全生产责任制、安全生产目标管理制度、安全检查制度、安全教育制度、安全技术措施计划制度、安全交底制度、特种作业人员管理制度、安全验收制度、班组安全活动制度、事故报告与调查处理制度、安全奖罚制度等。为保证制度落实，将安全生产责任目标层层分解，落实到人，严格考核，考核结果与经济挂钩。

2) 开展多种形式的安全生产活动和宣传。

在施工现场适当位置布置表达提示、警告、禁止等安全信息的安全标志牌。认真开展班前安全活动，广泛开展安全生产宣传，推广安全生产先进经验，促进施工安全管理，保障施工安全。

3) 安全教育与培训：

① 进行三级安全教育。新工人进入施工现场应接受公司级、项目级和班组级安全教育且考核合格后才能上岗。公司级教育使工人学习安全法规和基本安全常识，项目级教育使工人了解该工程的具体安全注意事项，班组级教育使工人掌握本工种的安全操作规程。

② 开展班前安全教育。每天班组作业之前，班组长组织工人检查作业环境等安全状况，并强调作业时的安全注意事项，使安全知识和意识不断得到强化。

③ 开展经常性教育。工人需要经常性接受教育，不断强化安全素质。特别在使用新技术、新工艺、新设备和新材料，以及作业条件、环境和季节变化的情况下，都需要及时对工人进行有针对性的安全教育，这对防范事故具有很重要的作用。

④ 开展应急素质教育。通过教育，使工人面对突发险情时，具有一定的承受能力和对险情的应变能力，保证在险情发生后救助有方，撤离有序，以保障生命和财产安全不受更大的伤害，把事故损失减少到最低程度。

4) 强化特种设备及特种作业人员的管理。

特种设备安全风险管理主要是对特种设备的安装、使用、维护、保养、检测、检验进行管理，加强特种设备的备品备件、使用材料质量的管理，定期或不定期对特种设备的危险有害因素进行分析评价，建立评价档案，提出控制预防措施，防止发生特种设备事故。项目部应对特种设备作业人员进行条件审核，保证作业人员的文化程度、身体条件等符合有关安全技术规范的要求；进行特种设备安全教育和培训，保证特种设备作业人员具备必要的特种设备安全作业知识。

5) 安全文化建设。

安全文化建设是企业安全管理的基础，在安全文化建设中，起决定作用的是广大员工的安全思维方式和安全行为准则。坚持"安全第一、预防为主"的方针，引导员工养成良好的安全行为习惯，不断加大安全文化的建设力度，实现员工由"要我安全"到"我要安全"的飞跃，确保实现企业安全生产的长治久安。

4 项目实施阶段的风险管理

案例4-10:"三零"到"三安"

2010年,对于在营口港施工的中交一航局一公司第六项目部而言,安全管理形势可谓异常严峻,开春伊始,如乌云大兵压境。

首先,是繁重而杂陈的施工任务与逐渐加大的管理跨度之间的矛盾。当年项目部在手的施工任务有11项,涵盖了高桩、沉箱、方块、防波堤等几乎所有的水工工程结构,还要加上卸粮站等陆域项目,水陆两栖同时并举,结构形式与技术工艺相当复杂,而同时11项工程地跨了鲅鱼圈、仙人岛和盘锦港3大地域,距盘锦与鲅鱼圈管理总部之间的距离而言,最少要2个多小时车程,加上盘锦区域属新辟的施工领域,施工基本条件尚不能完全具备,管理的跨度和难度可见一斑。

其次,是异常紧张的工期要求与俯拾皆是的安全预控点之间的矛盾。工程强度大,但是工期要求非常紧迫,仅年内必须交工完成8个泊位,产值至少要突破7亿元。而相对应的是工程大部分都为上部结构,复杂而细致,仅各种施工现场就不少于15个,投入施工的各类工程船舶几十条,各种陆上车、机百余台套,主要的分包协作单位为9家,分包员工不少于1000人,不可控的因素不可谓不多。而与此同时,项目部又面临着大型沉箱拖运安装、基床爆夯、彩虹桥预制安装等重大的来源于工艺本身的安全风险。

最后,是所有这些任务、困难、风险与项目部人力资源瓶颈之间的矛盾。项目部所有的员工包括领导班子在内不到100人,分散在四个管理区域,每片不到30人,分散到每个工程不到10人,而专门从事安全管理工作的人力资源更是缺失。

1. 三零方针,文化先导

在面对新的层出不穷的问题时,安全管理应该如何调整,做到与时俱进呢?项目部首先从文化本身进行了反思,以前的安全理念是不错,但仅仅说明了一个重要性,对员工的具体行为,处理某一个具体的问题缺乏直接的指导性,就是大家知道这个事情很重要,但究竟怎么做,怎么执行,在文化上却不是非常清晰。于是,安全管理的"三零方针"——操作零违章、违章零容忍、整改零滞后呼之欲出。

对于这3个方针的提出,项目部书记道出了其中原委:三零方针对应的其实是在安全管理思想上存在的三个痼疾,是国有企业在抓安全管理上的三个难言之痛。"操作零违章"对应的是企业中安全指标的确定重功利而不科学;"违章零容忍"对应的是企业中安全管理的制度严明但是执行不严肃;"整改零滞后"对应的是企业中安全管理的整改行动有落实但是不及时,是文化、思想层面的苦口良药。

首先，传统安全管理以"零事故"为目标，但是导致事故发生的因素是复杂多样的，可能是操作违章，可能是资源缺失，也有可能是自然灾害，"零事故"的目标确实振奋人心，但它混沌了主客观因素，因而很难达到真正意义上的控制。而"操作零违章"则将安全管理目标回归到可信可控的状态，通过倡导员工"零违章"，而杜绝"零责任事故"，真正意义上的避免"人祸"，明确安全管理的最初原点，它既能激发职工的信心和觉醒，又提高了安全管理的预见性。

其次，传统安全管理制度严明，但管理人员往往由于人情面子等因素，对违章现象睁一只眼闭一只眼，在检查时对小的违章视而不见，大的违章又留着领导来发现，严明的规章制度最终难免沦为一纸空文。而"违章零容忍"则坚决执行规章制度，对违章采取"零容忍"的态度，发现违章绝不姑息，最大限度地维护制度的权威性。

最后，传统安全管理纠正违章是有所行动，但做起来迟钝拖沓，是思想上重视不够的波及反映，而"整改零滞后"就要求在明确的时限里整改完毕，完成隐患的治理。

总之，"三零方针"针对项目部传统安全管理的流弊，在文化层面上倡导针对最明确的目标，采取最坚决的态度，实施最迅速的行动，为项目部安全管理注入了文化"助动剂"。

2. 三安一急，系统管理

成功的安全管理应该像健康的人体一样，是一个健全完整的有机体，它具有系统性，在将所有的因素都考虑进去的同时，又能将所有因素进行科学的划分和组合，形成严密规范的管理体系。面对纷繁复杂的安全管理局面，除了强化员工的安全意识，更为重要的是进一步夯实与完善管理体系，用系统的力量有条不紊地组织部署日常工作，而且可以时时对照检查需要改进的环节。

与"三零方针"理念这只翅膀平衡的，是项目部从系统观点出发，探索实践"三安一急"的安全管理体系，充分掌握"环境的安全、装备的安全和状态的安全，外加应急处理能力"。环境的安全，主要是加强现场环境的辨识，充分辨识各种危险源，并制作布置告知牌和警示标识；装备的安全，主要是监督分包单位劳动防护用品使用情况，要求各分包单位及时给本单位作业人员发放合格的劳动保护用品，对执行不力的单位，项目部强制分包单位负责人执行；状态的安全，主要是教育和要求全员在心理上对安全有足够的重视，并通过培训具备辨识、消除安全风险的素质能力；应急处理能力，主要是加强落水、火灾、触电等应急演练，增强应急反应处理能力，确保在意外发生时能够挽救人们的生命。

"三安一急"从繁杂的事务中提炼了安全管理的关键面，构建了项目部安全工作的管理基础，它与"三零方针"的文化基础同频共振，共同诠释了项目部的

4 项目实施阶段的风险管理

安全管理定位——系统、密实与执行。

3. 过程控制，行胜于言

项目部的安全管理定位同样体现在了由考核、检查构成的过程控制中。传统安全管理的过程控制往往存在考核隔岸观火、检查走马观花的弊病，考核指标未能覆盖安全工作的各个方面，检查后的整改在严肃性和实效性上亟需改善。针对这样的情况，项目部在过程控制环节强调了"三零方针"文化引导和"三安一急"管理基础的执行推动。

项目部进一步强化对分包单位的考核，在继续进行分包单位星级评比的同时，实施分包单位的《安全与风险防范管理责任协议》，与分包合同并行，要求分包单位严格执行。"协议"强调分包单位日常管理对"三零方针"和"三安一急"体系的宣贯执行，并制定违约记分管理流程与细则，健全分包单位安全管理奖惩体系，运用"警告、处罚、办班、整顿"等多种形式，在对"协议"考核的本身就贯彻"整改零滞后"的要求。

项目部构建了由每月综合大检查、安全督查、日常巡查、专项检查、季节性检查等制度组成的严密的检查网络，其中特别重视每月安全大检查，由项目经理亲自带队进行，要求分包单位负责人全程参与，按照"三零方针"和"三安一急"体系制定严细的指标打分表，带着指标表去检查，按照指标对现场安全管理进行评价打分，检查后立即召开讲评会，对照指标表无遗漏地指出违章现象和风险隐患，会后立即公示、立即处理，将"三零方针"和"三安一急"落实到过程控制中去。

(2) 安全技术措施

1) 现场布置。

在施工总平面设计中合理地规划人流和物流通道及临时设施、物料、机具的布置，使之符合安全卫生规定，落实消防和卫生急救设施。

2) 安全风险预案编制。

编制内容包括：特殊过程、特殊脚手架、新工艺、新材料、新设备等安全技术措施计划；职业安全和卫生（如改善劳动条件，防止伤亡事故和职业危害、现场各类机械、设备等防护、保险装置等）劳动保护技术措施计划；现场临时用电施工组织设计；地下障碍物清理和道路管理线保护方案等。

3) 施工机械安全。

塔吊、施工电梯均由具有资质的专业公司承担安装任务，其他机械设备由项目部专业人员安装。所有机械安装前进行全面检查，保证状况良好，安全装置齐全，安装后进行验收，符合使用条件才允许使用，塔吊、井字架等由持证的专业起重工操作,其他机械由经公司培训的人员操作,所有机械做到定人定机。按照规定和规程经常对机械设备进行检查和保养,以保持良好的状况。

4)施工用电安全。

施工用电应符合《施工现场临时用电安全技术规范》及其他用电安全规范的要求。采用TN-S系统(三相五线制),设专用保护零线(PE线),实行三级配电、两级保护。总配电箱设过载、短路保护和漏电保护,分配电箱设过载、短路保护,开关箱设过载、短路保护和漏电保护,做到一机一闸一漏一箱。各配电箱、开关箱均采用厚度不小于1.5mm钢板制作,有门有锁,专人管理,箱内电器选用准用的合格产品。干线架空或埋地敷设,支线敷设符合要求。危险场所及手持灯具采用安全电压照明。

5)防雨、防雷措施。

塔吊、施工电梯、双篮吊、外脚手架等高耸设施采取避雷措施,防雷接地与工程的避雷预埋件临时焊接连通,接地电阻达到规定要求,每月检测一次,发现问题及时整改。设专人收听气象信息,及时作出大风、大雨预报,采取相应技术措施,防止发生事故。禁止在暴雨等恶劣的气候条件下施工。

6)脚手架安全。

外脚手架采用落地式双排钢管脚手架,外侧采用密目式安全立网全封闭;脚手架按施工实际可能承受的最大荷载进行设计和计算;搭设脚手架的钢管、扣件符合要求,在安全人员和技术人员的监督下由持证的专业工人负责搭设,脚手架与建筑物按规定刚性拉结,搭设完进行验收,不合格不准使用;使用中严格控制架子上的荷载,尽量使之均匀分布,以免局部超载或整体超载;使用时还应特别注意保持架子原有的结构和状态,不任意乱挖基脚、任意拆卸结构杆件和连墙拉结及防护设施,经常进行检查,发现问题及时处理。

7)安全防护。

在人员通道、现场搅拌站和临近小区道路上方都应采用钢管搭设安全护棚。现场人员坚持使用"三宝"。进入现场人员必须戴好安全帽,穿胶底鞋,不得穿硬底鞋、高跟鞋、拖鞋或赤脚,高处作业必须系安全带。做好"四口"的防护工作。在楼梯口、电梯口、预留洞口设置围栏、盖板,正在施工的建筑物出入口和井字架进出料口,必须搭设防护棚或防护栏杆。做好"五临边"的防护工作。"五临边"指阳台周边,屋面周边,框架工程楼层周边,跑道、斜道两侧边,卸料平台的外侧边。"五临边"必须设置1.2m以上的围栏。夜间施工操作要有足够的照明设备,坑、洞、沟、槽等除做好防护外,并设红灯示警。

4.3 项目质量的风险管理

工程质量风险是指工程质量目标不能实现的可能性。一些轻微的质量缺陷出现，一般还不认为是发生了质量风险。质量风险通常是指较严重的质量缺陷，特别是质量事故。质量事故的出现，一般认为是质量风险发生了。

4.3.1 风险的识别与评估

影响质量的因素很多，如设计、材料、机械、地形、地质、水文、气象、施工工艺、操作方法、技术措施、管理制度等，均直接影响施工项目的质量。

（1）地质勘察风险

未认真进行地质勘察，提供地质资料、数据有误；地质勘察时，钻孔间距太大，不能全面反映地基的实际情况，如当基岩地面起伏变化较大时，软土层厚薄相差亦甚大；地质勘察钻孔深度不够，没有查清地下软土层、滑坡、墓穴、孔洞等地层构造；地质勘察报告不详细、不准确等，均会导致采用错误的基础方案，造成地基不均匀沉降、失稳，使上部结构及墙体开裂、破坏、倒塌。

（2）加固地基风险

对软弱土、冲填土、杂填土、湿陷性黄土、膨胀土、岩层出露、溶岩、土洞等不均匀地基未进行加固处理或处理不当，均是导致重大质量问题的原因。必须根据不同地基的工程特性，按照地基处理应与上部结构相结合，使其共同工作的原则，从地基处理、设计措施、结构措施、防水措施、施工措施等方面综合考虑治理。

（3）设计计算风险

设计考虑不周，结构构造不合理，计算简图不正确，计算荷载取值过小，内力分析有误，沉降缝及伸缩缝设置不当，悬挑结构未进行抗倾覆验算等，都是诱发质量问题的隐患。

（4）建筑材料及制品不合格风险

钢筋物理、力学性能不符合标准，水泥受潮、过期、结块、安定性不良，砂石级配不合理、有害物含量过多，混凝土配合比不准，外加剂性能、掺量不符合要求时，均会影响混凝土强度、和易性、密实性、抗渗性，导致混凝土结构强度不足、裂缝、渗漏、蜂窝、露筋等质量问题；预制构件断面尺寸不准，支承锚固长度不足，未可靠建立预应力值，钢筋漏放、错位，板面开裂等，必然会出现断裂、垮塌。

(5) 施工和管理风险

许多工程质量风险，往往是由施工和管理所造成。例如：

1) 不熟悉图纸，盲目施工，图纸未经会审，仓促施工；未经监理、设计部门同意，擅自修改设计。

2) 不按图施工。把铰接做成刚接，把简支梁做成连续梁，抗裂结构用光圆钢筋代替变形钢筋等，致使结构裂缝破坏；挡土墙不按图设滤水层，留排水孔，致使土压力增大，造成挡土墙倾覆。

3) 不按有关施工验收规范施工。如现浇混凝土结构不按规定的位置和方法任意留设施工缝；不按规定的强度拆除模板；砌体不按组砌形式砌筑，留直槎不加拉结条，在小于 1m 宽的窗间墙上留设脚手眼等。

4) 不按有关操作规程施工。如用插入式振捣器捣实混凝土时，不按插点均布、快插慢拔、上下抽动、层层扣搭的操作方法，致使混凝土振捣不实、整体性差；又如，砖砌体包心砌筑，上下通缝，灰浆不均匀饱满，游丁走缝，不横平竖直等都是导致砖墙、砖柱破坏、倒塌的主要原因。

案例 4-11：电缆施工项目常见质量风险识别（表 4-11）

电缆施工项目常见质量风险识别　　　　　　表 4-11

序号	风险事件	序号	风险事件	序号	风险事件
1	原材料本身存在缺陷	11	与热力管道交叉没有采取保护措施	21	沟道支架划伤电缆外护套
2	材料存放不当	12	工作人员对接地电缆连接原理不熟悉	22	管道有毛刺
3	沟道、管道有污水	13	相序核对有误	23	沟道照明不足
4	牵引头密封帽开裂	14	对接地端子标识不清	24	人员监护不力
5	作业人员经验欠缺	15	同轴电缆连接处密封不严	25	作业人员缺少
6	未安装防扭器	16	同轴电缆绝缘不良	26	作业人员疏忽大意
7	敷设环境湿度大	17	敷设方法不当	27	修补工序错误
8	电缆端部密封不严	18	滑轮和专用工具使用不当	28	外护套故障点测试方法不当
9	电缆预留长度不足	19	未对拉力进行监控	29	外护套故障测试设备性能差
10	电缆卡具未采用非磁性材料	20	沟道障碍物未疏通清理	30	故障测试人员技术水平低

5) 缺乏基本结构知识，施工蛮干。如将钢筋混凝土预制梁倒放安装；将悬臂梁的受拉钢筋放在受压区；结构构件吊点选择不合理，不了解结构使用受力和吊装受力的状态；施工中在楼面超载堆放构件和材料等，均将给质量和安全造成严重的后果。

6) 施工管理紊乱，施工方案考虑不周，施工顺序错误。技术组织措施不当，技术交底不清，违章作业。不重视质量检查和验收工作等，都是导致质量问题的祸根。

(6) 自然条件风险

施工项目周期长、露天作业多，受自然条件影响大，温度、湿度、日照、雷电、供水、大风、暴雨等都能造成重大的质量事故，施工中应特别重视，采取有效措施予以预防。

(7) 建筑结构使用风险

建筑物使用不当，亦易造成质量问题。如不经校核、验算，就在原有建筑物上任意加层；使用荷载超过原设计的容许荷载；任意开槽、打洞、削弱承重结构的截面等。

4.3.2 风险的应对及措施

(1) 人的控制

人，是指直接参与施工的组织者、指挥者和操作者。人，作为控制的对象，是要避免产生失误；作为控制的动力，是要充分调动人的积极性，发挥人的主导作用。为此，除了加强政治思想教育，劳动纪律教育，职业道德教育，专业技术培训，健全岗位责任制，改善劳动条件，公平合理地激励劳动热情以外，还需根据工程特点，从确保质量出发，在人的技术水平、人的生理缺陷、人的心理行为、人的错误行为等方面来控制人的使用。如对技术复杂、难度大、精度高的工序或操作，应由技术熟练、经验丰富的工人来完成；反应迟钝、应变能力差的人，不能操作快速运行、动作复杂的机械设备。

(2) 材料的控制

材料的质量和性能是直接影响工程质量的主要因素，尤其是某些工序，更应将材料质量和性能作为控制的重点。材料控制包括原材料、成品、半成品、构配件等的控制，主要是严格检查验收，正确合理地使用，建立管理台账，进行收、发、储、运等各环节的技术管理，避免将不合格的原材料使用到工程上。

(3) 机械控制

机械控制包括施工机械设备、工具等控制。要根据不同工艺特点和技术要求，选用合适的机械设备；正确使用、管理和保养好机械设备。为此要健全"人机固定"制度、"操作证"制度、岗位责任制度、交接班制度、"技术保养"制度、"安全使用"制度、机械设备检查制度等，确保机械设备处于最佳使用状态。

(4) 方法控制

这里所指的方法控制,包含施工方案、施工工艺、施工组织设计、施工技术措施等的控制,主要应切合工程实际、能解决施工难题、技术可行、经济合理,有利于保证质量、加快进度、降低成本。

(5) 环境控制

影响工程质量的环境因素较多,有工程技术环境,如工程地质、水文、气象等;工程管理环境,如质量保证体系、质量管理制度等;劳动环境,如劳动组合、作业场所、工作面等。根据工程特点和具体条件,应对影响质量的环境因素,采取有效的措施严加控制。尤其是施工现场,应建立文明施工和文明生产的环境,保持材料工件堆放有序,道路畅通,工作场所清洁整齐,施工程序井井有条,为确保质量、安全创造良好条件。

(6) 工序质量控制

工序质量包含两方面的内容,一是工序活动条件的质量;二是工序活动效果的质量。工序质量的控制,就是对工序活动条件的质量控制和工序活动效果的质量控制,据此来达到整个施工过程的质量控制。从质量控制的角度来看,这两者是互为关联的,一方面要控制工序活动条件的质量,即每道工序投入品的质量(即人、材料、机械、方法和环境的质量)是否符合要求;另一方面又要控制工序活动效果的质量,即每道工序施工完成的工程产品是否达到有关质量标准。

(7) 风险控制点的设置

质量控制点设置的原则,是根据工程的重要程度,即质量特性值对整个工程质量的影响程度来确定。为此,在设置质量控制点时,首先要对施工的工程对象进行全面分析、比较,以明确质量控制点;再进一步分析所设置的质量控制点在施工中可能出现的质量问题、或造成质量隐患的原因,针对隐患的原因,相应地提出对策措施予以预防。由此可见,设置质量控制点,是对工程质量风险进行预控的有力措施。

质量控制点的涉及面较广,根据工程特点,视其重要性、复杂性、精确性、质量标准和要求,可能是结构复杂的某一工程项目,也可能是技术要求高、施工难度大的某一结构构件或分项、分部工程,也可能是影响质量关键的某一环节中的某一工序或若干工序。总之,无论是操作、材料、机械设备、施工顺序、技术参数、自然条件、工程环境等,均可作为质量控制点来设置,主要是视其对质量特征影响的大小及危害程度而定。

案例 4-12：某公司钢结构施工质量控制点（表 4-12）

某公司钢结构施工质量控制点　　　　表 4-12

控制过程		控制环节	控制要点	责任人	控制内容	控制依据	见证
施工准备过程	1	设计交底	图纸自审	各专业工程师	图纸资料是否齐全、是否满足施工	图纸、技术文件	自审记录
			设计交底	各专业工程师	了解设计意图提出问题	图纸、技术文件	设计交底记录
			图纸会审	各专业工程师	对图纸的完整性、准确性、合法性、可行性进行会审	图纸、技术文件	图纸会审记录
	2	制定施工工艺文件	施工组织设计	技术负责人	编制施工组织设计并报业主、监理审批	图纸、规范	批准的施工组织设计
			专项施工方案	各专业工程师	编制施工组织设计并报雇主、监理审批	图纸、规范	施工方案
	3	项目班子建设	项目班子配备	项目经理	懂业务、懂技术、会管理	项目法、管理文件	任命文件
	4	现场布置	施工平面	生产经理	水、电线、临设、材料堆放、工程测量控制网	施工总平面规划	按平面规划布置临设、材料、机具堆放场地
	5	材料机具准备	项目提出需用量计划	商务部、工程管理部	编制、审核、报批	图纸文件、定额	批准材料机具计划
	6	材料选用及验收	设备开箱检查	工程管理部	核对规格型号、检查配件是否齐全、随机文件是否齐全	供货清单产品说明书	材料验收单
			材料验收	工程管理部	审核质保书、清查数量、检验外观质量、检验和试验	材料预算	材料验收登记
			材料保管	工程管理部	分类存放、进帐、立卡	设备材料计划	进料单
			材料发放	工程管理部	核对名称、规格、型号、材质、合格证书	材料预算	领料单
	7	开工报告	确认施工条件	项目经理	三通一平、人员上岗、设备材料机具进场	施工文件	批准的开工报告
	8	技术交底	各工种技术交底	各专业工程师	图纸规范操作规程	图纸、评定标准	交底记录
施工过程	9	测量定位	轴线、标高控制	测量工程师	复核±0.00以下柱轴线，对±0.00以上工程测量定位	业主、设计院提供的有关图纸	测量定位记录
	10	钢结构施工	钢结构制作	钢结构工程师	钢材原材料复试，构件加工、焊接与涂装质量	设计图纸、有关规范钢结构深化设计图	分项工程、检验批质量验收表

续表

控制过程	控制环节	控制要点	责任人	控制内容	控制依据	见证
施工过程	11 钢结构施工	钢结构基础构件安装	钢结构工程师	轴线、标高、间距等	设计图纸、有关图集、规范	检验批质量验收表、隐蔽验收记录
		钢结构安装	钢结构工程师	主体结构尺寸、构件轴线、标高、垂直度（空间三维坐标）与侧弯曲等	设计图纸、施工方案	自检记录、检验批质量验收表
	12	钢结构现场焊接	焊接工程师	焊接材料复检、焊接工艺评定、预热与后热、焊缝表面与感观质量、内部缺陷等	焊接专项方案与有关规范	焊接记录、探伤检测报告、检验批质量验收表
		钢结构防腐涂装	涂装工程师	涂装材料质量、表面处理、涂层厚度、外观质量	设计图纸、有关规范	自检记录、检验批质量验收表
	13 设计变更	设计变更合理	各专业工程师	确认下达执行设计变更的合理性	设计变更单	批准后设计变更通知单
	14 材料代用	材料代用合理	技术负责	代用文件，代用申请审批	材料代用通知单	变更后的材料预算
	15 隐蔽工程验收	分项工程	各专业工程师	隐蔽内容、质量标准	图纸规范	隐蔽工程记录
	16 质量验收	分项工程	专职质量工程师	主控项目、一般项目	验收规范	验收记录
		分部工程	专职质量工程师	各分项工程资料	验评标准	验收记录
	17 最终检验和试验	最终检验和试验	项目经理、技术负责人	交工前的各项工作	图纸规范、标准合同	各种检验资料
	18 成品保护	成品保护措施得力	质量总监、技术负责人	竣工工程做好看守、保护措施、确保美观	图纸和合同	成品无损坏、污染
交工验收过程	19 资料整理	资料整理齐全	技术负责人、各专业工程师、技术部	所有质保资料、技术管理资料、验评资料齐全	图纸、规范标准、档案馆有关文件	各种见证资料
	20 工程交工	办理交工	项目经理等组成交工领导小组	组织工程交工、文件资料归档、办理移交手续	图纸合同	交工验收记录、竣工验收证明书
	21 工程回访	质量情况	项目经理、技术负责人	了解用户意见，提出组织实施		整改报告
	22 料具盘点	料具盘点	工程管理部	对未用完的材料和设备清退出场	材料对账单	材料盘点报表
	23 竣工决算	竣工决算	商务部	按图纸、合同、变更、材料代用等依据进行决算	合同	竣工决算书

（8）成品保护控制

在施工过程中，有些分项、分部工程已经完成，其他工程尚在施工，或者某些部位已经完成,其他部位正在施工。对已完成的成品,应采取妥善的措施加以保护,这也是保证工程质量的一个重要环节。

4.4 项目技术的风险管理

技术风险是由于技术能力的不足或缺陷,可能给项目带来的危害、危险或潜在的意外损失。技术风险管理贯穿于项目生命周期的始终,了解和掌握项目技术风险的来源、性质和发生规律,强化风险意识,进行有效的技术风险管理对项目的成功具有非常重要的意义。

4.4.1 风险的识别

在工程施工的不同阶段都会存在技术风险,每个阶段技术风险的管理重点都会有所不同。具体风险见表4-13。

不同施工阶段的技术风险因素 表 4-13

项目不同阶段	可能存在的风险因素
施工设计阶段	合同中规定了难以办到的要求 合同中某些技术指标过高 对以往资料分析不全面或分析方法有误 对地质任务理解有误 对相关技术指标论证过程有误 对设计中一些关键性指标没有详细地说明或解释
试验阶段	选择的试验点不能代表全区 在操作的过程中没能够完全按照试验方案进行 仪器操作员选择施工参数有误 测量数据有误差 对试验资料判断存在误差
施工阶段	对参与施工的所有人员培训、岗位练兵的力度不够 针对不同班组主要技术人员对项目的施工方法表达不准 测量放线不准确 仪器未校准,读出了错误的参数 设计发生了变更 仪器操作员一时疏忽丢失施工数据 仪器操作员将生产资料弄混 测量数据丢失 地下地质构造发生变化 施工过程中遇到技术难题
竣工验收阶段	生产资料整理有误 没有按照规范整理资料

案例 4-13：北京地铁 1、2 号线改造工程技术风险分析

一、技术风险的诱发因素

北京地铁 1、2 号线改造工程是一个复杂的技术改造工程，涉及全部设备专业、线路专业及土建专业，从某种意义上讲，相当于新建线路的设备安装阶段，但又不能等同于新建线路。本次改造工程是在不停运的前提下进行的，又受土建结构、人防设施不改变的制约，所以，诱发技术风险的因素很多，主要包括以下几类：

1. 改造方案与规范的差距。《地铁设计规范》GB50157-2003 主要用于新建线路的指导，未涉及改造工程内容及要求。在车站安全出入口设置、消火栓设置、车站外部消防水源引入、区间火灾报警、区间风速等方面，改造方案与规范有一定的差距。

2. 土建结构与人防设施不改变。本次改造是在不停运的前提下进行的，不具备土建结构发生变化的条件，且运营线路又兼顾战备人防的需要，要求人防等级不降低。在变电所有限的空间内，标准化产品与设备安全操作距离出现不匹配的现象；车站及区间主风机难于达到区间风速要求，需要重新制定新的通风排烟系统运行模式。

3. 过渡方案新旧系统倒接，必然涉及过渡设备和改造期间的车站运营模式和设备系统运行模式。过渡方案的制定与现状设备安全性、可靠性以及系统有密切的联系，过渡方案的合理、可靠、安全与否将直接影响到改造工程的成败。

4. 概算因素。根据北京市有关规定，初步设计概算额不能超过可行性研究报告投资估算值的 3%，否则重新立项。此项规定在新建项目执行中难度较小，但对城市轨道交通系统改造而言，属于崭新领域，执行过程复杂。由于国内没有改造经验，可能会出现漏项问题，可行性研究报告投资估算值与初步设计概算额有较大出入。

5. 现状变化与原始设计的出入。北京地铁 1、2 号线已经运营 30 多年，路基、土建与建设初期比可能发生了变化，如路基沉降，建筑平面功能调整，设备及车辆处于老化期，大部分设备已到报废期，系统性能下降，由于基础资料的不齐整，使各类管线的现状敷设情况不很明朗等。

二、技术风险的分类

1. 技术标准与设计标准。目前，国内没有相关的城市轨道交通系统改造设计规范和标准。

《地铁设计规范》第 1.0.2 条规定："改建、扩建和最高运行速度超过 100km/h 的地铁工程，以及其他类型的城市轨道交通相似的工程设计，可参照执行。"

衡量改造工程是否达到要求、是否贴近国家相关规范及标准，针对目前可参考的设计规范及标准，制定改造工程的技术标准和设计标准是必要的。对于不同的现状和条件，技术标准及设计标准也不同。制定标准的宗旨是尽量靠近现行的设计规范和标准，满足改造目标。

2. 现状设备系统。对现状系统及其设备的安全评价是改造工程的重要环节，是制定改造范围、内容及用户需求的依据，将直接影响到改造技术方案的合理性和可操作性。

在行车安全、消防安全及运营安全等方面，应分析哪些系统及设备存在安全隐患、哪些系统及设备制约着运输能力的提供和服务水平的提升、哪些因素制约着改造的技术标准和设计标准，从而为编制改造范围、内容、原则及用户需求提供依据。否则，可能会出现危及安全的遗漏项目或出现不应有的项目占用有限资金的现象。

3. 改造技术方案。改造技术方案是改造工程的核心内容，建立在现状系统及设备、技术标准及设计标准的基础上。高质量的改造技术方案应最大限度地消除安全隐患、提高运输能力和服务水平、在改造期间对运营的影响程度降到最低，而且通过工程筹划、设备招投标及施工管理，节约投资。

在不突破投资概算、不改变土建结构、改造期间降低对运营的影响等一系列的制约条件下，照搬新建线路的技术方案往往行不通，需要有新的思维方式，因地制宜，因事制宜。改造技术方案应有针对性，充分利用现有条件和资源。还要突破条条框框的束缚，有大胆的设想。

4.4.2 风险的应对及措施

（1）图纸会审

在建筑施工中，图纸是施工依据，也是重要的技术资料，是工程技术的共同语言，做好图纸会审可大大减少施工过程中的技术风险。由建设单位组织设计单位介绍工程项目设计意图，设计特点及对施工要求。施工单位把图纸中存在的疑问和问题提出来，把施工中可能出现的难点提出来，在施工中使用某些材料采购及使用困难提出来。施工单位必须从实际出发，审查图纸，经设计、施工、建设三方协商，达成共识，既对施工过程有利，达到设计及质量要求，又不能出现浪费，做到节约资金，降低成本。形成的会审记录，纳入工程技术档案，并作为施工中的重要技术资料及依据。

（2）施工组织设计

把图纸上的线条变成实实在在的工程，这是一个复杂而多变的施工过程，而"施工组织设计"正是指导实现这一过程重要的综合性文件。施工组织设计是工程项目施工全过程总体策划的综合性文件,是组织工程项目正常施工的基本依据,是确保工程项目全面实现进度、安全、质量、环保和效益等管理目标的综合性技术、经济文件。它的技术含量高,涉及面广,综合性强。

(3) 技术交底

把分部、分项工程的关键工序的技术质量要求层层落实下去,让参加施工过程的每个人都清楚所施工部分的技术质量要求,尽可能避免施工过程中事故的发生。技术交底内容包括:

1) 设计主导思想、设计原则、主要技术条件、水文地质特点、工程项目的主要技术方案及总体施工组织安排、施工图纸、设计补充通知、变更设计结果、图纸核查记录、设计单位对设计文件核查提出意见的会签纪要、构配件、设备、材料代用等有关技术文件。

2) 工程特点、建筑形式、基础类型、结构尺寸、工艺技术标准、工程质量标准和设计要求、采用的设计规范、确定的抗震等级等。

3) 施工范围、工程任务和工期、进度要求,各专业、各工序相互配合关系。

4) 施工方案、施工程序、施工方法和施工工艺。

5) 施工注意事项、安全操作要点及注意事项、重、难、险工程的应急预案等。

6) 施工技术措施、职业安全健康管理方案,环境管理方案。

7) 新技术、新工艺、新材料、新设备的特殊要求,对操作施工工艺复杂的项目,必要时可采用样板、示范操作等。

(4) 技术复核

技术复核是施工阶段技术管理制度的重要组成部分,也是控制施工技术风险的基础性工作,其目的是对各项技术工作严格把关,以便及早发现问题,及时进行纠正。一般来说,技术复核通常有以下几个方面:

1) 建筑物定位:标准轴线桩、水准桩、龙门桩轴线和标高。

2) 地基基础:土质、位置、轴线、标高、尺寸、预留孔洞、预埋件放置等。

3) 模板:包括尺寸、位置、标高、预埋件、预留孔洞、牢固程度、内部清理及湿润或涂刷隔离剂的情况。

4) 钢筋:主要是品种、规格、数量、安装部位、连接情况。

5) 混凝土:如配合比、骨料和外加剂材质、水泥强度等级和品种。

6) 预制构件:位置、标高、构件吊装的抗裂度。

7) 砖砌体:轴线位置、皮数杆、砂浆配合比、楼层标高、组砌方式、预留洞口位置尺寸。

另外,隐蔽工程等都需要进行技术复核,避免施工中发生重大事故风险。要做好技术复核工作，首先应根据施工实际进度及复核计划及时进行，防止遗漏；其次是要坚持复核程序，复核前先由施工班组负责人进行验收自检，再由项目技术负责人进行复核，要对复核的结果及时反馈，发现不符合要求的立即责令其返工整改，及时解决，对易出现事故的部位，要提出具体措施，防患于未然。

（5）施工技术总结管理

施工技术总结，是工程项目施工组织管理和施工技术应用的实践记录。编写工程项目施工技术总结，是为了总结施工中的经验教训，提高施工技术管理水平，形成企业的技术资产，为后续工程的技术风险提供依据和借鉴资料。

案例 4-14：黄冈公铁两用长江大桥施工技术风险评估与控制

黄冈公铁两用长江大桥（以下简称"黄冈大桥"）主桥为大跨度钢桁梁斜拉桥，公路、铁路的正交异形板与主桁杆件连接，形成独特的板桁共同作用的主梁结构。桥塔为 H 形是国内唯一一座上塔柱分离的公铁两用斜拉桥。斜拉索为空间索面，梁、索塔的空间效应极为明显。黄冈大桥具有建设规模宏大、施工技术含量高、施工难度大的特点。

一、施工质量技术风险分析

黄冈大桥主桥在施工过程中为高次超静定结构，结构体系随施工阶段而变化，这种变化将直接引起结构内力和变形的不断改变，直接决定了成桥结构的内力状态和线形，并对后期运营使用状况有影响。该桥在施工期间的技术风险主要包括施工过程仿真计算、构件加工制造、施工技术方案等方面。

1. 施工过程仿真计算

该桥施工过程中需要通过理论分析进行技术指导，施工过程仿真计算分析是构件安装定位、安全性评判及结构状态调优的基础。仿真计算分析的结果直接用于生产，如计算分析偏差过大不能反映结构实际状态，会对结构内力及线形造成重大偏差，严重时会危及施工程结构安全。因此建立符合结构特点的施工过程仿真计算模型非常重要，而影响计算模型的不确定性因素主要有：

1) 材料参数。由于受材料品质、制作工艺、受荷状况、外形尺寸及环境条件等因素的影响，构件的材料参数会产生一定的变异性。

2) 几何参数。结构几何参数由于受制作尺寸偏差和安装误差等因素的影响，会导致实际构件尺寸与原设计尺寸之间存在差异。

3) 临时荷载。在施工过程中，始终存在着各种施工荷载的作用，这些荷载均不可避免地存在着各种随机误差的干扰。

4) 结构非线性。黄冈大桥施工过程前期结构体系转换前为悬臂状态，大部分斜拉索需要多次张拉，结构刚度相对较小，会导致结构非线性行为明显。另外,桥塔混凝土的收缩和徐变变化也会对结构状态造成较大影响。

如不能正确处理以上因素引起的计算偏差,将影响该桥的施工质量,严重时会发生施工安全事故。

2. 构件加工制造

1)钢桁梁作为工厂加工制造、现场拼装的钢结构,制造精度要求高,钢桁梁制造时应考虑相应的预留长度及成桥后的预拱度,制造完毕也即确定了其节段的无应力长度,一旦制造的几何尺寸存在误差,这个误差将直接累积到实桥中来,且无法消除对桥位的安装进度和精度,将带来极大的影响。

2)斜拉索的制造长度是否合适同样影响结构内力与线形,斜拉索的制造长度需要通过精确的结构分析,结合设计目标状态,并考虑测试的材料参数,才可得出其无应力制造长度,如果误差严重,将导致斜拉索报废,不仅影响工期拖延也会带来较大的经济损失。

3. 施工技术方案

黄冈大桥在施工过程中,将经历支架施工、悬臂拼装等一系列变化,约束条件、荷载形式等均会不同,不同阶段施工方案是否合理可行,是大桥主要技术风险源。施工技术方案方面的影响因素有:

1)桥塔施工时下塔柱临时拉杆及上塔柱临时横撑设置是否合理。

2)悬臂拼装时塔梁临时约束是否合适。

3)主动张拉的斜拉索控制力的大小会影响结构的安全并直接改变结构的内力及线形,因此,需要制定合适的斜拉索张拉方案及确定详细的张拉力值。

4)中跨合龙措施是否合理可行。

需要对黄冈大桥主桥在施工期间的以上技术风险进行主动控制,以确保结构安全,合理实现设计意图。

二、施工质量技术风险控制

1. 技术风险控制手段

黄冈大桥的施工技术风险通过合理的施工控制手段进行防范。施工监控是通过对施工全过程的仿真计算分析,对实桥结构响应的测量测试,判断并预测结构状态,得出恰当的反馈控制措施。通过施工监控及时发现施工过程中存在的结构安全隐患,确保在施工过程中结构位移不致过大,局部内力或应力不致超出构件容许承载力,使施工中的结构处于最优状态,从而正确地指导施工。

因此,成功的施工监控是修建高质量斜拉桥最关键环节,是施工质量体系的重要组成部分,是控制施工期间技术风险的重要手段。

2. 技术风险控制的特点

与常规的预应力混凝土梁斜拉桥施工监控不同,黄冈大桥施工技术风险控制具有如下特点：

（1）监控目标多元性。主要的控制目标包括线形类目标、内力类目标、安装类目标、施工类目标等，上述控制目标存在着相互影响、相互制约的关系。

（2）误差来源多样性。包括计算误差、测量测试误差、钢结构的制造和安装误差等几大类。

（3）控制调整手段局限性。栓接钢桁梁的拼装不能像混凝土梁段浇筑那样实现主梁梁段连接处无应力转角和悬臂端标高的较大调整，特别是转角误差对标高误差具有很大的累积性影响效应。

（4）温度效应影响显著性。该桥在施工中存在着环境温度、构件温度场分布状况差异等因素对施工过程和施工计算分析的显著影响。

（5）测量测试受天气影响明显。该桥位于长江上，桥址区域气候变化较大，环境复杂，对于监控的测量测试，尤其是几何线形的测量影响尤为明显。

（6）钢桁梁的制造精度要求高。一旦加工误差超过规范允许值，将对桥梁的安装进度和精度带来极大的影响，甚至安装困难。

3. 技术风险控制措施

（1）施工过程仿真计算

根据设计图纸及施工组织设计建立详细的空间仿真计算模型，模拟施工全过程。黄冈大桥监控计算采用 3Dbridge 桥梁空间分析软件。以六自由度直线梁单元模拟桥塔，主桁杆件，铁路纵、横梁及横联，公路纵、横梁及横联结构，以等参四边形薄壳单元模拟铁路及公路面的钢正交异形板的顶板；斜拉索采用拉索单元模拟采用约束方程，模拟桥塔与梁之间的连接。全桥共划分为41678个梁单元、23872个板单元及152个拉索单元共115个施工阶段。桥塔混凝土收缩徐变的材料非线性根据相关规范进行计算，采用斜拉索割线弹性模量处理拉索的垂度影响、叠加几何刚度切线矩阵方法等考虑结构其他几何非线性影响。

据分析可知，因材料参数、几何参数的影响，理论计算会与实桥结构有所区别，因此必须对以上参数进行识别和修正，使计算值与实桥结构相符合。首先对结构影响的敏感程度进行分析，以确定主要参数与次要参数，对主要参数需要识别。经参数敏感性分析，黄冈大桥桥塔混凝土弹性模量、斜拉索弹性模量、钢桁梁重量及刚度、温度变化是主要的影响参数。材料弹性模量、温度变化及构件重量通过材料试验、现场测试及称重方法获得，而结构刚度需要选取特定工况进行测试，以最小二乘法进行识别。通过对结构内力及位移的理论值与实测值的对比分析，修正设计参数，确定出结构参数的综合效应真实值。

在钢梁安装过程中，对临时施工荷载准确控制非常必要。在现场测试时，严格按照规定的临时施工荷载进行布置，以便与计算模型相吻合。

(2) 构件加工制造

① 钢桁梁构件按照无应力尺寸进行加工制造。制造尺寸除需考虑预拱度对钢桁梁上、下弦杆长度的影响外，尚需考虑轴向压缩和弯矩转角的影响。工厂制造时，通过调整上弦杆节点板的间距来实现。

② 斜拉索的制造无应力长度根据成桥后结构的永久状态进行计算，计算时考虑的影响因素有重力垂度、弹性伸长、锚具位置修正量、锚具回缩变形、锚固钢丝长度、温度影响等。其中温度按照合龙温度计算，厂内下料时考虑温差修正值 $L_t[L_t = L \times 1.18 \times 10^{-5}(t_{下料} - t_{合龙})$，$t_{下料}$ 为下料时的厂内温，$t_{合龙}$ 为合龙温度]。根据斜拉索实测材料参数、制造长度及安装偏差，分批修正斜拉索的制造长度。

(3) 安装施工

① 在桥塔的施工过程中，需要对塔柱的预抬量、临时支撑和拉杆的设置进行控制。该桥塔下塔柱外倾，上塔柱内倾，为避免因施工荷载和塔柱自重引起过大的横向水平位移及混凝土拉应力，需随着塔柱施工，在下塔柱每隔一段距离设置预应力拉杆，在上塔柱设置水平横撑。根据在桥塔节段重量、施工机具及临时荷载作用下，最不利混凝土断面有一定的压应力储备的原则，确定拉杆内力及水平撑力。

② 由于基础沉降、塔柱弹性压缩、临时荷载、混凝土收缩徐变及后期上部结构恒载的影响，桥塔会有较大的竖向变形，为了成桥后能达到设计几何位置，上塔柱混凝土施工节段均设竖向预抬量。

③ 根据主梁拼装过程中塔梁处纵向力大小，在桥塔横梁与钢主梁间设置纵向钢结构约束装置，保证该桥合龙前结构的稳定性。

④ 应用无应力状态法确定斜拉索的张拉力。无应力状态控制法是以成桥状态下斜拉索的无应力长度作为目标。在确保结构受力安全的前提下，避免安装过程中塔梁处支座脱空，考虑合龙线形调整因素后，尽可能减少斜拉索的张拉次数。根据计算，8对斜拉索可以一张到位，其余斜拉索合龙后张拉到位。斜拉索采取"一张到位"方法可以大幅度减少施工单位的工作量，对缩短工期大有益处。

⑤ 作为栓接的钢桁梁，在施工安装时梁段间相对位置难以调整，因此拼装阶段的主梁线形是控制的主要目标，线形主要靠索力调整来保证，索力调整时，保证梁体强度在允许的范围之内。

⑥ 黄冈大桥中跨合龙复杂，是需要控制的重要内容。该桥具有主梁刚度大、合龙控制点多、结构体系转变多、受温度影响大的特点，中跨采用"长圆孔＋圆孔"合龙铰的方式合龙，将纵向和竖向相互影响的、复杂的合龙过程通过采取

"分步走"的办法,变成简单的两个方向相互独立的合龙过程,使合龙过程大为简化,降低了风险。

4.5 项目成本的风险管理

狭义的施工项目成本是指施工企业或施工项目部为完成某施工项目所必须支付的各种生产费用的总和,广义的施工项目成本还包括诸如工期索赔、质量索赔等有关费用以及在工程项目前期及后期的成本控制,包括工程项目在筹划、设计、施工和竣工验收等各个阶段。项目成本的风险存在于施工的每个环节中。

4.5.1 风险分类

项目成本的风险识别过程主要立足于数据搜集、分析和预测,一般借助于风险识别的各种方法,找出各阶段不同层次的影响成本的风险事件,确定一份合理的风险事件清单,用以包罗对项目成本构成威胁的所有主要风险,由于风险是随时存在的,因此风险识别必须是一个连续不断的过程。

工程项目成本的风险分类目的有两个,首先是可以提高承包人对影响成本的风险事件的认识程度,其次是可以帮助承包人根据风险的性质采取相应策略来降低风险,减少损失。从风险的来源来看,项目的成本风险主要来自于三大类要素,见表4-14。

项目成本风险分类 表4-14

风险类别		典型风险事件
环境因素风险	政治	法律及规章的变化,战争和骚乱、污染、罢工等
	经济	通货膨胀、汇率的变动、税费的变化、价格调整
	自然灾害	洪水、地震、火灾、台风、塌方、雷电等
成本系统结构风险	设计	规范不当,缺陷设计,设计内容不全
	前期准备	招标、合同、采购
	施工	施工现场管理、施工方案的变化,缺陷工程
行为主体风险	人员	技术人员、管理人员、一般工人的素质及工资的变化、观念的变化
	材料	新材料、新工艺的引进,消耗定额变化,材料价格变化
	资金	资金筹措方式不合理、资金不到位、资金短缺
	设备	施工设备选型不当,出现故障,安装失误

(1) 环境因素

① 发生重大的政治事件,国家法律的颁布或改变等政治因素可能会使工程建设进程受阻,工期延长造成成本上升,特别是对于海外工程,如果事先不对工程所在地政局或相关法律政策进行研究,可能会因为政治环境的突然变化给工程

造成损失。

② 通货膨胀的影响，税率的改变等经济因素对成本的影响一般是通过材料、设备、劳务人员工资等方面的费用上升来表现的。

③ 项目所在地发生洪涝、地震等自然灾害，不但会阻碍工程的工期进度，造成延迟成本，更严重的，可能使原来已经建好的部分工程毁于一旦，造成重建成本。

(2) 结构风险因素

① 在施工组织设计阶段，由于操作不规范，调研不准确，资料不齐全等，导致设计存在缺陷，或者内容缺失，对工程本身的实施造成影响，这种影响也会对成本造成直接或间接的影响。

② 前期准备阶段，例如招标、评标过程、材料不规范、不齐备；合同评审、审定的权限不符合规定，签订过程的书面记录不齐备；设备、采购物资的验证不符合规定、未见相关书面记录，会造成成本费用的不准确。

③ 施工阶段，例如工程变更费用的审批权限不符合规定；工程变更未与财务、营销等相关部门沟通；未及时进行工程成本追踪计算等，都会对工程成本造成影响。

(3) 行为主体产生的风险

如业主和投资者支付能力差，改变投资方向，违约，不能完成合同责任；分包商、供应商技术及管理能力不足，不能保证安全质量，无法按时交工；项目管理者（监理工程师）的能力、职业道德、公正性差；人员观念落后、波动，造成设计和实际施工过程中工程方案变更大；设备选择错误，资金筹措不到位等，也会对项目成本造成非常大的影响。

4.5.2 风险因素

目前，工程项目管理长期实施的是"粗放式"管理，项目部对成本管理不重视，工程项目的成本到底是多少，心里没底。成本的预算往往是按照中标价进行粗略的估算，项目部在进行分包的时候对成本的核算也是简单的预估，缺少详细的计划和措施来进行成本管理，造成项目的风险大大增加，从项目成本管理的角度，项目成本的风险主要来源于以下几个方面。

(1) 成本管理意识薄弱

许多施工企业的领导、施工的项目经理及实施人员认为：成本管理是财务或计划部门的任务，与自己关系不大。项目成本核算"走过场"、"流于形式"的现象很普遍，有的项目甚至为了应付检查，随意篡改数据，严重影响了成本管理的准确性和科学性。

(2) 成本管理缺少系统性

成本管理是系统性工程，项目管理中是无时不在，无处不在的，它渗透到项目管理的每一道工序，需要企业的相关部门和项目采购、技术等管理人员共同参与。而在实际过程中，企业的成本管理部门与采购、技术、现场管理人员出现一定的脱节。成本管理人员仅从资金总额上控制工程成本，材料采购人员仅考虑材料供应质量的优劣、难易程度及服务质量的好坏，较少顾及材料的价格、批量、供货期等对成本的影响，技术人员仅考虑如何保证施工质量、进度、安全，而较少考虑技术创效的内容。各职能的管理人员之间在成本管理上缺乏有效沟通、协调，各自为政，很难形成成本管理的良性循环。

(3) 成本管理机制不健全

成本管理与成本管理责任制和监督考核机制息息相关，有些企业缺少相应的成本管理流程，不能落实到责任人，监督考核机制不健全，由于没有像控制质量目标、安全目标那样，制定项目的成本管理责任制和监督考核机制，奖勤罚懒，从管理制度上约束项目的每一个员工，不可能自觉地把成本问题摆在一个重要的位置上。

(4) 不重视成本预算

成本管理不能只注重施工过程，应该在前期施工准备阶段就要进行成本估算或成本预算，并据此编制成本计划。成本预算对整个工程项目的成本管理起着重要作用，因为它决定了项目实施中成本控制的目标及工、料、机等各种资源的使用情况。有些项目在前期没有编制详细的成本预算，或者编制了成本预算但却未编制成本计划，使得成本预算无法认真执行，项目竣工后的成本核算也是马马虎虎，草率了事。不能有效的指导施工过程、控制成本，造成施工过程中出现材料浪费，项目人员工作效率低下，成本增加等问题。

(5) 成本管理手段落后

一些工程项目的管理者热衷于处理好各种"关系"，而对项目管理的硬件却舍不得投入。项目管理人员采用传统的手工报表，成本管理的方法还是用陈旧的列表分析法，只能显示出成本管理的表面现象，而对隐藏于背后的更深层的原因，却很难显示出来。

4.5.3 项目成本风险控制措施

针对项目成本风险的原因分析，在具体项目施工过程中，需要加强项目管理，控制风险，可采取下列措施。

(1) 做好成本预测

成本预测的目的，是为挖掘降低成本的潜力指明方向，作为计划期降低成本决策的参考；因此在项目开始阶段，首先要做的重要工作就是搜集各项信息，对项目的成本进行预测，确定目标成本。

1) 对工程直接费用成本进行预测。

对于人工费，首先要了解当前市场的劳务行情及工人的社会平均工资水平，考虑是否赶工因素，确定人工单价，根据预算工程量，确定预测人工费支出额。

材料费在项目成本中所占比重较大，所以应作为重点准确把握。材料费主要应用材料 A、B、C 分类法对其进行估料审核，其原理是对施工所用各种材料，按其需要量大小，占有资金多少，结合重要程度分成 A、B、C 三类，审核估料时采用不同的方法，根据安装工程材料的特点对需要量大、占用资金多、专用材料或备料难度大的 A 类材料，如水泥、钢材等，必须严格按照设计施工图，逐项进行认真仔细的审核，做到规格、型号、数量完全准确。对资金占有量少，需要量小，比较次要的 C 类材料，如五金配件、填料，可采用较为简便的系数调整办法加以控制。对于处于中间状态的通用主材，如砂、石等资金占有量同属中等的辅助 B 类材料，估料审核时一般按常规的计算公式和预算定额的含量确定。其次对于材料的供应地点，购买价，运输方式及装卸费也要核审。

机械使用费，投标中的机械设备的型号、数量一般是采用定额中的施工方法套算出来的，与工地实际施工有一定差异，工作效率也有不同，因此要测算实际将要发生的机械使用费。同时，还得计算可能发生的机械租赁费及需新购置的机械设备费的摊销费，对主要机械重新核定台班产量定额。

2) 对现场临时设施成本的预测。

根据施工组织设计拟定的现场所需施工管理人员及二线人员数量，最高峰工人入场人数和平均工人驻场人数，大宗材料的数量及堆放地点，工期长短等因素，确定临时设施的面积、生活用水用电设施的数量，初步估算临时成本。

3) 现场管理费用的预测。

对于现场管理人员的工资、办公费、交通费、文明设施费、检验试验费等因无定额可循，可根据以往工程施工中包干控制的历史数据预测开支数。

4) 风险成本的预测。

工程施工进行当中，还需要考虑到一些不可预见因素，预测其风险成本。造成风险成本的因素主要有不可抗力（如地震、洪水）；项目所在地的物价上涨及其他人力成本的增加；相关政策法规的变化及特殊施工方案等，如事先对风险估计不足，则会给成本带来很大的负担。风险成本准确预测的关键是要熟悉实施方案，了解工程特点，对项目所在地的周边环境及当时的物价水平做到心中有数。

(2) 围绕成本目标确立成本控制原则

项目成本控制就是在实施过程中对资源的投入，实施过程及成果进行监督，检查和衡量，并采取措施确保项目成本目标的实现。成本控制的对象是工程项目，其主体则是人的管理活动，目的是合理使用人力、物力、财力，降低成本，增加效益。一般而言，成本控制遵循以下原则：

1) 节约原则。节约就是项目施工用人力、物力和财力的节省，是成本控制的基本原则。节约绝对不是消极的限制与监督，而是要积极创造条件，要着眼于成本的事前监督、过程控制，在实施过程中经常检查是否出偏差，以优化施工方案，从提高项目的科学管理水平来达到节约。

2) 全面控制原则。一方面，要充分调动每一个员工控制成本、关心成本的积极性，真正树立起全员控制的观念。另一方面，项目全过程成本控制。项目成本的发生涉及项目的整个周期，项目成本形成的全过程，从项目准备开始，经实施以及项目正式完成。因此，成本控制工作要伴随项目实施的每一阶段，工程项目验收阶段，要及时追结算，使工程成本自始至终处于有效控制之下。

3) 目标控制原则。成本控制可以采用目标管理的方法来进行，把计划的方针、任务、目标和措施等加以逐一分解，落实到部门、班组甚至个人；目标除了要有工作责任，更要有成本责任；做到责、权、利相结合，对责任部门（人）的业绩进行检查和考评，并同其工资、奖金挂钩，做到奖罚分明。

4) 动态控制原则。成本控制是在不断变化的环境下进行的管理活动，所以必须坚持动态控制的原则，就是将工、料、机投入到施工过程中，收集成本发生的实际值，将其与目标值相比较，检查有无偏离，若无偏差，则继续进行，否则要找出具体原因，采取相应措施。

5) 责、权、利相结合的原则。在项目施工过程中，工程项目部各部门、各班组在肩负成本控制责任的同时，享有成本控制的权力，同时工程项目经理要对各部门、各班组在成本控制中的业绩进行定期的检查和考评，实行有奖有罚。

(3) 项目成本控制实施途径

实现成本控制目标，降低项目成本可以从以下几个方面采取措施控制。

1) 明确责任与机制。

首先，要明确项目部的机构设置与人员配备，明确项目部、公司或施工队之间职权关系的划分。项目部是施工现场管理班子，项目建成后即行解体，不是一个经济实体，应对整体利益负责任。其次，要明确成本控制者及任务，从而使成本控制有人负责，避免成本大了，费用超了，项目亏了，责任却不明的问题。

2) 加强质量与技术管理。

在项目实施中，项目经理是成本控制的第一责任人，全面组织项目部的成本管理工作，应及时掌握和分析盈亏状况，并迅速采取有效措施；应在保证质量、按期完成任务的前提下合理组织施工以降低工程成本；全面组织项目制定先进的、经济合理的施工方案,以达到缩短工期,提高质量,降低成本的目的。正确选择实施方案是降低成本的关键所在。在实施过程中努力寻求各种降低消耗、提高工效的新工艺、新技术、新材料等降低成本的技术措施。严把质量关,杜绝返工现象,缩短验收时间,节省费用开支。

3)控制用料与机械。

人工费占全部工程费用的比例较大,一般都在 10% 左右,对一些特殊的项目,人工费甚至高达 40%,所以要严格控制人工费。要从用工数量控制,有针对性地减少或缩短某些工序的工日消耗量,从而达到降低工日消耗,控制工程成本的目的。

材料费一般占全部工程费的 55%~75%,直接影响工程成本和经济效益。对材料用量的控制,首先是坚持按定额确定材料消耗量,实行限额领料制度;其次是改进施工技术,推广使用降低料耗的各种新技术、新工艺、新材料;再者是对工程进行功能分析,对材料进行性能分析,力求用低价材料代替高价材料,加强周转料管理,延长周转次数等。对材料价格进行控制,主要是由采购部门在采购中加以控制。首先对市场行情进行调查,在保质保量前提下,货比三家,择优购料;其次是合理组织运输,就近购料,选用最经济的运输方式,以降低运输成本;再就是要考虑资金的时间价值,减少资金占用,合理确定进货批量与批次,尽可能降低材料储备。

对于机械费的控制,应尽量减少施工中所消耗的机械台班量,通过全面施工组织、机械调配,提高机械设备的利用率和完好率,同时,加强现场设备的维修、保养工作,降低大修、经常性修理等各项费用的开支,避免不正当使用造成机械设备的闲置;加强租赁设备计划的管理,充分利用社会闲置机械资源,从不同角度降低机械台班价格。从经济的角度管制工程成本还包括对参与成本控制的部门和个人给予奖励的措施。

4)加强人力资源管理。

施工前与民工负责人签订责任书或承包书,明确责任,在保证施工质量,施工进度的前提下,针对不同的施工工序定工期、定质量、定人工量,由民工分段承包施工。在工程开工后,要严格控制定员,劳动定额,出勤率,加班加点等问题,这在一定程度上避免民工闲滞情况出现,降低人工成本。

案例 4-15:金塘大桥项目成本管理

一、项目背景

金塘大桥连接金塘岛与宁波市,是舟山大陆工程的第五座跨海特大桥,起自沥港船厂北侧,于七里锚地北侧通过,然后左偏前进至宁波,于镇海炼化厂西侧登陆，终于沿海北线高速公路。全桥总长为21029m，跨越灰鳖洋的长度为18.4km。

二、金塘大桥项目成本管理的具体措施

1. 提高全员经济意识

在项目部要想做好成本管理工作，首先必须明确的一点是成本管理应该是全员管理。成本控制决不单纯是工程预算人员、财务人员的任务，也不仅仅是财务部门和项目部的事，而是全体工程参加者的共同任务。成本控制要做到全员参与，树立全员经济意识。其次是组织培训，提高专业人员的素质，这是实现成本目标的保证。

2. 材料和机械的使用和管理

材料、机械的成本控制，是成本管理的重点。本工程中材料、机械成本占总成本的90%以上，在这两个方面的成本控制的好坏，是整个工程是否赢利的关键。

1) 砂石料采购的控制：本工程钢筋、钢绞线、支座、锚具均为甲方供料，要控制好材料成本，首先要控制好砂石料的采购。以往砂石料通常是现场验收，每来一批料需既验质量又验数量，本工程砂石堆场在箱梁上面，砂石料船必须停靠在海面上，验收时海浪大既不安全又不方便，往往因工作人员的大意或其他原因造成验收的不准确，容易造成一些不必要的纠纷，甚至材料大量无形损耗，让企业经济受损。项目部提出以包方招标的形式，即只控制质量，数量最终按图纸数量实行理论数量结算，这种举措的实施，不仅减轻了项目部的管理压力，又巧妙的规避了砂石料等在收方过程中受损的风险。

2) 控制混凝土成本：根据金塘大桥湿接头和防撞栏混凝土用量大的特点，混凝土配合比的选择以及损耗应严格控制，在保证质量的前提下使砂、石、水泥、外加剂等材料的用量比例按最经济配制，通过多次的配合比试拌，获得了性价比高的配合比。

3) 控制机械设备的成本：成本控制中，机械设备的管理必须有可行有效的制度，切忌"人人有责，却无人管理"的局面，一定要分工明确，责任清楚。制度的执行也不能时松时紧，否则效果也不会很理想。本工程在海面上施工，船舶机械很多，采用租赁协议合同，在结算期内不变动，每天做好详细的台班记录。对自有设备，做好日常台班记录，注意经常维护，延长使用寿命，保证每天满负荷的运转。

3. 施工方案的优化

对施工方案的优化，既能降低损耗，又能提高效益。项目部针对项目施工线路长的特点，对原投标时方案用水上混凝土搅拌船和混凝土输送泵进行混凝土的浇筑方案，考虑到租用搅拌船的费用较高，经过验算以及监理、业主同意的基础上，在浇筑一联湿接头，等强度达到设计要求后，在箱梁上安装搅拌站和砂石堆场，用搅拌车运输混凝土，既可以加快施工进度，又节约了施工的成本。

4. 加强工程质量管理

安全生产、文明施工与确保工程施工质量同追求经济效益最大化是相辅相成、密不可分的，如果离开安全生产和确保工程施工质量，片面追求经济效益最大化必将适得其反、事倍功半，也根本谈不上效益；只有正确处理好三者的关系，即在确保安全生产、文明施工及确保工程质量的前提下取得经济效益最大化才是施工企业的必由之路。如果质量不合格，返工或因安全事故造成重大人员伤亡，不仅会造成严重亏损，还会严重影响企业的社会认同感，影响企业的声誉，严重阻碍企业的发展。金塘大桥首联箱梁湿接头混凝土浇筑后，混凝土表层局部出现裂纹。虽然此现象是质量通病，而且细微的裂纹不会影响工程主体质量，但项目部牢固树立"百年工程、质量第一"的质量意识和"精品"意识，及时组织相关人员对出现的问题进行总结、分析，对原来的施工工艺进行改进，采取了以下措施：

1) 加装防裂钢筋网片：按设计要求在横隔板的两面以及通人孔的各边均铺设钢筋网片。

2) 湿接头之间的临时连接一定要在晚间气温最低时焊接。

3) 人孔模板的支撑一定要支在箱梁的底板上且必须牢靠坚实。

4) 混凝土浇筑一定要安排在夜间进行，并尽量在气温回升前浇筑完毕。

5) 夏天一定要在拌合水中加入冰块，并使混凝土入模温度控制在28℃以下。

6) 提前拆模、提前养护。模板拆除后应加强养护，箱内混凝土养护采用覆盖土工布并浇洒淡水养护的方式，箱外混凝土则采用尽量晚拆模，利用模板自身来养护，拆模后涂刷混凝土养护液的方式来养护。

7) 微调配合比。

8) 混凝土的张拉一定要在7d后进行，且混凝土张拉前不能加上荷载。

通过采用多种措施，预制箱梁湿接头混凝土表层裂纹大大减少，外观质量得到了有效控制，混凝土表观颜色均匀，与预制箱梁连成整体，得到了监理和业主的好评。

5. 加强合同管理

合同管理的主要内容是对工程的变更、设计补充、工程延期、费用索赔、工程的分包转让、合同双方的违约、争端与仲裁、保险与保函等进行管理。合同管理是施工企业管理的重要内容，也是降低工程成本，提高经济效益的有效途径。项目施工合同管理的时间范围应从合同谈判开始，至保修期满止，尤其要加强施工过程中的合同管理，抓好合同管理的攻与守。对各类合同事件，包括招标、谈判、签订、履约、支付、变更、索赔、结算等，不论是主合同还是一般分包合同，在管理上都应该建立一整套的处理程序和系统的记录，例如变更台账、支付台账等。另外，必须指定专人负责合同管理，除能够及时结算或者处理例外事项外，其他与外单位或个人的经济往来、技术、用工等事项，都必须签订正式的具有法律效力的合同，不得以口头形式约定。在合同履行过程中，要严格按照合同有关条款进行处理。

(4) 通过多种工具进行成本核算和成本分析，准确掌握项目成本状况

工程项目成本核算可以反映和监督建筑施工企业各项施工费用的发生情况和工程项目成本的水平，并为分析工程项目成本的超支或节约原因和挖掘降低成本的潜力提供科学依据。所以，工程项目成本核算是建筑企业经营管理工作的一项重要内容，它在建筑企业经营管理中具有十分重要的意义。

1) 成本核算。

工程项目成本核算包括以下一些任务：

① 根据国家政策、法规和制度的规定，认真审核和控制工程项目施工费用的支出。

② 正确计算工程项目预算成本，如实反映成本超支、节约情况，为工程项目成本分析提供依据。

③ 及时准确地归集和分配工程项目施工过程中发生的各项施工费用，按照规定的成本核算程序和方法，计算工程项目的实际施工成本。

④ 正确编制工程竣工决算，及时总结工程项目施工管理的经验教训，促使建筑施工企业改善经营管理工作，降低工程成本，提高经济效益。

工程项目成本核算包括直接成本的核算、间接成本的核算和期间费用的核算等。直接成本又包括人工费的核算、材料费的核算、机械使用费的核算、其他直接费的核算等。成本核算的方法有会计核算法、业务核算法、表格核算法和统计核算。会计核算法是以传统的会计方法为主要的手段，以货币为度量单位，会计记账凭证为依据，对各项资金来源、去向进行综合系统完整地记录、计算、整理汇总，它是在经济活动的数量方面通过会计的方法进行定量考核和计算的过程；业务核算法是对项目中的各项业务的各个程序环节，用各种凭证进行具体核算管理，是在经济活动的数量方面从业务技术的角度进行定量考核和计算的过程；统计核算建立在会计核算与业务核算基础之上，主要的统计内容有产值指标、物耗指标、质量指标、成本指标等，是在经济活动和经济现象的数量方面通过统计的方法进行定量考核和计算的过程；表格核算法则建立在内部各项成本核算基础

上，通过项目的各业务部门与核算单位定期采集相关信息、填制相应表格，形成项目成本核算体系。不同的核算方法其实是从不同的角度对成本进行核算，每一种核算方法都有它的局限性和片面性，但是综合使用多种核算方法就可以避免这种片面性，使核算结果更加准确，也就能更加有效地规避成本不实的风险。

2）成本分析。成本分析在项目成本管理中的作用主要体现在以下几个方面：

① 项目成本分析为项目管理人员提供了一个重要的经济信息依据。项目管理包括项目现场管理和项目成本管理两个方面。现场管理主要是对工程质量、进度、安全的管理，反映的是实物现状，看到的是一目了然的工程实体，比较直观；而成本管理主要是过程控制行为，形成的是经济数据资料，若不通过成本数据的分析就难以看清工程的真实面貌，了解到成本管理的真实情况。分析交流可以使企业各级管理人员较为详细地了解项目成本管理的基本状况和管理成效，明白项目的管理优势和存在的问题及问题形成原因，使领导心中有数，便于领导决策；通过分析交流，相互启发，可以使企业领导和各管理部门能够在成本管理的思路上、经济运行的做法上和对某些具体问题的认识上达到高度统一，从而形成相互协调、相互促进、共同提高、良性互动的良好局面。

② 开展项目成本分析是对企业项目管理制度实施结果的检验和对业务人员能力考验与素质的提高。分析结果显示控制效益明显，说明制度措施得当，相反，则说明制度措施有漏洞，需要尽快完善调整；分析资料如何，能否反映出企业项目实情，是业务人员工作质量和专业能力水平的体现，同时，也可使业务人员的业务素质得到促进和提高。

③ 开展项目成本分析是改善和促进企业管理的一种形式。分析就是依据现有资料对项目的实施情况进行检验，总结项目实施中所积累的好的经验，查找项目实施中的不足和缺陷，为企业健康成长提供依据。否则，企业的经济状况若明若暗，盲目乐观或者盲目悲观，都会影响企业健康发展。

可见，成本分析是对工程项目成本进行对比评价和采取整改措施的重要手段。

项目成本分析的基本方法包括：比较法、因素分析法、差额计算法和比率法。这些分析方法要遵循的是对比分析原则。施工项目成本分析与一般问题分析的方法基本相同，应该遵循对比分析的原则，遵循由宏观到微观、由全面到重点、由粗到细、由表及里的分析方法。因此，掌握合适的分析方法对成本管理至关重要，只有掌握合适的分析方法，才能及时发现成本管理问题，找出问题产生原因，对症下药解决问题。

由于分析结论是由数据对比得到的，因此数据对比是分析的基本原则，对比分析要掌握两方面基本约束：一是比较基准，二是比较内容。

a. 比较基准：在财务上一般以时间（月度）为准，对于施工项目成本分析不仅要考虑时间基准，还要考虑施工部位，使成本数据具有可比性。

b. 比较内容：是分析施工项目管理中存在四个层面的数据，即：中标预算数据、责任成本数据、计划成本数据、实际消耗数据。这些数据之间不同的对比，可以说明不同的问题，在分析时应该根据不同分析要求定义不同的分析报表，用以说明不同的问题。

4.6 项目资金的风险管理

由于施工企业工程项目的特殊性，形成了其资金占用周期长、流量大，项目初期资金相对充裕，中期逐步紧张，后期又逐步缓和等特点，资金是否充足、及时到位，对工程项目的进度、质量、安全等会产生较大影响，同时资金的有效管理也是控制项目成本，提高项目效益的重要手段。

在实际工程项目过程中，工程垫资、项目应收款、项目结算等资金风险的出现，也影响材料是否及时到位、农民工工资能否及时发放等问题，可以说资金风险的控制是保证项目按计划保质保量完成的前提。

4.6.1 风险因素

随着建筑市场竞争越来越激烈，造成了"狼多肉少"的局面，引发项目产生资金风险的因素也越来越多，主要表现在：

(1) 垫资施工现象严重

现今施工项目的获得一般采取竞标的方式，由于面临激烈的市场竞争，业主的资金紧张也造成了某些项目垫资现象比较严重，而承包方为了提高市场占有率，抢占市场，达到中标的目的，竞相压价，不惜为一些项目垫资，存在较大的资金风险，一旦业主的资金出现问题，项目将面临巨大的资金风险。

(2) 履约保证金返还时间长

由于工程项目的特殊性，在施工前一般需要交付一定数额的履约保证金，保证金数额通常为中标价格的10%，若不缴纳，则视为自动放弃该项施工业务。然而履约保证金的退还期限却非常长，等到施工项目验交合格之后才能返还，而施工项目建造周期一般比较长，有的业主由于自身资金原因故意延迟验收时间，使得项目无法及时结算，工程款和各种保证金的回收便一再被拖延。

(3) 工程账款拖欠现象严重

工程项目一般根据工程的进度支付工程款，而实际过程中，由于各种原因，业主拖欠工程款的现象比较普遍，造成承包方大量的应收账款，施工工程交付

后，承包方没有相应的约束机制和筹码，再加上现在我国信用制度并不十分完善，要账比较困难，形成大量的呆账，因此，工程款的拖欠有时造成施工企业资金捉襟见肘。

(4) 项目资金预算管理体制不健全

建筑施工项目由于工程周期长、消耗资金大等特殊性，对资金的预算要求比较高。而在施工过程中，会计核算也比较困难，会计信息不完整或者不真实现象非常严重，制约了项目资金的内部管理。虽然有些项目在前期施工组织设计的时候进行了资金的预算，但在实际过程中，材料的采购、人工费用的支出等变化比较大，缺少及时的动态调整，造成项目的预算形同虚设，资金管理混乱，计划与实际脱节。

(5) 缺乏有效的财务监督

资金在使用过程中，项目的资金流向和相应的控制制度相脱节，不能及时有效地掌握资金情况及项目工程的实施状况，不能对各个施工项目各个环节的资金进行有效的财务监督，缺乏控制，造成了大量资金的流失。

(6) 通货膨胀的风险

建筑业是比较耗费原材料的行业，原材料在整个施工生产成本的比重达到50%～60%。但一段时期内，原材料的价格时起时伏，特别是钢材、水泥、油料等用于建筑施工的主材价格波动幅度更大，往往施工过程中有些原材料的价格早已不是当初投标时的预算价格，施工企业为了保证正常生产，只能调整预算，但牵一发而动全身，这极易使施工生产陷入混乱。

4.6.2 风险的应对及措施

(1) 加强对投标项目的审查，防止资金紧缺现象

施工方在承揽施工任务时，设专职人员从事调查研究建设单位的资金实力、资信、信誉等方面的工作，充分了解委托方的财务状况和信誉状况，分析招标项目的资金是否到位，施工工程的可执行性，施工合同履约的时间期限及施工工程的结款方式，特别是仔细考虑垫支期限及业主的偿还能力，要有所为有所不为，有的项目风险较大，宁愿放弃，减少损失，以免在施工过程中处于被动的地位。除对项目投资方（业主）的信誉及资质进行调查之外，还要对自身资金进行考核，看内部是否有充足的资金维持该项中标工程的实施。

认真研究招标文件中的施工合同文本，对招标方在招标文件中约定的不利于施工方的条款进行澄清，作出公平的调整后以文字方式明确写在正式签订的合同中，为及时收款及索赔奠定基础，杜绝可能存在的漏洞，同时注意自身履约的合法性，不要授人以柄。

4 项目实施阶段的风险管理

(2) 完善项目资金管理制度及财务制度

要彻底改变项目经理管施工不管要钱的现状，明确项目经理是收款的第一责任人，建立奖惩机制；项目经理要注重对平时资料的搜集积累，做好证据收集，加快竣工结算和清欠速度，必要时运用法律手段解决。

(3) 加强资金的预算与计划管理

施工方要逐步完善预算管理制度，提高预算的准确性、可操作性，逐步提高预算的刚性和权威。项目部在编制预算时，采取责任预算编制方法，各责任中心，即各施工处根据工程实际特点先自行核定工程预算收入，确定合理的利润目标，汇总后由项目部工程预算与财务等预算管理部门核定整个项目部的工程预算收入，结合收入与成本相配比等原则核定整个项目部的利润目标，由此形成自下而上，层层汇总的责、权、利预算体系。

项目部建立预算跟踪系统，记录预算的执行情况，定期把施工收入、成本实际发生数汇总考核，与预算数据进行对比，找出预算数与实际发生数之间的差异，并做好原因分析。树立"钱流到哪里，管理就跟到哪里，监督就进行到哪里"的全程化控制模式，将现金流管理与监督贯穿于管理的各个环节，使预算管理不仅表现在预算标的制定、预算编制和汇总上，更重要的是通过预算的执行和监控、分析与调整、考核与评价，真正发挥预算管理对经营活动的指导作用，及时发现并解决预算执行过程中出现的经营问题或利润预算目标的实现问题。

(4) 制定项目资金预警机制

建立项目工程款预警机制。通过建立预警机制，加强工程款及时收取，控制工程分包款、材料款等的支出，从源头上解决工程款拖欠问题。建立项目工程款预警机制要以工程合同和工程进程为依据，在工程合同签订后，要结合工程施工组织方案制订工程款收取、支付计划，制定相应的工程款登记和统计制度，并坚持以合同约定条款和工程进度作为工程款收取的基准线，低于基准线则需启动预警机制。

(5) 建立严格监督和考核制度

资金管理的实质就是对各个环节现金流的监督与控制，也就是对施工生产、任务承揽、设备购置和基建投资等过程的现金流采用预算管理和定额考核，实行动态监控，量化开支标准。

4.7 项目物资采购的风险管理

物资采购的基本使命就是以尽可能便宜的价格，得到完全符合项目所需的生产物资。项目物资采购中涉及巨大成本，巨额资金本身蕴含着极大的风险，物资采购是项目获取利润的重要来源,也最容易滋生"暗箱操作"、以权谋私、弄虚作假、以次充好、收受回扣等风险;也最容易"跑、冒、滴、漏",积压浪费。物资采购的风险控制将大大提高整个项目的盈利水平。

4.7.1 风险因素

工程项目采购与其他类型的商品采购相比较,最突出的特点就是每个所要购买的"商品"都将是"特制"的,它要在今后一段时间里由项目部一砖一瓦地堆砌起来。一般而言,工程项目物资采购的风险可以从外部和内部两大类来进行分析,外部风险是采购的风险,来源于外部环境,内部风险是采购自身在管理中引起的风险,相比之下,内部风险应更加可控。

(1) 外部风险

采购的外部风险一般包括意外风险、价格风险、采购质量风险、技术进步风险、合同欺诈风险等,如图4-9所示。

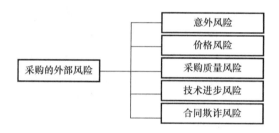

图4-9 采购的外部风险

1) 意外风险。物资采购过程中由于自然、经济政策、价格变动等因素所造成的意外风险。

2) 价格风险。由于供应商操纵投标环境,在投标前相互串通,有意抬高价格,使项目采购蒙受损失的价格风险。对于工程项目的国际采购来讲,国际汇率的变动也会造成采购价格的风险。

3) 采购质量风险。由于供应商提供的物资质量不符合要求,而导致工程项目不能达到质量标准,从而带来严重损失,并且可能使施工方在经济、技术、人身安全、建筑企业声誉等方面造成损害。因采购的原材料存在质量问题,将会直接影响到项目的整体质量和项目经济效益,因采购原材料品质不良,影响产品的生产与交货期,降低产品质量。

4) 技术进步风险。技术进步风险主要是企业采购物资由于技术的更新换代引起贬值,无形损耗甚至被淘汰,原有已采购物资的积压或者因质量"过时"、不符合要求而造成损失。

5）合同欺诈风险。例如，以虚假的合同主体身份与他人订立合同，以伪造、假冒、作废的票据或其他虚假的产权证明作为合同担保；接受对方当事人给付的货款、预付款，担保财产后逃之夭夭；签订空头合同，而供货方本身是"皮包公司"，将骗来的合同转手倒卖，从中谋利，而所需的物资则无法保证；供应商设置的合同陷阱，如供应商无故中止合同，违反合同规定等可能性及造成损失等。

（2）内部风险

采购的内部风险一般包括计划风险、合同风险、验收风险、存量风险、责任风险等，如图4-10所示。

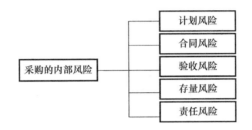

图4-10 采购的内部风险

1）计划风险。采购计划管理人员业务水平不高，导致采购中的计划风险，即采购目标、采购数量、采购时间、运输计划、使用计划、质量计划等与目标发生较大偏离，或者没有预估到市场需求可能发生变动，影响到采购计划的准确性；采购计划管理技术不适当或不科学，与目标发生较大偏离，导致采购中的计划风险。

2）合同风险，包括：

① 合同订立者未严格按法律规定办事，导致工程项目蒙受巨大的损失。如合同条款模糊不清，盲目签约；违约责任约束简化，口头协议，君子协定；签证、公证合同比例过低等。

② 合同行为不正当。卖方为了改变在市场竞争中的不利地位，往往采取一系列不正当手段，如对采购人员行贿，套取采购标底；给予虚假优惠，以某些好处为诱饵公开兜售假冒伪劣产品。而有些采购人员则贪求蝇头小利，牺牲项目利益，不能严格按规定签约。

③ 合同日常管理混乱。采购合同管理混乱，合同内容残缺，以致履行时找不到合同文件，缺少判别对方是否违约的依据，同时自身也常常因为合同管理混乱造成违约而被对方追究。

3）验收风险。

由于人为因素造成采购物资在进入仓库前未按合同及制度要求，对采购物资数量、品种、规格、质量、价格、单据等多方面的审核和验收而引发的风险。如在品种规格上货不对路，不符合合同规定要求；在质量上鱼目混珠，以次充好；在数量上缺斤少两；在价格上发生浮变等。

4）存量风险。

采购量不能及时供应项目施工需要，发生生产中断，造成缺货损失而引发的风险。物资采购时对市场行情估计不准，盲目采购，结果很快价格下跌，引起价格损失。建筑企业"零库存"策略可能因供应商出现干扰因素，使项目因缺少材料发生生产中断而陷入困境或因供应商供应不及时而造成工程暂停的风险。物资采购过多，造成积压，其中多数因技术进步而导致的无形损耗，使项目资金沉淀于库存中，失去了资金的机会利润，形成存储损耗风险。

5）责任风险。

采购经办部门或个人责任心不强或管理水平不高，同时也确有不少风险是由于采购人员利用不正当手段，假公济私、收受回扣、牟取私利而引发的。

项目采购招标投标的每一过程中都会存在风险。如信息不公开，招标方式选择不合理，招标文件中以不合理的条件限制或者排斥潜在投标人，招标文件要求或者标明特定的生产供应者以及含有倾向或者排斥潜在投标人的其他内容，资格预审或资格后审把关不严格致使不合格供应商中标，投标人与招标人串通投标，损害施工方利益或相关方的合法权益，投标人中有利害关系的人进入相关项目的评标委员会没有回避，评标委员会成员的名单在中标结果确定前已透露给供应商，评标委员会成员没有客观、公正地履行职务，遵守职业道德，在评标过程中擅离职守，影响评标程序正常进行，或者在评标过程中不能客观公正地履行职责，评标委员会成员私下接触投标人，收受投标人的财物或者其他好处，评标委员会成员或者参加评标的有关工作人员向他人透露对投标文件的评审和比较、中标候选人的推荐以及与评标有关的其他情况等风险。

4.7.2 风险的应对及措施

科学、合理地规避和降低采购风险，实现采购预期目标，促进工程项目的顺利完成，可以采取以下几种方式：

（1）加强采购队伍建设

① 加强对采购人员的管理和培训工作。随着采购规模、范围和领域的延伸，采购需要大量的既懂招标投标、合同、法律、市场调查，又懂机电、建筑材料设备等行业知识的复合型人才。

② 加强职业道德建设。在采购工作中形成一种诚信、公正、公平的环境，通过道德的力量约束每个人，使每个人具有良好的动机和思想，努力钻研业务知

识，树立采购良好形象。

（2）完善内部控制制度

建立有效的采购内部控制制度和流程，一方面请购计划、采购、验收、付款等环节应有交易授权，有相关主管人员签字；另一方面请购计划与审批、询价与确定供应商、采购与验收、采购付款审批与付款执行应适当分离，以确保不相容岗位相互分离、制约和监督完善采购。

（3）加强采购信息管理

在物资采购管理体系中，加强采购信息管理，可以打破信息的局限性、地域性、不对称性等不公开因素，让更多的对采购感兴趣、满足采购要求的供应商参与到采购工作中来，也给采购人提供更多的选择机会。另外，还应加强采购过程信息收集和整理工作。采购过程信息收集和整理工作主要包括三方面：一是评审专家针对采购文件中的问题，提出的合理化建议和修改意见；二是参加采购的人员根据实际工程需要提出的合理化建议；三是在采购文件中遗漏和忽视的问题。通过细心的收集和整理上述信息，进一步修改和完善采购要求，重新发给各投标人，以实现采购到性价比最优产品的目的。

（4）重视采购方案的制定

由于工程用材料设备的采购时间一般都要求的十分紧张，在制定采购方案上有可能存在提出的技术要求和质量标准有偏差、不够完善等问题。要解决这个问题，一是需要在制定采购方案时与监理公司、设计院、使用方面等有关方面共同商定相关条款；二是由技术主管部门对采购方案认真审核，对于特殊复杂的材料设备，可以组织必要的技术交流会、产品推介会、专家论证会等活动，增加对产品及供应商的了解和认识。

（5）完善供应商评价管理体系

对拟采购材料设备和潜在供应商进行必要的考察、分析，筛选产品和供应商，一方面可以增加对产品的性能、质量、供应商综合实力等方面的了解，便于明确拟采购产品的定位和技术要求，让质量、档次基本处于一个水平线的供应商参加投标；另一方面可以货比三家，在采购工作中占据主动，避免被一时的虚假现象所蒙蔽，掉进远期陷阱，在一定程度上规避了采购风险。

（6）选择科学采购方式

采购方式原则上应该以公开招标采购方式为主。但工程类项目材料设备采购方式的选择更应该遵循实事求是，具体情况具体分析的原则，对于工期比较紧张、价格难以确定、编制的采购文件存在需要进一步明确而又暂时无法明确等情况，比较适合采用竞争性谈判的方式进行采购，这种采购方式比较灵活，在谈判的过程中可以进一步明确并完善具体要求。采用竞争性谈判的采购方式可以弥补招标方式的缺陷和不足，可以解决因材料设备品目的繁杂性、技术的复杂性、设计的不充分性、价格的多样性、时间的不确定性等原因造成的紧急采购需求，满足采购人不同的采购要求，提高采购工作效率，规避采购风险，提高财政资金的使用效益。

(7) 加强采购过程控制与管理

把住三关，即技术方案审核关、履约过程监督关、竣工验收关，是强化采购合同监督管理的关键所在。

① 在采购前，技术主管部门应对采购文件中材料设备的质量标准、技术参数及规格型号等进行量化、细化审核，确保采购工作完成并签订合同后没有或者只有微小的变动因素。

② 加强合同执行中的监督检查和处罚力度。对合同执行中出现的违约、违规等问题，各相关管理部门要认真履行职责，进行严肃处理。涉及违法违纪问题，及时提出移交司法机关依法追究责任。

③ 搞好安装调试完毕验收工作。材料设备采购合同验收是一项综合性的验收工作，必须对照采购合同逐项逐条验收，严格把关。大型特殊的材料或设备需要邀请国家、省（市）质量监督部门的专家帮助把关。凡验收不合格的项目，必须限期整改；凡有违背合同规定的，必须及时查明原因，报有关部门严肃处理。这是强化合同监督的最后一道防线，必须牢牢把握。

(8) 严格控制采购合同变更

材料合同履约中的变更控制是一个复杂的系统工程，其变更控制涉及项目建设管理部门、监理公司、设计部门和供应商各方的利益。工程类项目材料设备采购合同执行中，若遇到必须调整的项目，项目现场管理部门必须及时上报，经技术主管部门、造价控制等有关部门现场核实后重新采购或与原供应商签订合同（补充合同），这是强化采购合同监督管理的重要措施。

(9) 邀请有关单位和部门共同参与和监督采购过程

在整个采购过程中，邀请设计、施工、监理等有关单位和部门共同参与和监督，得到各方面的合理化建议，从而使采购工作符合要求，提高工程项目的总体质量，最大限度地提高各参与单位和部门的满意度。

案例 4-16：广深港项目部特种材料采购案例

广深港客运专线广深段狮子洋隧道 SDⅡ标段工程，是国家"十一五"期间重点建设项目广深港客运专线中的控制性工程，该工程被誉为"中国铁路世纪隧道"，是我国第一条铁路水下隧道，也是我国首次采用大直径泥水平衡盾构机在软硬不均地层和岩层中长距离掘进的水下隧道。

由于该工程对于承担施工的某公司属于"首次涉足",采购所需物资没有任何先例可以借鉴。面对市场材料价格波动较大的特殊情况,项目部确定了对多功能混凝土防护剂、单组分氯丁酚醛胶、海绵橡胶条、PE泡沫棒、双组分聚硫密封胶、自粘性橡胶板、膨润土、减水剂、甲基纤维素(絮凝剂)等大宗特种材料实行了分阶段、分批次进行招标采购的策略。

2007年,我国建材市场风生水起,材料价格迅速上升,致使各施工企业蒙受了巨大的损失,而项目部采用正确的采购策略,缓解了通胀压力。

1. 科学调研,充分论证,确定招标采购实施方案。

自进场以来,项目部领导就意识到各大宗特种防水材料消耗对项目成本控制的重要性,派专人对市场进行调查,对在建项目特种防水材料的使用情况进行分析,对生产厂家进行咨询,获取了大量的特种防水材料使用、采购信息,为下一步的采购招标投标奠定了扎实的基础。

为了保证工程的质量,项目部对特种材料进行了多次的专家论证,由专家对各项大宗特种防水材料进行严格审核,对各项技术指标进行了一一论证,并对其经济效益进行了充分的分析论证,在此基础上项目初步确定了《招标采购实施方案》。

由物资部确定大宗特种防水材料招投标方案,方案中确定项目大宗特种材料的招标投标依工程具体进度分三阶段进行,并成立"招投标采购领导小组",项目经理亲自担任领导小组组长,在前期充分调研的基础上,项目部确定了"三公"(公开、公平、公正)、"三比"(比质量、比价格、比信誉)的招标采购原则和招标采购办法,以及各项大宗特种材料的供应厂家名单(每项特种材料的供应商不少于3家)。

2. 果断决策,及时启动各项招标程序,分三阶段对各项大宗特种材料进行招标,各个击破。

第一阶段,2007年10月5日至22日,首先依工程进度确定了本阶段大宗特种防水材料物资的采购数量。

项目于2007年10月11日至17日,召集"政府采购"领导小组所有成员召开公开投标大会,依《招标采购实施方案》中所定的原则及办法,确定了前三名入围单位。并在公司物资部领导的监督指导下,对供应商作了进一步的调查、了解,在此基础上项目和供应商进行了二次单价谈判,在双方都接受的基础上进行单价和总价的调整,为项目降低生产成本提供前期的可能性。并请实验室对各供应商的产品进行了试验、检验,才最终确定了中标厂家及采购数量、单价。

第二阶段,根据盾构推进速度、施工情况,经过市场调查,结合市场材料价格变动情况及在第一阶段中中标单位履行合同的能力、产品的质量和价格,项目部于 2008 年 4 月份确定了第二阶段中项目大宗特种材料的采购计划及供应商,这充分体现了灵活性的原则。

第三阶段,则依据工程的具体进度及施工情况,再行确定。

总结广深港项目部在特种材料的采购招标,可以发现其达到了以下几点效果:

1. 采购单价及总价都比招标前明显降低(详细数据对比见表 4-15)。在项目进行市场调研时,就已经形成了第一次询价的单价(注:是所有供选择供应商所提供单价的平均价),而在项目对所中标的厂家进行二次谈判后,二次谈判所形成的单价最多的比第一次询价下降了 36.08%,为项目在建筑建材价格疯涨的市场环境中,进行成本控制提供了有力的保障和支持。

特种材料采购招标数据对比　　　　　表 4-15

材料名称	厂商	招标单价(元)	二次谈判单价(元)	单价降低百分比(%)
多功能混凝土防护剂	河北景县桥隧工程橡胶厂	27500	27000	1.82
单组分氯丁酚醛胶	江阴海达橡塑集团有限公司	26000	16500	36.54
氯丁海绵橡胶条	河北华虹工程材料有限公司	4.85	3.1	36.08
PE 泡沫棒	河北景县桥隧工程橡胶厂	2.8	2.6	7.14
双组分聚硫密封胶	河北华虹工程材料有限公司	29500	25800	12.54
甲级纤维素	任丘市北方化工有限公司	16800	16200	3.57

2. 在中标的单位中形成了一种竞争的氛围。由于项目是同时选用多家厂家进行试用,故在所选用的厂家间无意中形成了一种竞争的氛围,努力使各供应商间的信息不对称,从而在各供应商间形成一种"博弈",这样不仅有利于项目部进行最大程度上的符合公司利益的招标活动,而且还可以为公司和中标厂商间进行二次谈判提供一定的活动空间。这样有利于项目部得到质量高价格低的产品,从而寻找到项目部所需特种材料"物美价廉"的最佳结合点。为项目部进行第三阶段招标打下扎实的基础。

4.8　施工设备的风险管理

施工机械设备是建筑工程项目至关重要的施工工具,是工程按进度、质量如期完成的重要保障之一,同时设备在操作过程中也曾经出现各种各样的安全事故,是项目管理中必须重视的重要环节。在项目管理过程中,加强设备管理,控制设备风险有着重要的意义。

4.8.1　风险因素

施工设备管理是生产的重要环节,关系施工的安全、进度与质量,在施工过

4 项目实施阶段的风险管理

程中,设备管理的风险主要来自于下面几个方面:

(1) 施工任务繁重

在工程施工过程中,由于工期短,同时,不少项目为了降低施工成本,虽然面临很大的工作任务量,投入的施工机械数量却不多,完全靠少数机械设备的加班作业来完成施工任务,这在一定程度上造成了机械设备的超负荷运转,有些时候甚至在带病作业,极大地影响了机械设备的技术性能状况与使用寿命,加速了机械设备的老化,使设备产生安全风险。

(2) 作业环境恶劣

由于工程施工大部分是在远离城区的野外、山区。阴雨天气里,到处泥泞,晴朗的天气里,到处充斥灰尘与施工产生的粉尘。作业场地机器布局互相影响操作,机器之间、机器与固定建筑物之间不能保持安全距离。有时作业场地过于狭小,地面不够平整,有坑凹、油垢水污、废屑等;室外作业场地缺少必要的防雨雪遮盖;有障碍物或悬挂凸出物,以及机械可移动的范围内缺少防护醒目标志。夜间作业照度不够,隧道施工过程通风、温度、湿度均超出机械设备本身的工作环境要求等一系列的问题,造成了施工现场机械设备的工作环境恶劣,长时间在恶劣环境中作业,设备产生安全风险。

(3) 设备保养不够

受工程工期进度的影响,在施工现场不少施工人员与指挥人员只一味地追求施工进度,对设备只注重使用,而对其维护保养工作重视不足,造成了操作人员为了完成施工指挥人员指定的工作任务,没有时间对所操作的机械设备进行保养的可能,如此一来,便形成了忽视机械设备的日常保养,经常带着小毛病作业,等到出现问题进行修理的时候,不得不进行大范围修理工作,既浪费大量的时间,无形之中也提高了设备的修理成本。

(4) 设备操作人员技能不达标

施工现场机械设备的操作人员素质参差不齐,很多操作人员本身文化层次较低,又加之没有经过正规的培训就直接上岗,先上岗操作一段时间,再去补办一个操作证的现象时有发生,更有甚者,个别操作人员在有事离开时,随便叫一个对本机械没有操作经验的人来代班。施工现场也是到了非用不可的时候才去寻求相应的操作人员;为了应急,不少施工现场会出现随意叫一个略懂一二但没有接受过专业培训(当然也不具有操作证)的人员来进行机械设备的操作,然后通过某种渠道去搞一本操作证过来应付检查,而对操作人员的实际培训工作却做得很不够。还有一些作业人员没有接受过正规培训就上岗或者培训工作做得不够及时,上岗前的三级安全教育工作过于形式化,没有针对性和真实性,千篇一律的现象比较严重。因操作人员的技能不达标,这些都可能造成机械设备的安全风险和机械事故风险。

案例 4-17：机械设备事故案例

一、事故简介

2006 年 6 月 28 日，河南省郑州市某工程 1 号楼，发生一起施工升降机（人货两用外用电梯）因吊笼冒顶，造成 5 人死亡，1 人受伤。

二、事故发生经过

郑州市某工程，建筑面积 32000m²，高 33 层，建筑高度 109m，框架-剪力墙结构。该工程由某央企总承包，工程监理单位为河南某工程建设监理公司，土建由南通某建筑公司分包，施工机械由南通某建筑公司负责提供，垂直运输采用了人货两用的外用电梯。2006 年 6 月 28 日，工程主体进行到第 24 层，电梯司机上午运送人员至下午上班后，见电梯无人使用便擅自离岗回宿舍睡觉，但电梯没有拉闸上锁。此时几名工人需乘电梯，因找不到司机，其中一名机械工便私自操作，当吊笼运行至第 24 层后发生冒顶，从 66m 高处出轨坠落，造成 5 人死亡，1 人受伤的重大事故。

三、事故原因分析

1. 未能及时接高电梯导轨架。事故发生时建筑物最高层作业面为 72.5m，而施工升降机的导轨架安装高度为 75m，此高度已不能满足吊笼运行安全距离的要求。

2. 未按规定正确安装安全装置。《施工升降机安全规则》规定，升降机"应安装上、下极限开关"，当吊笼向上运行超过越层的安全距离时，极限开关动作切断提升电源，使吊笼停止运作。"吊笼应设置安全钩"，防止在出事故时吊笼脱离导轨架。

3. 施工升降机安装后不进行验收，在安装不合格及安全装置无效的情况下冒险使用。

4. 该公司对电梯司机没有严格的管理制度，导致工作时间司机擅自离岗且不锁好配电箱。

5. 电梯司机是特种作业，需经过培训持证上岗，机械工私自操作，导致事故发生。

6. 市场管理混乱。

4.8.2 风险识别

基于设备管理的风险要素，设备管理的风险主要存在两个方面，即人的风险和设备的风险。

(1) 人的风险

1) 设备管理责任人。

管理责任人,也就是在施工现场由谁来具体负责设备或租赁施工机械的安全管理。建筑施工机械的租赁,出租方可能是建筑公司,也可能是专门的租赁公司或个人。而操作工可能是承租方雇佣的,也可能是出租方雇佣的。在操作工由出租方提供情况下,一般约定由于施工机械使用、保养不当造成的事故由出租方负责,承租方也就不会去主动要求操作工做日常维护保养工作,忽视租赁施工机械的安全管理;而租赁方因施工机械租赁在各个工地,地点分散,很难对操作工进行有效管理;有的私企老板甚至没有安全管理意识,对施工机械的日常维护保养也没有要求。各种现象的存在,使部分施工单位在施工中存在"拼设备"的现象,导致租赁施工机械疲劳运转,存在的问题或隐患得不到及时解决或整改,也会形成部门之间的扯皮,尤其是大型施工机械存在更多的安全隐患。

2) 施工机械安装人员和操作人员:

① 施工机械安装人员和操作人员无安全意识。目前建筑施工机械租赁市场操作人员队伍庞杂,素质高低不一;维修人员技术力量薄弱,维修保养困难。大型建筑机械是特种设备,其操作人员必须经过特种作业培训才能上岗,但现在一些培训点,为了更快让人员投入使用,操作人员的培训时间、强度、实践都不够。对于租赁的施工机械,操作手和维修人员可能属于两个公司,对施工机械管理的态度不一致,使一些安全隐患加重导致机械事故的发生。

② 操作人员缺乏安全基本知识,不能够判断出已经存在的不安全条件。这种情况在建筑行业中最为普遍,我国是一个建筑业大国,从业人数近5000万人,而建筑业员工80%以上由农民工组成,文化程度较低,大多没有受过良好的安全教育和技能的训练,安全知识普遍缺乏。

③ 设备安装人员和机械操作人员明知存在不安全的条件还是继续进行工作。这种情况的具体原因可能有四种:一是有些操作人员由于自身素质等原因冒险蛮干,存在侥幸心理等非理智行为;二是受群体的影响,干事不计后果;三是受社会、管理层的压力不得不在不安全的条件下继续工作;四是由于过分疲劳产生的反应能力降低等。机械操作人员没有经过有效的上岗资格培训的情况非常普遍,但为了来之不易的工作,被迫登高爬低,增加了不安全因素。

(2) 设备的风险

① 由于建筑施工机械市场不够规范,缺乏市场准入制度,部分设备租赁供应商采购质次价低或二手的建筑机械,在建筑机械租赁、安装(拆卸)专业分包市场上采取低价竞争策略,设备租赁时产生风险。

② 部分施工单位片面追求租赁低价格,使超龄、性能差、有安全隐患的建

筑机械有了市场。这些质次的租赁施工机械的大量存在，导致了施工单位设备管理过程中存在风险，主要包括建筑机械状况在进场前不清楚；对租赁、安装（拆卸）单位专业分包建筑机械管理状况不清楚；建筑机械安装后对安装质量不清楚。施工单位对建筑机械仅仅是使用，无日常检查、安全管理措施。

案例 4-18：起重设备安装事故

一、事故简介

2000 年 2 月 22 日，山东济南章丘市某住宅小区工地，在安装塔式起重机时，起重臂滑落，上面的 5 名安装工人同时从 25m 高处坠落，造成 4 人死亡，1 人重伤。

二、事故发生经过

山东济南章丘市某住宅小区工地，明水镇某建筑公司购入 QTG25A 型塔式起重机，由章丘市某起重机厂雇用李某带领 8 人对该厂生产的塔式起重机进行首次安装。

李某受雇用单位委派组织人员进行现场安装。在按顺序安装塔身、塔顶、平衡臂后，着手安装起重臂。起重臂是典型的细长构件，吊装时对吊点位置、吊索的拴系方式、重心所处的位置均有严格的技术要求。按照规定应该设置 3 个吊点，6 根绳索，而李某等人仅设了 2 个吊点，4 根绳索，并且在吊索未拴牢靠的情况下，将起重臂吊起。起重臂根铰点销轴安装完毕后，5 名工人爬上起重臂，安装 2 根连接起重臂与塔顶的拉杆。这时一处吊点的钢丝绳将起重臂 2 根侧向斜复杆拉断，起重臂向塔身方向水平移动约 400mm，起重臂瞬间下沉，起吊钢丝绳断裂，起重臂以臂根铰点为轴心旋转滑落，起重臂上的 5 名工人随之坠地，4 人死亡，1 人重伤。

三、事故原因分析

（1）起重设备安装的施工组织人员和施工指挥人员不熟悉塔机安装程序，作业人员无资质，无证上岗，高处作业无任何安全保护措施，安全素质低，自我保护意识差。

（2）李某非法承揽塔机安装工程，私招乱雇民工。

（3）明水镇某建筑公司对塔机生产单位的资质、产品出厂资料及安装单位资质未进行审查，对施工现场监督不力。

4.8.3 风险的应对及措施

（1）建立健全设备管理机构与制度

要切实加强施工项目设备管理的基础工作，完善行之有效的设备管理规章制度，落实到基层工作岗位。各种机械都要严格实行定人、定机、定岗位职责的"三定"制度，把设备的使用、保养、维护等各个环节落实到责任人，做到台台有人管，人人在专责。这样，才有利于设备操作人员的正确操作和安全使用，加强其责任感，减少设备损坏，延长设备的使用寿命，防止设备事故的发生。

（2）建立设备作业数据库

施工项目应加强对设备的单机、机组核算，对每台设备应建立核算卡，对租金、燃油、电力消耗、维修费用登记造册，逐一核算，对可变成本和不变成本做到心中有数。

施工过程中，有专人负责记录设备使用数据，建立作业数据库，对运转台班、台时、完成产量、油料、配件消耗等，做好基础资料收集，了解设备完成单位的产量、所需的动力、配件的消耗及其运杂费用的开支情况，按月汇总和对使用效果进行评价、分析，依据项目工程的特点，对机械使用的技术经济指标进行比较，以利于随时调整施工机械用量，减少费用开支。对项目租用的施工设备，随时考察其使用效果并作出评判，及时调整使用方案，以求达到项目成本最低化，效益最大化。

（3）加强机械设备维护保养

根据项目情况，设置专、兼职机械设备安全人员，负责机械设备的正确使用和安全监督，并定期对机械设备进行检查，消除事故隐患，确保机械设备和操作者的安全。项目部需要结合项目的施工情况，经常开展有针对性的安全专项检查，对施工现场使用的塔式起重机、施工电梯、物料提升机等施工机械设备做好安全防范工作，保证施工机械设备的安全使用。

案例4-19：升降机设备事故案例

一、事故简介

2012年9月13日13时26分，位于湖北省武汉市东湖风景区附近的一处建筑工地施工现场，一台施工升降机突然失控，从30层坠落，造成19人在该事故中遇难。

二、事故发生经过

事发时正值工人上工时间，该栋建筑正在进行外墙粉刷工程。事故电梯搭载的全部是粉刷工人，在上升过程中，电梯突然失控，直冲到34层顶层（距地面约100m）后，电梯钢绳突然断裂，厢体呈自由落体直接坠到地面，升降机内19名工人全部遇难。

三、事故原因分析

（一）直接原因

1. 人的不安全因素

（1）该升降机登记牌上标注了该升降机的核定人数为12人，而事实却承载

了19人,整整超载了7人之多,升降机司机的安全意识缺乏。

(2)升降机司机的操作可能失误。

2. 机械的不安全因素

(1)该升降机的使用登记牌上注明了使用年限是到今年的6月份截止,然而已超限期3个多月仍在使用。

(2)事故中的升降机在坠落至十几层时先后有6人被甩出升降机,由此可见,该升降机的围栏登机门破损或未设置。

(3)升降机在上升过程中突然失控直冲到最顶层,可以看出该升降机的上限位已损坏或缺失。除此之外,该升降机呈自由落体式坠落,这也说明该升降机的防坠安全器破损或未安装。

(4)齿轮齿条的对接可能脱离或齿轮老化导致咬合力不够,从而造成齿轮齿条断裂。

(二)间接原因

(1)该公司项目部违反国家相关法律法规及规章制度,非法使用已过期的施工升降机。

(2)该公司项目部未按照"大型施工机械设备管理规章制度"进行施工现场大型机械及设备的定期检查与保养检修工作。

(3)该公司项目部对升降机司机的三级安全教育培训未做到位,导致其操作失误,造成重大事故。

(4)该公司项目部对现场一般作业人员的三级安全教育培训也没有做到位,导致作业人员安全意识不够,认识不到危险源的所在。

(5)该公司项目部对现场的安全管理有所欠缺,对现场安全巡查力度不够,因而未能及时发现危险源的所在,从而未能提前采取有效措施避免事故的发生。

(4)加强操作人员培训

对操作使用设备的人员要开展操作技能与操作安全培训,保证操作人员熟悉设备的用途、结构、原理、技术性能、使用要点、维护方法、故障的排除及保养等基本知识,教育设备操作人员正确使用设备、爱护设备。坚持持证上岗的原则,所有设备操作人员应严格按照国家或行业相关要求取得相应的资格证书。

4.9 项目分包的风险管理

工程分包可以弥补企业技术、人力、设备、资金、管理等方面的不足,同时又可通过这种形式扩大经营范围,承接自己不能独立承担的工程,扩大营业收入。但是，分包工程的增多，分包风险也会增大。因此，对工程项目分包风险的规避和采取有效对策，是非常必要的。

4.9.1 风险因素

分包管理的风险主要来自于分包方以及企业自身因素。就分包方来说，分包一般分为专业分包和劳务分包两种，专业分包带来的风险主要有：

（1）来自于分包方的风险因素

1）分包方拖欠工资纠纷风险。

分包方除主要管理人员外，对招用的员工往往不签订用工合同，而采用口头协议。工资发放则采用拖欠、克扣等方法，不按时发放。把资金转移，待施工生产进入高潮或节日、年终等关头，资金十分紧张时，员工因领不到工资而罢工。分包方再把拖欠问题的矛盾转嫁给总包方，施工人员到总包方要钱，产生纠纷。

2）分包责任纠纷风险。

分包方在施工中，其材料来源主要部分由业主或总包方供应外，自己也需采购大量材料，租赁机械设备。它们在外面打着总包方的名义，采取签订合同、打白条等手段骗购，然后拖欠付款，其行为过程总包方一点不知，待到事情发生时，分包方仍将风险转移到总包方，使总包方承担连带责任纠纷风险。

3）分包索赔纠纷风险。

分包索赔在分包方又叫做二次经营或费用补偿。这种纠纷和解和调解的难度很大，往往总承包方吃亏，直到走上仲裁或诉讼。索赔的理由一般是费用索赔和工期索赔。从表面看，与总承包方向业主索赔的理由和方式一样。

劳务分包纠纷风险主要是拖欠劳务费纠纷。

案例 4-20：劳务分包纠纷的法律风险

2004 年，某工程局将一部分土石方运输工程分包给一王姓包工头施工。完工后，进行结算并结清了工程款。时隔几个月，当地村民以欠款为由将工程局告上法庭。经了解，该王姓包工头在施工中，以工程局下属的"土建二队"名义出具欠条，购买了当地村民的建筑材料。而所谓的"土建二队"是工程局为管理上的方便而内部进行的命名。尽管工程局反复阐述施工队与其没有任何隶属关系，但法院根据相关资料认定"土建二队"是客观存在的，故成立"表见代理"，判决工程局承担本案债务。

案例 4-20 的现象很有代表性，一些施工企业在分包管理中，为了内部管理方便，将一些分包队伍纳入下属序列进行命名，临时将一些外协队伍命名为"第

×工程处"、"土建×队"、"第×工区"等,有的还以文件、会议纪要、发放工牌、安放标志牌等形式进行"序号"管理。一些不良分包队伍便堂而皇之以下属的"某某工程处"、"某某土建队"或"某某工区"等名义对外签订合同或购买货物,发生债务后便往发包单位身上推,而发包单位也极有可能因"表见代理"而承担法律风险。

应当禁止施工企业或下属单位对外协分包队伍编排序号或命名进行管理;注意施工企业内部的一些文件材料、会议纪要、结算文书等勿流失到分包队伍手中;由企业的合同管理部门对分包队伍实施统一管理,为每家分包队伍建立档案,对一些诚实守信、工程质量良好、实力突出的分包队伍,登记在优秀分包队伍名册中,与之保持长期合作;反之,对一些欺诈蒙骗、工程质量低劣、甚至恶意诉讼的"劣迹"分包队伍,登记在"黑名册",在分包工程时坚决予以摒弃。

(2) 自身管理方面的不完善也会对分包产生风险影响

1) 准入把关不严。

由于一些建筑企业内部的分包管理体系不健全,缺少一套严格的分包管理制度,造成一些资质不合要求、信誉不好的分包单位,没有经过必要的招标程序就承包到工程,有的甚至先进场,后签合同。一些分包单位为了追求更大的盈利,采用偷工减料的方式,致使工程质量得不到保证,甚至出现豆腐渣工程,引发质量事故和安全事故,引发恶意讨薪等社会事件。

案例 4-21:准入把关不严的法律风险

2004 年 8 月,某集团公司在一项政府办公楼基础工程施工中,将部分工程分包给某施工队施工,该施工队又将这部分工程转包给山西一家建筑公司(简称"山西公司")施工。但签订合同时,该施工队却打着集团公司下属某工程处的名义,借得该工程处的一枚作废公章盖在合同上。时隔四年,山西公司以拖欠其 19 万元工程款为由,将集团公司告上法庭。法院审理后认定欠款属实,合同上所盖公章表明合同主体为集团公司下属某工程处,故判定集团公司承担还款责任。

公章是法人权利的象征。在司法实践中,是否盖有公章往往成为判断民事行为是否成立和生效的重要标准。法律规定,公章在单位被注销或被撤销时,应依法履行相应的公告手续,并及时销毁。本案中公章的变更或作废系企业内部行为,外人不可能及时知道,因此法院从保护善意第三人的角度出发,判决出借或出让公章的工程局承担偿还责任,是有相应法律依据的。

印章要安排专人保管,建立严格的用印审批和备案制度;禁止出借、出让公章,或给他人出具盖有印章的空白合同或介绍信;作废的公章要及时销毁,还应在相关媒体上公告声明；禁止以财务章代替行政章；使用公章时行为要规范，防止出现合同有盖章而没签字、有签字而没盖章或合同所盖印章与合同主体不一致的情况。

2）分包合同订立不规范，条款不严密。

依法成立的合法合同是规范和约束合同当事人权利义务的法律依据。分包合同签订的如何，不仅关系到分包合同的履行和总包合同的履行，还涉及发生纠纷后如何处理法律依据的重大问题。施工企业普遍对总包合同的签订较为重视，而对分包合同的形式、条款及订立审查程序等存有较大的随意性，时常出现分包合同中的工期、质量、安全、验收结算、违约责任等其中一项或几项缺漏或用词模糊不清，造成分包合同难以顺利履行，如遇分包方违约发生纠纷后，总包单位也无合同约定追究其民事违约责任。

3）过程控制不力，试图以包代管。

在分包管理中，一些总包单位管理人员思想认识上有误区，误以为分包合同订立后，分包工程出的任何事均应由分包方自行处理和承担，与总包单位无关，有的派一两个人去现场管理，有的干脆不派人，在发生重大问题后，才匆忙组织力量前往救火，以图尽快摆平，在此情况下，分包工程不发生问题实属侥幸和偶然。

4.9.2 风险的应对及措施

就分包的全过程来看，分包的风险应当按照分包工程发生纠纷的特点，从分包前的分包策划，分包队伍的选择，分包合同的签订，分包队伍施工过程合同管理，合同后评价方面进行风险分析，风险规避和转移，对无法规避和转移的风险，要有相应的对策。

（1）实施分包策划

在工程有可能中标前，总包方要对工程的资源进行预配置，使其对中标后的分包量、队伍有预安排。中标后，对分包工程进行分包策划。它包括拟分包的项目，工程量，选择什么队伍，达到什么分包目标，分包纠纷风险预测等内容。项目部编制工程分包策划书，上报批准。

（2）严格选择分包队伍

选择分包队伍是分包工程的十分重要的任务之一。总包方有必要建立分包方档案库，使资质合格，信誉好，队伍实力强的分包方能作为首选队伍。对那些打招呼队伍，关系户队伍，应慎重选择或拒绝。

（3）结合工程实际，细心签订合同

合同签订必须明确是专业分包合同还是劳务分包合同。虽然许多施工企业都有自己的合同范本或格式合同,很多合同采用范本签订合同后,执行中发现合同漏洞多,可操作性差,又没有及时进行协商补充协议,造成签订时就留下后患。因此,合同签订一定要结合工程具体情况,认真对合同范本内容尽心研读,进行补充完善后再签订。建议推行分包方缴纳履约保证金制度。

(4) 完善项目分包管理规章制度

针对项目的实际情况,项目部需要建立起分包管理的规章制度,包括分包工程策划、资格预审、发布招标文件、分包招标、合同谈判、上级单位评审、授权签约等分包队伍管理规章制度与流程。在分包单位进场后履约的过程中,严格分包工程月工程款结算、合同变更、竣工结算等程序。明确合同签约经办人等相关责任人员的职责,进一步完善包括责任追究、奖惩措施,使风险管理制度化、规范化。

(5) 严格合同的管理

成立以项目经理为首的分包工程管理小组,人员定岗位、职责,尽量专职,制定奖、罚制度;抓安全管理、质量管理、进度管理。分包合同安全管理、进度管理比较直观,也好落实。质量管理抓住隐蔽工程、原材料质量、工程外观质量这三个重点,施工中设专人(素质高、懂技术和质量管理)全过程旁站控制,让分包方无偷工减料的机会,杜绝存在质量举报的可能;抓工程款控制,工程款的控制与工程质量控制同等重要,某种意义上说更重要。工程款控制应抓好以下几点:严格按合同计量条款计量;监督按月支付员工工资,必要时代发其员工工资;掌握其对外采购的资金使用情况,对其采购金额大的合同,代其付款,及时对双方往来的账目清算并完善手续;及时对双方共用项目费用分摊;协调对内对外关系。对内对外的关系,总包方一定要坚持不让分包方独立参与。

(6) 积极应对分包项目纠纷

分包合同通过好的分包队伍选择和严格的合同管理,虽然能将风险降低到最小。但是,仍无法杜绝合同纠纷,无法杜绝官司。对出现合同纠纷或官司一定要正确看待。在分包合同管理过程中,总包方应加强照片、声像资料等原始资料收集、整理和保管。一旦出现合同纠纷,通过这些资料作为证据,就能心里有数,即使打官司,也能掌握主动。

案例 4-22:违法分包的法律风险

2005 年 2 月,某工程局将某工程的部分开挖工程分包给一建筑队施工,黄某被建筑队聘为工地安全员。工作中黄某被下落的石块砸伤,在协商不成的情况下,黄某将建筑队负责人和工程局共同告上法庭。法院经审理,认定建筑队没有施工资质,不具有工程施工的资质和能力,工程局系违法分包,故判决工程局承担事故责任。

案例 4-22 告诉我们,《建筑法》、《合同法》都明确规定工程发包的相关要求,即分包单位必须具备相应的资质。只有具备相应资质,才具有从事建筑施工的资格及承担民事责任的能力。否则,一旦发生纠纷后,不具备相应资质的分包单位不愿承担责任而引发诉讼,作为发包方的施工企业就可能面临分包行为违反法律规定而被法院认定分包行为无效,最终承担相应的法律责任。

施工企业在进行工程分包时,要严格依法进行。依据《建筑法》及《合同法》规定,建筑工程可以分包,但不允许转包。同时,施工企业在发包工程时,要注意工程分包须同时符合五个条件:须经业主单位同意;主体工程不允许分包;不允许肢解分包;分包方须具备承揽工程的相应资质;分包方不能再次分包。

4.10 项目实施阶段的其他风险管理

4.10.1 项目现场后勤的风险管理

(1) 风险识别

1)"兵马未动,粮草先行",说的就是后勤保障工作的重要性。后勤工作既是一项管理工作,又是一项服务工作。后勤工作是各部门做好各项工作的重要保障和基础,是项目管理的一个重要组成部分。

2) 后勤管理队伍人员不足的风险。在项目管理过程中,后勤管理处于服务的角色,因此在人员配备方面缺少足够的重视,造成后勤管理队伍人员不足。

3) 专业性不足的风险。后勤管理队伍素质的高低,在很大程度上决定着后勤工作质量和服务水平的好坏。一般情况下,后勤管理人员由于缺少工作经验,也未进行系统的培训,管理水平有待提高。

4) 场地设施规划设计产生的风险。如某项目部生活区是没有考虑分包队伍入住而设计的。而后来因多种因素,分包和大量劳务协作队伍入住生活区,导致生活区吃饭、入住、用水均出现不同程度的矛盾。其安装的恒热封闭容积式燃气热水器是该项目部率先运用于项目部职工浴室,但因为选择的是家用型,导致人员增加的高峰段供水不足。如果采用商用恒热容积式燃气热水器将可同时供 20 人/台使用,可以更好地实现经济运用,避免高峰段的用水和洗浴矛盾。

5) 后勤设施选材不到位,增加维修和管理成本。在后勤公用设施的采购环节,某项目部当初因过多追求性价比,从节约的角度,致使在浴室、开水房等公用设施的选材耐用性不高。从而增加了维修费,增加了人力、物力和管理成本。

(2) 风险的应对及措施

对于现场后勤管理的风险,需要项目管理加大对后勤的管理力度。从"五个到位"来进行完善项目的后勤管理:

1) 人才到位。项目部对后勤管理人才的教育、培训、需求及引进体系,都需要有计划性,要科学策划,规范管理,创造人才成长的良好环境。

2) 服务到位。搞好服务是工程项目后勤工作的主题,必须围绕为各级对内对外单位、各级领导和广大职工提供优质、高效的服务而展开。通过制定服务标准,创新服务的内容,重视服务的质量,提高服务的品位,做到热情服务、主动服务、积极服务、微笑服务,把做好服务工作视为后勤工作的基本要求。

3) 协调到位。本着团结的精神,一是做好所在工程项目综合部各专业的协调工作。注重配合,培养协作精神,使部门各专业成为一个团结的整体、一个优秀的集体,形成积极的凝聚力和战斗力;二是做好项目各职能部门的协调工作,通过部门间横向的交流来极大地促进工作的开展;三是做好往来单位的协调工作。积极和现场业主、监理、总包等单位联系,加强日常沟通。

4) 管理到位。逐渐建立并完善规章制度,更要落实规章制度,按照"科学、规范、高效"的原则,建立后勤管理的工作机制,实施定岗、定人、定职责的长效机制,不断增强责任意识和前瞻意识。

5) 监督到位。在实施监督的过程中,做到监督公开化,充分发挥生活委员会的监督作用。如对食堂采购进行有效监控。生活管理委员会成员定期和不定期去市场了解市场信息价,并作出书面的市场调查价格目录表,与食堂采购的价格表一同张贴于职工食堂,接受广大职工群众的监督,让采购过程阳光、透明,让监督公开化。

案例 4-23:四川石化项目部后勤管理创新特色

1. 惠民工程——职工浴室安全、经济和环保。职工浴室放弃传统的燃煤锅炉和燃煤灶,采用以经济、环保、节约、实用、舒适为特点的先进恒热封闭容积式燃气热水器,与智能公寓化管理一体机控制系统结合使用,职工只需将卡放在感应区自动扣费出水,拿开自动断水,瞬间停止计费。使用方便,设计经济、人性化。全自动恒热封闭容积式燃气热水器和智能节水控制系统在职工浴室的运用,对提高项目管理效率、节省管理费用、节约企业资源有明显的经济效益。据专业人员数据统计和测算,项目部使用该全自动恒热封闭容积式燃气热水器,比之传统的燃煤锅炉和燃煤灶,每月可节约燃料费和锅炉工费用约 2.5 万元左右。此项惠民工程值得公司其他项目借鉴采用。

2. 后勤管理采用"三化"模式。"夏天送清凉、冬天送温暖、节日送慰问"活动公开化、经常化、制度化；后勤公寓配置温馨化、标准化、原则化；生活区绿化、净化、美化；职工俱乐部民主化、人性化、丰富化；职工食堂卫生化、特色化、多元化；职工澡堂安全化、节约化、环保化。"三化"管理模式可以为其他项目部参考采用。

3. 职工食堂成本管理采用"六控制"模式。一是成本控制机构成立及时化。合理的组织机构是成本管控成功必不可少的条件。对食堂经营管理、成本控制起着至关重要的组织保障作用。项目部在成立职工食堂后，除了及时成立职工生活管理委员会，又及时成立了职工食堂成本控制管理领导小组，由项目部领导、综合部负责人、财务负责人、职工生活管理委员会成员、后勤干事和食堂班长组成。同时设立审核成本费用开支的审核会计（由财务负责人担任），对食堂的成本和运营进行有效管控。二是食堂管理制度完善化。围绕食堂控制涉及的各环节，分别建立和完善其相应的采购管理、验收管理、库存管理、配菜管理、烹调加工管理、刷卡收入管理、酒水饮料管理、水电燃料费用消耗管理、劳动力控制管理制度，做到凡事有章可循，有据可查，违章必究，用制度约束人、规范人的行为。三是采购体制灵活化。改变原来只由后勤干事作食堂采购的传统做法，采取不定期的由食堂班长和后勤干事轮流作食堂采购。此项举措最大好处是让后勤干事和食堂班长互相监督、比较和控制采购质量、价格及成本，同时也因为其个性差异导致的采购偏好不同，达到有效改善菜品的花色品种的目的。四是成本核算和经营分析定期化。为更好地对食堂成本进行管控，项目部对食堂成本进行单独建账进行成本核算。定期核算食堂成本并进行分析，其主要目的是掌握成本消耗，降低成本开支，提高效益。成本核算工作主要由财务负责人（即审核会计）通过对食堂食品类成本、酒水饮料类成本、人工报酬类成本、能源类成本及其他类成本的成本核算，计算出成本率和毛利率。成本控制小组根据核算、分析的数据，对前一月或几月的成本情况进行有效比较和分析，找出成本消耗和成本管理中的问题和具体原因，找出漏洞和差距，及时提出改进措施，引导相关管理人员减低成本开支，对涉及的采购、库房、厨房等各环节进行有效管控。五是监督公开化。这一环节主要是充分发挥职工生活委员会的监督作用，对食堂采购进行有效监控。职工生活管理委员会成员定期和不定期去市场了解市场信息价，并作出书面的市场调查价格目录表，与食堂采购的价格表一同张贴于职工食堂，接受广大职工群众的监督，让采购过程阳光、透明，让监督公开化。六是管理数据信息化。为避免食堂销售收入采用现金，杜绝过程中的管理漏洞，通过先进的计算机管理手段，销售采取刷卡方式，实现了食堂管理数据的及时性、准确性、有效性、完整性，食堂管理数据做到了信息化处理，对有效管控和积累资料打好了基础。

4. 推行"菜单工程"。在职工食堂的管理上,项目部还在"六控制"的基础上,积极推行"菜单工程",进行标准成本核算单、双轨采供制等,以期更好地为职工服好务,保障职工福利,做好项目成本控制和经营管理,为顺利推进现场各项工作提供保障。

5. 推行物业管理试点工作。因工程合同规定和项目部实际,分包队伍和劳务协作队伍入住生活区,项目部对他们推行物业管理,实行"有偿服务",全部收取房屋租赁、水电、后勤管理、垃圾清运等物业管理费。从工程开工至今,共收取该类物业管理费 120 余万元,有效地实现了管理出效益的目标。

4.10.2 项目人力资源的风险管理

(1) 风险识别

在工程项目中,人力资源是关键因素。因为项目中的所有活动均是由人来完成的。如何充分发挥"人"的作用,对于项目的成败起着至关重要的作用。项目的人力资源管理主要风险存在于:

1) 人力资源结构不合理。

人员知识技能结构上存在着比例失调,普通型、技能单一型的人员富余,而从事经营管理、技能操作的拔尖人才和一专多能人才不足;一般管理岗位和辅助管理岗位的人员过多,项目管理人员和一线技术人员不足。在人员配置方式上,人力资源组合排列不够科学、恰当,导致资源适用性差,个人技能和组织整体功效得不到充分发挥。实践证明,单个人力资源和工程项目整体是相互联系相互统一的,无论是脱离了人才的项目还是脱离了项目的人才都不能最大限度地发挥自我的优势和潜能,要想让人才发挥最大的作用就要将人力资源合理地排列与组合。

2) 人力资源制度不完善的风险。

人力资源管理的制度建设滞后,导致项目人力资源内耗严重。如,项目部内部互相排斥,工作相互脱节,造成项目部内部凝聚力差。由于缺乏沟通和必要的宣传,项目部内部士气不够,面对项目实施过程中遇到的一些挫折和危机,感到失去斗志。由于信息不畅,指挥不灵,项目实施过程中出现各种混乱现象,人们对合同、各种指令和责任书理解不一或不能理解,因而在实施过程中各自为政,使项目失控。项目部内部和谐的工作氛围不够浓,对工作没有应有的争执和讨论,人们不敢和不习惯将问题提出来讨论和研究,从而影响了工作的进展和质量。

3) 管理人员的选拔和培养机制的风险。

虽然现在项目人力资源管理已经引入市场机制,从报酬、培训等方面体现出

4 项目实施阶段的风险管理

了不同人力资源待遇不同的原则,但也一定程度上存在着对人力资源选择的标准仅以"经验"为主,不仅不能对人才的能力、个性、知识及技能等进行综合测评,而且还将人才置于不合适的岗位上,使人才"学非所用、用非所长",甚至造成人才闲置的问题。这样选取的人力资源没有应变、创新能力,致使劳动力市场竞争意识、风险意识淡薄。

4)管理人员整体素质不高的风险。

多数项目管理人员不能达到要求,要么是从工人岗位上聘来的经验者,要么是近两年大中专毕业的理论者,尤其是项目管理的一些专业性岗位,如预算员、技术员、施工员、材料员等都达不到素质要求,造成项目管理各环节多多少少存在一些漏洞和问题,成为制约建筑工程项目管理水平提高的瓶颈。

5)激励机制不健全的风险。

缺乏有效的激励机制将大大影响项目人员的工作积极性。激励机制的不健全主要表现在:

① 缺乏完全市场化的经济报酬激励制度,经济报酬与劳动付出量上的不匹配使员工有意识地减少劳动投入,存在干多干少一个样的现象。

② 缺乏与工作本身相关的精神激励,缺乏主人翁的参与激励和以能力为核心的职业生涯开发激励。

③ 绩效考核和绩效管理的科学性有待提升。缺乏科学、系统的绩效管理体系,绩效考核与管理的内容、方法与结果的应用脱节于工程项目目标的实现;使绩效考核失去了改善员工工作绩效这个最直接也是最重要的作用。

(2)风险的应对及措施

对于项目人力资源的风险,需要全面的进行改进:

1)做好人力资源配置计划。

人力资源配置计划是人力资源管理的基本前提。人力资源计划制订的好与坏,直接影响建筑项目的实施进程。制订人力资源计划主要完成以下几方面任务:一是角色和职责分配;二是人员配备管理计划;三是搞好人才预测;四是按照项目管理手册的要求,对整个项目的各类专业人员进行配置。一个工程项目的建立必须确定项目管理组织机构及其职责,明确各级人员职责和权力,配备有一定专业技能和管理水平且具有资格的项目经理和专业管理人员。同时,还应结合工程项目的具体特点,制定奖罚措施,引进激励竞争机制,实现以人为本的工程项目过程动态管理,发挥人力资源的最大潜能,进而提高项目管理和控制水平。

2)多渠道招聘人员。

在确定了工程项目组需要的人员数量和标准后,就需要通过各种渠道和手段获得这些人员。招募人员需要根据人员配备管理计划以及企业当前的人员情况和招聘的惯例来进行。项目部中有些人员是在项目计划前就明确下来的，但有些人员需要和企业进行谈判才能够获得，特别是对于一些短缺或特殊的资源，可能每个工程项目组中都希望得到，如何使项目组能够顺利得到，就需要通过谈判来实现。谈判的对象可能包括职能经理和其他项目组的成员。另外有些人员可能企业中没有或无法提供，这种情况下就需要通过招聘来获得。

3）依据岗位对人力资源进行配置和调整。

通过招聘、考试、选拔或委派等手段获得人员后，要使他们很快就能进入角色，充分发挥出各自的潜力和积极性，关键是根据各自的特长和特点以及项目工作的需要使得人尽其才，物尽其用。同时要经过一段时间的磨合考察后，及时做一些调整，把与工作岗位要求不够符合的员工及时调整下来，换到适合的岗位上去，从而在动态管理中实现优化配置。同时要严格管理项目管理班子的成员，以提高工作效率。明确每个项目管理班子的成员的职责、权限和个人业绩测量标准，以确保项目管理班子成员对工作的正确理解，并作为进行评估的基础。按照规定的标准测量个人业绩，提倡员工采取主动行动弥补业绩中的不足，鼓励员工在事业上取得更大成绩。

4）强化团队建设。

工程项目人力资源优化配置的过程就是形成工程项目团队的过程。人力资源配置达到一定水平时，就需要在建筑工程项目实施动态管理过程中精心建设团队，以切实提高工程项目组织的整体效率和充分发挥员工个体的潜力。

5）建立完善的人力资源管理制度：

① 建立健全工程项目人力资源的培训机制。必须改变过去工程项目管理中存在的员工培训的阶段性、被动性、单一性的问题，要向培训的长期性、主动性、综合性方面转变。要突出技术业务培训在全员培训考核中的主体地位。

② 建立健全工程项目人力资源的激励机制。必须按照公开、公平、公正、有效的原则设计一套以责任、能力和业绩为导向的激励方案，建立多维的动态的用人、留人激励机制，促使全体员工能够全心全意地为企业工作。

③ 建立健全工程项目人力资源的竞争机制。工程项目大部分都应该是竞争性岗位，只有切实把竞争机制引入人力资源管理中，才能将广大员工的惰性抑制到最低限度，才能将员工的才气和潜能发挥到最佳状态。

案例 4-24：小浪底工程不拘一格使用人才

早在工程建设前期，小浪底水利枢纽建设管理局（以下简称"建管局"）就提出"精干、高效"的人员组成模式，引进人员除了从水电系统其他单位调入少量管理人员、技术骨干外，主要以接收大中专毕业生为主，长期合同人员队伍从总量上控制了规模，人员总数始终没有突破600人，即使在工程建设高峰时也仅有594人，2003年年底下降到514人，为企业的正常管理和后续发展创造了良好的开端。

打破单一的长期合同人员引入体制，在不同的岗位上实行不同的用工形式，主要包括：以劳务合同的形式引入部分技术人员和工程师，以短期合同形式引入临时工作岗位和季节性工作岗位用工，以军民共建形式引进当地驻军完成后勤服务工作，以委托管理方式从省公安厅引入公安队伍。通过以上用工形式的探索，既解决了工程建设中人员短缺问题，又减少了长期合同人员用工体制存在的弊端。

4.10.3 项目文档资料的风险管理

（1）风险识别

资料管理的风险点最主要体现在资料的管理上，主要风险在于：

1）资料管理意识薄弱，对资料管理未予以重视，一些重要资料管理混乱。

2）资料管理相关制度或流程缺乏明确规定，使得资料管理工作随意性较大。

3）资料归档内容不全，归档媒介选择不恰当，如通过光盘保存等，可能导致部分重要信息没有及时归档。

4）资料管理制度未对电子资料如何保管予以明确，可能导致电子资料归档缺少有效分类和管理，查阅困难。

5）电子资料的存放不符合要求，可能使得电子资料因受潮等客观因素而导致后期无法读取电子资料。

6）部分归档的资料因原件遗失而归档复印件，可能影响资料的后期使用。

7）未对资料进行分类管理，可能导致重要资料受损或信息泄露。

8）资料管理制度未对不同密级等级的资料的借阅权限予以明确，可能导致密级等级较高的资料能够被无关人员接触，造成重要信息泄露或丢失等。

9）没有对电子资料的安全性进行规定，可能导致电子资料损坏或被无关人员盗用，给企业造成损失。

10）资料借出未经授权审批，或借阅资料很长时间未归还，未见跟踪信息或原因说明信息等，可能导致借出的资料遗失而未能进行及时处理。

（2）风险的应对及措施

为了防范资料管理中的风险，可从以下方面加强资料管理的内部控制：

1）制定规范的资料管理制度，明确资料相关事项流程及规定，规范资料管理工作。

2）拟制归档立卷科目，并将工作中的相关资料及时归入立卷科目内，及时将资料归入资料室。

3）对接收的资料按既定的类别分类，赋予名称、编号，进行整理。

4）资料室统一购买存放电子资料的装备完善制度规定，并严格按照制度规定执行。

5）提供归档资料，须符合资料管理制度中归档要求后，与资料管理员清点核对一致，剔除无保留价值的资料后，方可归档。

6）加强培训，提高资料原件的重视程度，尽量取得资料的原件；如果是传真件，需复印一份附后。

7）保持资料室内既定的温度、湿度、洁净度等物理条件，防火、防尘、防虫、防盗、防水、防潮，禁止无关人员出入。

8）资料借阅须填写《借阅登记表》，室内阅览，完毕后资料管理员清点、确认。外单位借阅需出具身份证明或介绍信。

9）对于资料的保密级别需在制度中明确，并且在资料室统一对资料盒进行规范填写。

10）资料复印需经资料员同意，并按照权限经相关领导同意，资料员登记复印份数及拷贝情况。

案例 4-25：厦门××工程建筑企业工程电子档案的"前端控制"工作

工程档案的作用显得尤为重要，而且利用率也较高，因此对档案的信息化、电子化要求也相对较高。对此，××工程建设公司对工程电子档案进行的"前端控制"：

1. 坚持业务部门实体立卷归档制度，将实体组卷参照表和档案案卷目录、卷内目录发给业务部门进行实体组卷，档案室对实体组卷质量进行检查，在电子档案形成前期就能基本保证其最终形成的完整性、准确性。

2. 推行项目责任人负责工程文件的收集归档，工程档案部门组卷的方式，以更好地解决档案管理中的一些难题和扯皮问题，确保电子工程档案的最终完整性和准确性。

3. 档案分管领导应协调让科技档案员从项目的前期工作开始介入工程，了解工程情况，参加一些与档案相关的工程会议。

4. 机械设备到货，设备部门应通知部门兼职档案人员参加设备的开箱工作，保证开箱资料的及时、完整归档。

5. 工程项目经理或质检部门应及时通知档案部门，使档案人员能对竣工验收的工程项目资料做好指导与收集工作，保证档案管理与工程同步，防止事后控制,造成被动和损失。保证工程档案的完整、准确、安全和有效利用。

6. 科技小组应通知档案部门派员工参加本单位科研成果鉴定,以保证科研项目档案立案完整。

实践证明,在形成电子工程档案之前,只要做好以上前期的工作,就能更好地保证电子工程档案的及时性、真实性和完整性。

4.10.4 项目变更签证的风险管理

(1) 风险识别

项目变更签证的风险一般包括施工单位变更签证的风险和计价人员的风险。

1) 施工单位变更签证的风险。包括:巧立名目,有意扭曲建筑经济政策规定的界限含义,钻建设单位代表不熟悉规定的"空子",争得签证;或随意增加构造层次,属于管理不善的也办理签证;以少报多,无中生有,高估冒算,甚至个别人员以行贿手段,骗取签证;在施工中对己有力的办理签证,对己不力的不及时办理签证,结算时,互相扯皮;有些施工单位不清楚哪些费用需要签证,缺少签证的意识;有些承包商故意把完成工作量的时间往后推,在签证日期上做文章,以获得不合理的利润。这些行为一旦被发觉,承包商将承担诚信缺失的风险,为以后的正常签证带来障碍。

案例 4-26:"偷鸡不成蚀把米"的签证

浙江某特级企业承建某住宅工程,发包方要求将楼梯扶手由圆形弯头修改成矩形弯头,让承包方先做一个样品,觉得合适了再全部修改设计。承包方实际只做了一个样品,几个月之后承包方提交的签证为"按甲方通知,全部弯头(360个)由圆形修改成矩形,拆改工作量请予签认"。刚好甲方的老板听说此事,而且对事情的来龙去脉也比较有数,对承包方如此高冒签证比较敏感,立即严令项目部、监理对承包方的所有签证从严核实。承包方浑水摸鱼的意图不仅没能得逞,后续的签证还屡屡受阻。

2) 计价人员的风险。包括:现场工程量计价签证人员,对造价管理控制意识淡薄。现场业主代表不重视现场签证,缺乏造价控制管理意识,往往因签证内容与实际不符而造成不必要的经济损失。例如,某工程现场查看屋面卷材防水材料时,设计图纸要求厚度为2mm,而实际厚度小于1mm;现场计价签证人员对定额、费用组成缺乏了解,概念混淆不清,有些签证把材料按市场价签证并列入措施费,这是不允许的;同一工程内容签证重复,此类签证,尤其在修改或挖运土方的工程中较为多见。

(2) 风险的应对及措施

签证变更涉及多方的利益，需要明确对签证变更的全面管理，规避各方在签证变更中的风险：

1) 加强施工阶段的现场签证，明确签证范围。

现场签证是施工生产活动中用以证实在施工中遇到的某些特殊情况的一种书面资料。因此，除设计变更通知书、工程更改证书或纪要、材料代用证书、施工组织设计的技术措施方案、定额中明确规定的有关问题外，以及凡应具有的技术文件、通知单证明书，甲乙双方协调的会议纪要等项目不应签证以外，现场签证的范围应严格控制。

2) 加强现场人员的管理，落实现场签证责任制。

建立甲方驻工地代表与乙方代表对等的签证负责制。必须明确有关人员的责任、权利和义务，只有"责、权、利"明确了，才能规范各级工程管理人员在建筑工程现场签证和设计变更的管理行为，提高其履行职责的积极性。甲乙双方代表应认真对待现场签证工作，提高责任感，遇到问题双方协商，及时签证，及时处理。

3) 确定有力的措施，加强现场签证管理。

在施工阶段对现场签证应采取一些必要的控制措施，包括组织措施、技术措施、经济措施、合同措施。

4) 增强法律意识，防范签证审计风险。

现场签证作为施工现场由业主、监理单位、施工单位共同签署的，用以记录施工活动中某些施工情况的一种书面手续，既是工程结算审计资料的重要组成部分，也是审计人员审定工程计价的重要依据。对现场签证，要注意签证的时效性、合法性，保证其规范性，与施工合同保持一致，切实反映项目现场的实际情况。

5) 强化技术培训，提高造价人员整体素质。

为了提高工程签证的质量，不论是发包人还是承包人，承担工程签证管理职能的机构人员，都应当不断学习，加强工程签证管理人员在施工技术、合同管理、工程造价知识、商务管理、法律知识和司法经验等方面的培训，完善其知识结构，不断提高整体素质。在工作中，充分调动签证管理机构的积极性，提高管理人员的责任心，坚持"守法、诚信、公正、科学"的准则，认真做好每一份签证，在实践中不断积累经验、积累资料、收集信息，不断地提高专业技能，来适应工程签证管理工作的需要。

案例 4-27：天津市引滦入津水源保护工程 FIDIC 合同的索赔

一、项目背景

天津市引滦入津水源保护工程是一项综合性、全方位立体交叉的防污治污、提高人民生活水平、确保可持续发展的系统工程,包括3个项目:①于桥水库水源保护工程;②新建州河暗渠工程;③引滦现有专用明渠治理工程。工程总投资23.99亿元。其中,利用亚洲开发银行贷款8.59亿元、国家开发银行贷款7.28亿元、项目资本金8.12亿元。本工程合同条款采用FIDIC合同条款简要格式,根据我国国情需要作了部分调整。在实际工作中,为了不使监理工程师与承包商产生"敌对"感,我们通常使用"补偿"代替"索赔"这一词语。

二、施工索赔成因

在施工过程中,由于受到水文气象、地质条件的变化影响以及规划设计变更和人为干扰,工程项目的工期、造价等方面都存在着变化。因此,超出合同条件规定的事项可能层出不穷,这就为施工索赔提供了众多的机会。引滦入津水源保护工程北起蓟县于桥水库,南至宜兴埠泵站,纵贯天津市4个区县,全长124km。由于本工程线路长、涉及的外部环境众多,这就给施工带来了一定的困难。承包商必须善于通过不断发生的工程状态变化,识别索赔的机会,获得应有的经济补偿和工期补偿。

施工索赔的起因是多种多样的,以下列举两种。

1. 工程变更

在新建州河暗渠工程某标段的施工过程中,考虑到汛期临时围堰的防洪需求,工程师特将合同中规定的石块砂袋围堰变更为干砌石护砌围堰。由于此变更改变了合同中规定的工作量,而且导致承包商根据新建州河暗渠合同34.4款将此变更事件作为补偿事件处理。为此,天津市水利工程有限公司向监理工程师发送补偿意向书,监理工程师以书面形式同意给承包商费用补偿。此项工程不在整个项目的关键路线上,所以本补偿不涉及工期补偿。

2. 业主违约

在暗渠工程某标段人员、机械进场之后,业主未能及时将施工所需的电路接至施工场地内,导致钢木加工场、施工降水及生活区只能采用临时租赁的3台200kW发电机供电,工程进度受到严重影响。因此,天津市水利工程有限公司向监理工程师发送索赔意向书。此补偿意向书发出3周后,某标段用电问题得到解决,监理工程师原则同意费用补偿要求。

5 项目竣工阶段的风险管理

项目竣工验收阶段是指施工单位按施工合同完成了项目全部任务，经检验合格，由建设单位组织验收的过程。竣工验收阶段风险管理主要包括竣工验收风险管理和竣工结算风险管理。对建设项目来说，竣工验收阶段管理是最后阶段的管理，但在此竣工阶段的风险管理更为重要，直接影响了资金项目的回笼，此阶段风险控制的好坏决定了工程项目最终的经济效益。

5.1 竣工验收的风险管理

5.1.1 风险的识别

竣工验收风险主要包括：验收人员失责风险、工程整改风险、技术资料不全风险、资料内容不实的风险和资料手续不完善风险。

（1）验收人员失责风险

工程达到竣工条件后，施工单位应组织人员进行预验收，发现问题及时整改。有的施工单位，验收人员不负责任或急于进行工程交付，未将问题反映出来，等到建设单位等相关单位进行工程正式验收，才发现大量工程质量问题，结果推迟了工程的移交时间，给工程竣工验收造成了风险。

（2）工程整改风险

工程验收过程中经常会出现部分工程未按照国家、地方的有关规定进行建设，出现质量问题。如，平面布局不符合要求，防火分隔措施不符合要求，内部装修工程不符合要求等。有的工程整改问题不仅拖延了工程移交的时间，而且还要投入大量的人力和费用，降低了工程的收益。

（3）技术资料不全风险

在施工过程中不重视资料的存放和保管，工程即将竣工需收集资料时发现资料丢失、漏项的现象，严重影响工程的正常移交。经常出现资料员不按《施工规范》要求做试块或取样，人为地造成试验报告数量少。资料的建立不及时、不认真，造成遗忘或资料签字不全，资料缺项。

（4）资料内容不实的风险

在工程技术资料检查中，经常会发现资料内容不真实或疑似伪造。如用涂改了购货单位名称、日期和数量的其他工程上的材料合格证或其复印件，冒充顶替所用材料的合格证。制取试件不是按《施工规范》的要求随机取样制作，而是挑选试样或做假试块以次充好，骗取合格的试验报告，变相伪造资料。另外，施工单位在施工过程中不及时办理相关的隐蔽验收手续，而在事后统一办理，造成竣工图中相当一部分内容只能靠回忆，造成竣工资料与实际不相符的现象。

(5) 资料手续不完善

任何一种技术资料都应有各岗位负责人员的签字，资料表单所有需签字人员都签字确认后资料才算是完整，否则就算是残缺的资料，不符合规范化要求。如：技术交底、工序质量评定表等，签字不全的现象时有发生或有明显代签现象。在竣工资料检查时，这些现象如果被监管单位检查发现，会严重影响工程的竣工移交。

5.1.2 风险的应对及措施

(1) 编制竣工验收风险管理实施细则

在实施竣工验收之前，项目部应首先编制项目竣工验收风险管理实施细则，将竣工验收准备、竣工验收、交接与收尾三段的工作进行详细编录和分析。依据勘察、设计、施工各阶段的风险管理报告及其他工程质量风险管理记录，梳理在竣工验收中应注意的、容易造成工程使用隐患的风险点，作为工程质量的检查要点。

(2) 竣工验收技术资料准备

1) 竣工图

竣工图真实地记录各种地下、地上建筑物、构筑物的实际情况，是国家主要技术档案的一部分，是交工验收和将来维修、改建、扩建的依据。对于施工单位编制完成的竣工图，项目部应认真仔细地进行审核校对。凡发现失真不准、遗漏缺项和不符合有关规定要求的，都要予以修改补正。

2) 工程施工技术资料

工程施工技术资料是工程项目施工全过程的真实记录，是施工各阶段产生的工程施工技术文件。工程施工技术资料的主要内容包括：施工技术准备文件、施工现场准备文件、地基处理记录、工程施工图变更记录、施工记录、设备产品检查安装记录、预检记录、工程质量事故处理记录、室外工程施工技术资料、工程竣工文件。

3) 工程质量保证资料

工程质量保证资料是施工过程中全面反映工程质量控制和保证的证明资料，诸如原材料、构配件、器具及设备等质量证明、出厂合格证明、进场材料复试试验报告、隐蔽工程检查记录、施工试验报告等。

4）工程检验评定资料

工程检验评定资料是施工过程中按照国家现行工程质量检验标准，对分项工程、分部工程、单位工程逐级质量作出综合评定的资料。主要包括单位工程质量竣工验收记录、分部工程质量验收记录、分项工程质量验收记录、检验批质量验收记录。

5）规定的其他应交资料

包括：建设工程施工合同、施工图预算竣工结算、工程施工项目经理部及负责人名单，凡有引进技术或引进设备的项目，要做好引进技术和引进设备的图样、文件的收集和整理、地方行政法规、技术标准已有规定和施工合同约定的其他应交资料，均应作为竣工资料汇总移交。

（3）工程收尾和交接

1）工程移交。

工程移交涉及的物件、用具、钥匙等方面的东西都要分栋分层一一点数移交。工程移交结束后，双方代表进行交接，由项目经理认可并签发工程交接书，一式三份，业主、施工单位各持一份。

2）技术资料移交。

施工单位汇总各方的工程技术资料进行统一归整，确认无误后，再由施工单位负责按当地档案主管部门的要求装订成册，共同送当地城建档案馆验收入库。

3）其他移交工作。

为确保工程投入运营后的正常使用和操作，风险管理方应督促施工单位做好以下几项移交工作：编制工程使用保养提示书；收集列表汇编各类使用说明书及有关装配图纸；汇编出厂商及总、分包商明细表；交接附属工具零配件及备用材料；做好水表、电表、煤气表及机电设备内存油料等的数据交接等。

5.2 工程结算的风险管理

5.2.1 风险的识别

（1）竣工结算文件提交时间有误

一般工程合同结算条款会对结算编制和提交业主审核的时间作出明确要求，如果施工方没有按时提交，就有可能影响正常的权利，对结算的主动权造成不利，甚至一些合同中未明确约定结算期限，从签约项目开始便存在延期结算的风险。

(2) 结算文件资料不全

在工程竣工结算审核过程中，承、发包双方会依据施工方提交的结算资料进行审核，所以这些资料的完整性和真实合理性将会对结算的进程和结果有着直接的影响。如果施工项目部在施工过程中忽视了对结算依据和文件资料的收集整理和保管，到真正结算需要时就难以追溯，这样必然会给施工方在竣工结算中带来损失，减少经济效益。

(3) 竣工结算谈判工作组织不到位

在工程项目的竣工结算中，谈判是一个必不可少的重要环节，谈判效果直接影响结算结果，而谈判前的一系列组织和策划工作也是谈判效果好坏的重要决定因素，包括对谈判事项的熟悉程度，谈判时机的选择，谈判人员的选派，对谈判采取的策略等，有准备才能掌握主动。

(4) 竣工结算周期漫长

由于施工方结算资料积累不充分，或发包方有意拖着不办，再加上留待最终结算审核敲定的事项太多，都可能导致结算拖期，增加了工程尾款回收的风险，还有可能工程后期业主相关管理人员的人事变动增加了结算风险。

(5) 结算错误，造成经济损失

因在结算资料的收集过程中出现遗漏，某些项目的单价取值错误，导致计算错误，这些都会直接影响竣工结算的总额，可能给施工企业带来经济损失。

5.2.2 风险的应对及措施

(1) 提高结算人员的业务水平

一份好的竣工结算，编制者应具有较高的业务水平。具体表现为：能正确理解定额内容，准确套用定额子目，能对定额单价进行必要换算；能准确理解和运用合同条款对结算费用进行调整；及时掌握调价文件、补充定额、造价信息，并能合理运用；对新材料、新工艺，能熟练进行定额增补。此外，还应深入工地，熟悉工程现场情况，掌握各分部工程的构造做法及施工工艺，进行必要的签证和费用计算；能主动把握索赔起因，根据规定程序，利用索赔技巧，合理地进行索赔，同时应懂得应用必要的法律知识为其服务等。

(2) 全面搜集资料

在项目实施过程中，应对与结算工作相关的资料进行广泛收集，既要保证结算编制内容的完备性，也可保证结算审核工作的顺利进行，避免审核时产生过多矛盾和纠纷。为此，施工企业应注意以下几方面资料的收集：

1) 招标文件、投标答疑、投标文件、有关计价文件规定。

2) 工程施工合同、有关协议（如优良奖、提前工期奖、管理配合服务费）

及相关证明。

3) 批准的竣工图、图纸会审记录及设计变更。

4) 必要的会议记录、监理技术交底、特殊施工工艺详图。

5) 甲方批准的施工组织设计（含土方开挖方案，机械进出场次数，基础、主体脚手架搭设方案，安全防护措施，塔吊台数、现场围护、现场道路等），若实际发生变化还应做好签证。

6) 隐蔽工程验收记录、形象进度及现场照片。

7) 材料价格认价单、甲供材明细、零工及现场变更等经济签证。

8) 甲方外包及分包项目的合同、协议、单价、配合管理费等。

(3) 仔细分析，全面计算

结算编制中容易出现的失误之一就是漏项，漏项就意味着该应得收益的损失。施工企业应根据工程的具体实施情况，重点考虑以下内容：

1) 由于政策性变化而引起的费用调整。如规费、措施费、管理费等费率的变化，材料价格、人工工资标准、机械台班单价的变化等。

2) 投标时按常规计算，结算时需如实调整的费用。如大型机械进退场费、分包项目管理费、甲供材料费等。

3) 设计变更、签证、监理指令等导致增加的费用。这部分费用包括自身工程量增加的费用，及造成对其他工作的影响而增加的费用。如楼层的增高，会导致脚手架、支撑、模板、垂直运输费用的增加，甚至是超高费的增加。

4) 施工索赔费用。因业主原因导致的施工方损失。如业主未履行合同义务造成工期的延误，与勘探报告不符的地质情况，发生了不可抗力，业主推迟支付工程款，第三方的原因导致的施工方的损失（如监理、指定分包），甲供材的缺陷，设计错误导致的施工损失等。

5) 合同规定的有关奖励费用：如提前竣工奖、赶工措施费、质量奖等。优秀的预算人员，不仅具备很强的专业知识，还对施工工序有全面的了解，能考虑到细部小节，尽量做到不漏项，这样才能保证结算的准确率，较好的维护施工企业的利益。

(4) 加强施工合同管理

施工合同是进行工程预结算的主要依据，它明确了甲乙双方的权利和义务，确定工程款支付方式、索赔要求、结算方式等。在签订施工合同时，应合理确定报送竣工结算文件的时间及审核结算的期限。施工单位在签订合同后，应组织项目班子成员进行合同交底，尤其是合同的签证方式、变更签证如何办理等涉及相关经济内容的条款，应进行仔细研究。

案例 5-1：某工程合同结算案例

福建省某高等级混凝土道路和配套库房工程，其招标文件要求投标时执行当地招标期间的建设工程材料信息价格及相应工程取费标准。某公司以中标价让利 1‰后与发包方签订施工承包合同。由于发包方未对中标价款进行审查，在竣工结算时，承包方以中标价中的钢筋、水泥均为当地前 3 年的《建筑工程综合单价表》的基价中的单价为由，钢筋价差调增 1407 元/t，水泥价差调增 53.32 元/t，共调增 72.99 万元。发包方认为，应以招标文件要求编制投标报价；承包方则认为应低于标底价款进行投标。双方为此争执了较长时间。如果发包方在双方签订施工合同前组织中标价款审查后再确定合同价款，则可消除这类争议。

(5) 做好施工阶段价款结算的管理

在施工阶段，施工方应注意及时、准确、全面地收集相关的结算文件和资料，应及时按照规定程序编制和送交监理和建设单位审批，并要求发包方依法签收。工程价款结算方式有按工程分段完成工作量结算、按月完成工作量结算、按累计完成工程量结算等，不管是哪种结算方式，在向建设单位进行申请结算时，施工企业内部的财务部门和工程管理部门都应做好内部审查，避免结算资料错误导致少结算，或给结算的手续带来麻烦。在经费往来环节上要规范资金运作，避免资金操作不当引起纠纷。

(6) 精心策划谈判工作

谈判前应做好充分的准备，应对谈判的内容有一个全面详细的了解，尽量选择熟悉谈判内容以及有胜算把握的人员进行谈判，并根据谈判内容制定恰当的策略，掌握谈判的主动权，保证谈判的质量。谈判过程中应灵活，善于捕捉有利信息，要把握好谈判的底线，尽可能地争取最好的谈判结果。

案例 5-2：某公司预算员施工图预算加签证结算方式注意事项的体会

1. 工程量的变化

即原施工图预算与实际完成的工程数量有差别。这是竣工结算的主要组成部分，变化是由以下几个方面的原因造成的：

1) 设计修改或设计漏项，这部分需增减的工程量，应根据设计修改通知单进行调整。

2) 现场施工更改，包括在施工中预见不到的工程和与原施工方法不符等原因，造成工程量的改变。这部分应根据建设单位和施工单位双方签证的现场记录，按合同或协议的规定进行调整。

3) 施工图预算的错误。这部分应在工程验交时核对工程量予以校正。

2. 材料价差

为了使各投标单位公平竞争，在招标文件中，建设单位根据当地当时的材料价格对工程所需材料的价格作了明确的规定，各投标单位也是根据这个材料价格，作出相应的工程量清单单价。但是，在实际的施工过程中，材料的价格随着市场在不断地变化，也就产生了材料的价差。由建设单位供应的材料，按预算价格转给施工单位的，在工程结算时不作调整。由施工单位购买的材料应调整价差。在调整价差的时候，除了材料本身的价差外，还要考虑材料的采购保管费、检验试验费等，这些费用的说明一般在合同的通用条款里。一般情况下，对专用条款的注意要比通用条款要多一些，大家会认为通用条款都是一些条条框框，没有实质性的意义。实际上，在结算过程中，这些也是非常重要的。

材料价差产生的第二个原因是材料的代用。材料代用是指因材料供应缺口或其他原因发生的以大代小、以优代劣等情况。由此引起的材料预算价与实际价格的差异，这部分应根据工程材料代用核定通知单计算并进行调整。

3. 综合单价的变化

综合单价一般是不易发生的项目，但是在特殊情况下，根据合同规定及实际的施工情况可以调整。在确定新的综合单价之前，招标文件、投标文件、合同是必不可少的。比如，在合同的通用条款中，通常要提到清单工程量变更价款的调整执行（招标文件中有明确的规定）。分部分项工程量清单有误调增或调减的工程量，在规定的范围内执行相应新编综合单价。新编综合单价的确定，要根据投标文件中所报单价重新进行分析确定。例如：对一个桩基础工程来说，其中的一个项目名称为混凝土灌注桩钻孔，在投标文件的施工组织设计中，钻孔施工顺序为按桩位顺序施工，这个施工过程没有考虑人工费和机械费的系数问题，因此报价也没有这方面的影响。但是在实际的施工过程中，由于桩间距较小，为了保证桩的质量，必须要间隔跳打，也就是定额里说的桩间补桩。这种情况下要进行定额的换算，其中之一为乘系数换算，人工费、机械费乘1.5的系数，这样，混凝土钻孔桩的综合单价就会比合同中的单价要高。诸如此类的情况很多，如打试验桩、地面有倾斜度时人工费、机械费都要作相应的调整。

4. 各项费用调整

间接费、计划利润和税金是以直接费为基数计取的，工程量的增减变化，也会影响到这些费用的计取。所以，间接费、利润、税金也应作相应的调整。例如，对桩基工程投标时按照图纸的要求计算工程量清单综合单价时，桩的类别为三类桩，但在实际施工过程中，桩长加长，桩的类别变成二类桩，因桩的类别发生转变，措施费、规费、利润、税金也应作相应的调整。

6 工程项目风险管理体系建设

工程项目风险管理是一种过程管理，贯穿工程项目的始末，牵涉到企业各个部门和各层次人员。因此，企业要真正实现工程项目风险管理，需要建立一种工程项目风险管理体系，并且对风险管理体系的建立有着清晰的思路和明确的步骤。在风险体系建立的原则上，纵向方面要强调组织保障、全员参与、上下衔接、逐级负责，横向方面要注重统筹协调、分工明确、分系统分专业，辅以风险思想的软环境和先进科技的硬件支持，最终形成一种全方位、立体化的企业工程项目风险管理体系。本章所倡导的工程项目风险管理体系在遵循以上原则的同时，力求工程项目风险管理体系的建立要具有简便性、实效性和可操作性，帮助企业稳步推进工程项目风险管理体系建设。

6.1 工程项目风险管理体系框架

在市场环境不停快速变化的今天，企业面临的外部不确定因素日益增多，对企业提高防范风险能力提出了新的挑战。2006年国务院国资委发布的《中央企业全面风险管理指引》，促使企业建立动态的自我运行、自我完全和自我提升的全面风险管理平台，对于建立工程项目风险管理体系框架有重要的指导作用。同时，体系框架的建立也应该结合《COSO企业风险管理整体框架》中企业风险管理的各个组成要素，以及适合企业内部控制方面的相关理论，来保障工程项目风险管理体系框架设计的完整性和专业性。同一年，国家标准化管理委员会发布针对将风险管理应用于项目的、等同采用国际标准《项目风险管理 应用指南》IEC62198:2001的国家标准《项目风险管理 应用指南》GB/T20032-2005，进一步提供了以系统和协调的方式管理风险的过程。这项标准提出了一个重要观点：风险管理活动应于项目的最早可能阶段启动并在其后的阶段中持续进行。

工程项目风险管理的基本流程贯穿整个企业的经营管理过程，主要体现在战略管理层面、业务层面、流程层面以及项目层面四个层面，在整个的运行过程中，企业本身形成的工程项目风险管理文化也贯穿其中，而企业的工程项目风险管理的信息系统则是实现整个过程的保证和手段。这些方方面面的不停行动和持续运作会相互作用，最终目的就是保证企业建立起立体化、规范化、系统化的工程项目风险管理体系,具体参见图6-1所示。

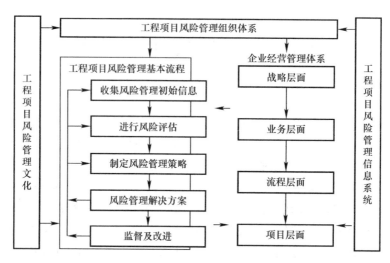

图6-1 工程项目风险管理体系框架

国家标准 GB/T20032-2005 指出,风险总体框架包括可能限制或使项目重新定位的技术的、公司的、商业的、政治的、财务的、法律的、合同的及市场的目标。为满足项目自身、公司和顾客的要求,项目各个阶段中要达到的目标应当被识别,并用于对风险的识别和分级。

近年来,在一些国家被广泛采用的3S钻石风险管理体系可以作为构建项目风险管理体系的借鉴。

3S钻石风险管理体系是由国际风险控制协会联盟创始人弗兰克·伯德首创,经过美国、南非、澳大利亚等联盟成员的7次修订,包含了所有职业安全、健康、环境、质量及社会等元素风险,是一个符合 ISO9001、ISO14001、OHSAS18001、AS/NZS4801标准要求的综合系统。3S系统强调"以人为本"的思想,它结合社会学、管理学、安全工程学、心理学、行为动机学原理,以一种全新的角度审视组织在经营过程的所有综合风险,并通过系统优化、行为干预,改善员工风险行为,无限度地提升组织生产能力及员工士气,并最终为组织带来世界级的风险管理的成果。

3S钻石风险管理系统由三个子系统构成:正式系统,即钻石综合风险管理体系;非正式系统,即钻石风险行为干预体系;信息系统,即企业风险管理信息平台系统(ERMP)。

3S钻石风险管理系统3个子系统关系如图6-2所示。

图6-2中的正式系统——钻石综合风险管理体系与非正式系统——钻石风险行为干预体系是一个机体的两个部分,正式系统为非正式系统的生存提供环境与

6 工程项目风险管理体系建设

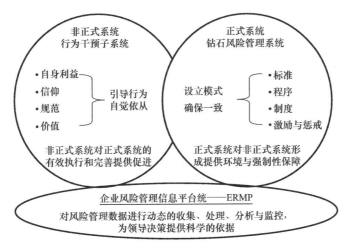

图 6-2 3S 钻石风险管理体系示意

强制性保障，非正式系统为正式的有效执行提供强大的内存动力，两者缺一不可。

2004 年，钻石体系被引入中国，并为诸多大型企业所采用。

钻石体系由风险控制、组织保障、人力保障、技术保障、应急保障、职业健康与环境保护 6 个机制组成，并通过风险管理的驱动，结合企业实际的营运管理，将 6 个机制分解成 12 个单元、71 个元素、215 个子元素、3000 多条细则。元素及子元素之间从结构上彼此独立，但功能上又彼此联系，并通过彼此的相互兼容、作用，从而实现钻石体系的系统化管理。钻石体系的单元结构及相互关系如图 6-3 所示。

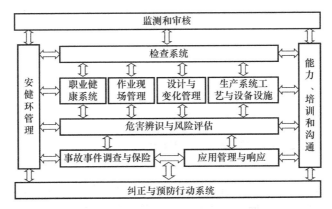

图 6-3 钻石风险管理体系的单元结构及相互关系

钻石风险管理体系的核心理念在 6 个方面：

(1) 基于风险的原则

一切从企业现场实际出发,进行危害辨识与风险评估,找出可能导致损失的风险,使体系的任何一个管理标准都针对要素管理的风险而设计。

(2) 事件/事故预先控制原则

在事件/事故发生前,通过危害辨识与风险评估,提前预测意外事件/事故发生的可能性,从而先期制定措施,控制危害,降低风险,避免意外的发生,以实现"零事故"、"零违章"。

对事件/事故发生过程中的能量总量或任何有害的相互作用进行预知,在事件/事故发生前采取措施。

通过对事件/事故发生后应急设备的维护与标示,应急计划的制订、培训、演习等方面的超前管理,当事件/事故发生后,能够及时启动应急系统,防止事故的扩大,控制损失的范围。

(3) 系统性原则

该管理系统是各个环节环环相扣,从横向与纵向形成一系列链条式的闭环控制。钻石体系通过上述闭环管理的有机整合,形成密切配合、互相包容、互相关联的一个有机整体,从而克服安全监管不力、规章执行不严的传统管理缺陷。

(4) 全员参与原则

钻石体系强调企业全员参与,上至最高管理者,下至每一个基层员工。钻石体系致力于将员工训练成合格的风险管理者,并积极参与企业风险管理,以发挥群体效应。

(5) 安全行为与态度原则

钻石体系的运作与执行以员工个体为载体和依托,通过行为干预技术,赋予员工相关知识、操作技能与处理风险的经验,最终实现态度、价值观及行为规范的改变。

(6) 持续改进原则

钻石体系将系统运行的效果分 5 个级别进行测量,并将每个级别进行夯实与提升,协助企业完成其目标。

6.2 工程项目风险管理体系的构建

工程项目风险管理体系是指项目承包商按照项目风险管理的目标,通过一定的组织体系和机制建设,使项目所有利益相关者参与项目风险管理,充分利用项目风险管理资源,对项目各阶段的风险进行分析和监控,并遵循一定的秩序和内部联系组合而成的系统。它可以理解为是与项目风险管理活动及资源的配置和可以利用相关的各种机构互相作用而形成的组织系统和关系网络，可推动风险管理不断完善，保证工程项目风险管理目标的实现。

6.2.1 项目风险管理的目标

企业所要管理的风险就是影响企业成功实现战略目标和项目目标的活动和因素，进行工程项目风险管理的目标就是尽量地摒除这些活动和因素，保证实现战略目标，并且保证企业的持续经营。总结起来，管理目标如下：

（1）最大效益与风险承受度的平衡

在企业工程项目中全过程推进精细化项目管理理念、提高项目风险意识，在实施中获得最高项目效益，树立市场信誉最终目的是管理项目风险，使其在企业风险承受度范围之内，并为项目的实施提供合理保证。

（2）全过程风险管理

对工程项目的全过程建立风险识别、风险评估、风险应对与处置、监控以及涵盖风险信息沟通与编报总结的完整风险管理体系；应用PDCA控制方法，即P（Plan）计划、D（Do）执行、C（Check）检查、A（Action）处置，重复循环提高模式，通过实施使其不断改进与完善。

（3）培养核心管理人员

不断提高公司全体员工对工程项目的风险意识和精细化项目管理的能力，在实践中提高工程项目风险管理和整体项目管理水平。

6.2.2 项目风险管理组织体系

（1）风险管理组织机构

企业风险管理组织机构主要指为实现风险管理目标而建立的内部管理层次和管理组织，即组织结构、管理体制和领导人员。没有一个健全、合理和稳定的组织结构，企业的风险管理活动就不能有效地进行。

合理组织结构为实施风险管理提供了从计划、执行、控制到监督全过程的框架。相关的组织结构包括确定角色、授权与职责的关键界区以及确立恰当的报告途径。以企业上层领导为核心组成风险管理领导小组，下设风险管理办公室，在风险管理办公室的组织结构中，可以按照风险管理的专业设立小组，如质量风险管理小组、进度风险管理小组、投资风险管理小组等，其中各风险管理小组的工作要涉及企业的多个部门，如质量风险管理部门就涉及设计的质量、采购的质量、施工的质量等，因此部门的设置也可以按照企业原部门方便工作进行划分，如分为设计风险小组、财务风险小组、市场风险小组、采购风险小组、现场风险小组等，其风险管理组织结构如图6-4所示。

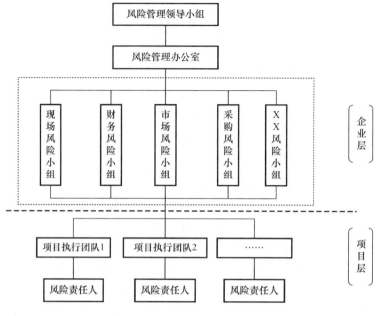

图 6-4 风险管理组织结构图

1) 风险管理领导小组。风险管理领导小组是企业风险管理的领导和决策机构，负责研究制定风险管理制度；批准风险管理工作计划；审定各类风险管理原则和对策；对重大风险进行评估决策；研究重大风险事故的处理事项。

2) 风险管理办公室。风险管理办公室负责风险管理的日常事务，定期报告风险管理工作开展情况；负责落实、督办风险管理小组的决定事项；指导各项目开展风险管理工作并定期检查；汇总归档风险管理信息与报告，对风险管理领导小组的决策提供技术支持。

3) 风险专业小组。风险管理办公室下设若干个风险专业小组，各专业小组在日常工作中应广泛、持续不断地收集与工程项目风险和风险管理相关的各种信息和资料，做好风险管理基础与准备工作，与企业的其他相应管理部门做好协调。

4) 项目执行团队。主要负责实施过程中各种具体工作，对实施过程中的风险及时监控和管理，按时编制风险动态月报，对识别的风险提出处置计划。

5) 风险责任人。由项目经理指定合适的人员作为风险责任人，执行审核的风险处置方案，对其负责的风险发展情况负责，一个项目可有多个风险责任人，并且根据项目的进行情况以及风险的发展情况而改动。

不论风险组织结构如何设置，各部门都要制定相应的风险管理目标、任务，明确干什么、怎么干。要强调协作，明确机构各部门内部及部门之间的协调关系和协调方法。同时，风险管理组织机构必须重视风险管理的经济性与高效性。企业中的每个部门、每个人为了一个统一的目标，实行最有效的内部协调，减少重复和扯皮。

（2）风险管理组织机构职能划分

在企业风险管理结构中，应明确划分职责、权利范围，做到责任和权利相一致，促使组织机构的正常运转。风险管理领导小组对企业的重大风险和应对措施负有决策权，并对企业风险管理负有最终的责任和解释权。以风险总监为领导的其他风险管理人员支持企业的风险管理计划和实施理念，促使符合其风险承受度与容量，并在各自的责任范围内依据风险权限去管理风险。

风险管理组织结构中的每个角色的职责以及其权限的划分，具体见表6-1。

风险管理角色职能划分　　　　　　　　　表6-1

角　色	角色描述	职　责
风险管理领导小组	是风险管理的领导和决策机构。对企业的重大风险和应对措施负有决策权，对企业风险管理有着最终所有者责任	负责研究制定风险管理制度
		批准风险管理工作计划
		审定各类风险管理原则和政策
		对重大风险进行评估决策
		任命风险管理办公室的核心岗位
风险管理办公室主任	风险管理办公室的核心，对工作成果负责，对风险管理领导小组的决策提供技术支持	对风险管理办公室的日常工作负责
		监督和管理风险管理工作开展情况
		组织全面的风险评估工作
		对各项目部风险管理的执行情况进行定期检查
		分发风险管理领导小组反馈意见
		制定和安排风险管理培训
风险管理专业小组	风险管理办公室设置若干个专业小组，在项目各个阶段工作不同，与企业其他管理部门相互配合组织开展相应的风险识别、评估、应对与监控等工作	收集专业相关的风险基础资料
		总结归档风险管理文件
		组织各管理部门进行全面风险评估
		编制风险动态与异常事件报告
		落实项目风险处置决定
		组织各部门进行风险识别，更新风险登记表
项目执行团队	主要负责实施过程中各种工作，对实施过程中的风险及时监控和管理，按时编制风险动态月报，对识别的风险提出处置计划	编著项目风险管理计划与预案
		及时更新风险登记表
		编制风险动态月报并及时汇报
		提出并落实项目风险处置决定
		落实反馈意见

续表

角色	角色描述	职 责
项目责任人	由项目经理制定合适的人员作为风险责任人，执行审核的风险处置方案，对其负责的风险发展情况负责	监督实施风险处置计划
		跟踪负责风险的发展趋势
		审核监督项目执行团队的工作
其他专业团队	其他专业团队包括供应商、分包商等团队，在项目运行过程中，按照项目负责人要求支持和贯彻风险管理领导小组的决定	技术可行性与预期效益等方面的风险全面评估
		准备项目复审与评估
		协助风险专业小组进行风险识别和分析
		准备各个专业风险管理预案与处置方案
		编制项目风险动态月报

6.2.3 项目风险管理流程与文件

(1) 建立风险管理流程框架

项目风险管理流程是在企业总体战略规划、组织机构、资源基础等基础框架条件下实施的。首先需要确定哪些风险是必须要管理的，然后考虑作出风险计划与决策，风险管理总体规划与框架的确立将明确风险管理的范围。所以风险管理流程应保证风险管理的垂直化、扁平化，保证风险管理的独立性和权威性。避免政策传导不畅通，总部对基层的控制力薄弱，层层上报审批，决策机制效率低下等情况。一般情况下，企业可以从以下几个方面考虑建立风险管理流程框架：风险管理政策、标准和工具的制定与审批流程；政策执行和监督流程；例外计划的处理流程；风险状况变动的连续跟踪流程；向高级管理层和相应的管理委员会的报告流程。风险管理流程框架如图6-5所示。

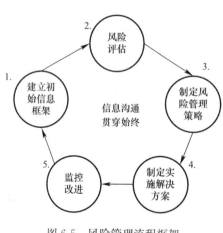

图 6-5 风险管理流程框架

(2) 风险管理沟通计划与文件管理

企业要对风险本身和管理过程有一个沟通的机制，并且要体现出互动性。沟通计划是针对风险管理的执行人和决策人之间交流风险管理情况，并据此制定决策的有效手段。及时的发布信息和风险报告是为风险管理提供信息，同时可以为有效地制定决策打下良好的基础。另外，还需将信息发布与风险报告的时间、格式、递交流程等以文件的形式确定下来，形成统一的报告流程。各相关方根据职责要求定期发布信息并递交风险报告。

风险管理过程的每一个过程都应该存档。文档管理应该包括假设、方法、数据来源和结果。文档管理的目的在于：证实管理的过程是正确的；提供系统风险识别和分析的证据；提供风险记录和企业知识管理；为决策提供书面的依据；提供责任人绩效关联制度和方法；提高审计的依据路径；信息共享和沟通。

6.2.4 项目风险管理培训

在项目风险管理中，不论是风险管理的知识或者是风险管理的技术，都不能仅仅只做口头上的规范，如果不经过相关的培训，无法在整个企业形成全员风险意识，所以项目风险管理的内容中必然包括对员工的项目风险管理培训。在培训过程中，对普通员工和专门的风险管理人员的培训强度和内容也应有所区别，项目风险管理培训的内容较为复杂，主要都涵盖在表 6-2 中，该表主要是针对风险管理人员的。

项目风险管理培训内容清单 表 6-2

项目风险规范	项目风险在项目管理中的位置和价值
	项目风险管理意义
	全生命周期的风险策略
	项目风险管理的组织环境与支持
	项目风险管理的意识与态度
	项目风险承受度分析
	项目风险管理组织、角色与职责
	项目风险管理过程定义与流程
	项目风险管理方法
	项目风险管理工具
	项目风险管理数据来源
	项目风险管理资源与费用
	项目风险分类
	项目风险回报与跟踪
	项目风险管理规范
项目风险识别	风险识别工具
	风险登记表
	内部专家识别
项目风险评估	风险级别设计
	风险优先级
	风险发生概率评估
	风险对照表

续表

	风险量化方法
项目风险量化管理	敏感性分析
	决策树分析
	蒙特卡罗模拟分析
项目风险应对策略	风险的效应理论（风险厌恶型、偏好型和中性）
	风险应对中的人员分配、进度安排和预算制定
	风险的储备金设置标准
	消极风险或威胁应对策略（回避、转移、减轻）
	积极风险或机会应对策略（开拓、提高）
	项目风险预防和补救措施
项目风险监督与控制	项目风险的再评估和审计
	项目风险绩效评价
	监测现有风险和残余风险
	项目风险状态报告
	项目风险统计
	项目风险专员培养

6.3 工程项目风险管理体系的升级

6.3.1 项目风险管理文化的培育

风险管理做得较好的企业，具有共同的特征：领导者有极强的风险意识，并极力将这种意识灌输给企业内的所有成员，即注重风险管理文化的培育。企业文化是一种尽管感觉作用最远，反过来却是最有效的一种管理方式，这种影响是通过企业文化与管理体系的互动形成对企业员工的价值取向和行为方式施加强有力的导向和支配作用，因此，在企业文化中渗透风险管理的意识尤为重要。

（1）企业应当书面建构企业的风险管理哲学。由于管理链条长，最高管理层对风险管理的这种哲学并不一定能够在层层传递中准确贯彻，因此以书面形式确定下来的风险管理哲学显得尤为重要，最常见的是风险管理手册或风险管理政策说明书。明确阐明一个员工若违背了风险管理政策，应该受到何种处理。

（2）企业领导层和各部门负责人要积极地响应和支持风险管理流程，因为管理层的基调对整个企业的风险管理意识具有立竿立影之效。他们首先应当在报告、会议上强调风险管理是企业的第一优先事项，并通过行动来实现对风险管理的承诺。

（3）企业应该利用人力资源部门的培训不断强化企业文化的影响。在新员工入门培训时，就应该进行风险教育。要向新员工介绍风险管理的概念，就像说明管理理念和运营功能一样。

（4）培育风险意识最有力的方法，就是将薪酬和风险绩效挂钩。如美国的大通银行通过股东价值增值，将员工激励制度和风险管理联系起来，这种措施极大地促进了员工参与风险管理的积极性。

（5）企业在接纳一个新成员时，也应考察将被吸纳的这个成员是否能接受并执行企业一贯所遵循的风险管理哲学，否则，就应考虑放弃。在新纳入一个企业成员后，企业要注重健康向上的企业文化的渗透，使新成员企业的文化真正与企业文化相统一。

正是这种自上而下、自下而上风险文化的建立，才可以保证项目风险管理体系得到全面的实施。建立企业风险文化不是一朝一夕可以完成的，它是一个长期的系统的工程，需要企业精心的策划和贯彻，使它深入每一个成员企业的运营和每一个雇员的心中。

6.3.2 项目风险管理目标的考核

企业的工程项目风险管理要与企业绩效考核管理相结合，通过借助企业绩效考核工具，强化企业项目风险管理的导向性，统一员工项目风险管理的日常行为，提高员工项目风险管理的责任意识，最终反映企业项目风险管理的效果。在进行项目风险管理考核的过程中，要注意考核指标的设定以及考核结果的应用。

（1）考核目标要体现风险管理

以往企业的绩效考核目标主要是参照企业的经营目标而设定的，如果企业要在内部大力推行工程项目风险管理，那么企业的绩效考核目标就需增加参考企业的风险管理目标，这样企业在设定考核指标时才不会有偏差。

（2）考核指标要科学实际

项目风险管理考核工作是否能有成效，关键是要有一套科学合理的绩效考核指标体系。要通过优化指标设置，强化项目风险管理考核的引导作用。考核指标要围绕企业项目风险管理的目标进行调整，使指标设置与各部门承担的风险管理责任定位相匹配，与员工个人岗位承担的风险管理任务相匹配。

（3）考核指标值要客观明确

在考核指标值设置上要与企业的实际情况相符，并且要有准确的数字进行衡量。通过明确限定部门或岗位违反风险管理的次数或因违反风险管理给企业造成的损失，使考核工作有据可依，被考核对象也更加明确承担风险的边界。

（4）考核要有奖惩

经考核，部门或个人因有效应对项目风险进行防范而使企业避免造成损失的，企业应对其进行奖励，以体现出企业对风险管理的注重；同样，在考核过程中发现玩忽职守、隐瞒风险不报，给企业造成重大经济损失的部门或个人，也要追究责任，进行严厉处罚，以作警示。

6.3.3 项目风险管理的信息化

（1）建立风险管理信息系统

企业应建立风险管理信息系统，将信息技术应用于风险管理的各项工作，建立涵盖风险管理基本流程和内部控制系统各环节的风险管理信息系统，包括信息的采集、存储、加工、分析、测试、传递、报告、披露等。应采取措施确保向风险管理信息系统输入的业务数据和风险量化值的一致性、准确性、及时性、可用性和完整性。对输入信息系统的数据，未经批准，不得更改。

风险管理信息系统应能够进行对各种风险的计量和定量分析、定量测试；能够实时反映风险矩阵和排序频谱、重大风险和重要业务流程的监控状态；能够对超过风险预警上限的重大风险实施信息报警；能够满足风险管理内部信息报告制度和企业对外信息披露管理制度的要求。

风险管理信息系统应实现信息在各职能部门、业务单位之间的集成与共享，既能满足单项业务风险管理的要求，也能满足企业整体和跨职能部门、业务单位的风险管理综合要求。企业应确保风险管理信息系统的稳定运行和安全，并根据实际需要不断进行改进、完善或更新。已建立或基本建立企业管理信息系统的企业，应补充、调整、更新已有的管理流程和管理程序，建立完善的风险管理信息系统；尚未建立企业管理信息系统的，应将风险管理与企业各项管理业务流程、管理软件统一规划、统一设计、统一实施、同步运行。

（2）风险管理软件的应用

风险管理软件的应用在整体上的发展很大，如 Primavera Pertmaster Project Risk、Pertmaster Mote Carlo Analyzer、VERT 软件、P3E/C（v6.0）等。

① Primavera Pertmaster Project Risk 8.0 专业风险分析软件，通过高级的、基于蒙地卡罗模型的费用与进度分析来实现对风险管理的全生命周期进行管理，包括：

a. 在项目选择过程中初步决策的不确定性。

b. 在计划阶段提高项目进度计划的准确性。

c. 成功地进行执行与运营。

② Pertmaster Mote Carlo Analyzer 风险分析软件。Monte Carlo TM 3.0 是 Primavera 公司开发的风险模拟分析拟软件。能直接识别 P3、P3E/C、MS project、Open plan 等软件格式，能作为 P3E/C（v6.0）的附加模块，无缝结合。

在与 Primavera Project Planner（P3）相结合的条件下，利用 Monte Carlo TM3.0，项目管理人员能够分析项目实施中存在的风险，为项目计划建立概率模型。利用该软件，也可评估带有概率分支工序和概率日历的工序组，衡量项目网络计划的任一部分或者整个计划成功的概率。项目管理人员还可以确定工程按期交付的可能性，为材料成本范围建立模型，甚至可以计算出一次罢工可能造成的影响。

Monte Carlo 能够为预测问题提供所需要的信息，建立概率计划，以及处理项目风险。这都是基于事件的发生概率而不是单点估计。在项目计划或成本估计受到无法控制的事件或条件威胁时，诸如恶劣天气或劣质材料，或劳动力短缺，Monte Carlo 提供作出正确决策所需要的知识。除此之外，Monte Carlo 带有的报表和图形工具能帮助你清楚有效地与客户、资方和其他决策者就风险及不确定度进行沟通。在完成对项目所有工序时间分布的定义之后，Monte Carlo 就可以对它们进行模拟。在进行模拟之前，用户还需进行如下设置：确定模拟计算的循环次数，模拟的方法——Monte Carlo 方法或 Latin 超立方体方法，指定模拟初始值，选择总浮动时差计算方法，确认是否进行资源平衡，选定计算精度和确定是否对计划进行诊断处理等。

③ 风险评审技术（Venture Evaluation Review Technique，简称 VERT）软件是一种以管理系统为对象，以随机网络仿真为手段的风险定量分析软件。其最早应用在软件研制项目，在项目研制过程中，管理部门经常要在外部环境不确定和信息不完备的条件下，对一些可能的方案作出决策，于是决策往往带有一定的风险性，这种风险决策通常涉及三个方面，即时间（或进度）、费用（投资和运行成本）和性能（技术参数或投资效益），这不仅包含着因不确定性和信息不足所造成的决策偏差，而且也包含着决策的错误。VERT 正是为适应某些高度不确定性和风险性的决策问题而开发的一种网络仿真系统。在 20 世纪 80 年代初期，VERT 首先在美国大型系统研制计划和评估中得到应用。VERT 在本质上仍属于随机网络仿真技术，按照工程项目和研制项目的实施过程，建立对应的随机网络模型。根据每项活动或任务的性质，在网络节点上设置多种输入和输出逻辑功能，使网络模型能够充分反映实际过程的逻辑关系和随机约束。同时，VERT 还为每项活动上提供多种赋值功能，建模人员可对每项活动赋给时间周期、费用和性能指标，并且能够同时对这三项指标进行仿真运行。因此，VERT 仿真可以给出在不同性能指标下，相应时间周期和费用的概率分布、项目在技术上获得成功或失败的概率等。这种将时间、费用、性能（简称 T、C、P）联系起来进行综合性仿真的软件，为多目标决策提供了强有力的工具。

④ P3E/C（v6.0）（原 p3elc）荟萃了 P3 软件 20 年的项目管理精髓和经验，

采用最新的 IT 技术，在大型关系数据库 Oracle 和 MS SQL Server 上构架起企业级的、包涵现代项目管理知识体系的、具有高度灵活性和开放性的、以计划——协同——跟踪——控制——积累为主线的企业级工程项目管理软件，是项目管理理论演变为实用技术的经典之作。除传统的 P3 的功能，P3E/C（v6.0）增加了风险分析的功能，即把原来的 Monte Carlo 放入了 P3E/C（v6.0）。近年来，P3E/C（v6.0）在国际工程中得到了广泛的应用，归因于其强大的功能。P3E/C 强大的进度计划管理、资源与费用管理、赢得值管理、项目过程中的工作产品及文档管理以及报表输出等功能，在应用中得到了项目管理人的普遍认可，P3E/C（v6.0）在 P3 的基础上包含集成了风险管理功能，可用于识别与特定工作分解结构（WBS）元素相关的潜在风险，对其进行分类并划分风险的优先级。还可以创建风险控制计划，并为各个风险分配发生概率，进一步扩展了其功能。项目执行过程中，问题与风险的发生有时是不可避免的，当问题或风险发生时，需要及时进行处理，以减少风险或问题给项目的进展带来的影响。P3E/C（v6.0）软件中的问题一种是通过与目标对比后监控产生的，自动监控、自动报警，让客户在第一时间掌握项目进展情况。

以上风险管理软件在国内外的风险管理中得到了广泛的应用，从本质上讲，Primavera Pertmaster Project Risk、Pertmaster Mote Carlo Analyzer 和 P3E/C（v6.0）三个软件都应用了蒙特卡罗（Mote Carlo）分析原理，即基于"随机数"的计算方法。最常用的技术是蒙特卡罗分析，该种分析对每项活动都定义一个结果概率分布，以此为基础计算整个项目的结果概率分布。此外，还可以用逻辑网络进行"如果……怎么办"分析，以模拟各种不同的情况组合。例如，推迟某重要配件的交付、延迟具体工程所需时间，或者把外部因素（例如罢工、或政府批准过程发生变化）考虑进来。"如果……怎么办"分析的结果，可用于评估进度在恶劣条件下的可行性，并可用于制订应急及应对计划，克服或减轻意外情况所造成的影响。此外，蒙特卡罗分析还应用于风险定量分析。除此之外，以上三种软件能够很好的结合，如 P3E/C（v6.0）编制的计划可以导入 Primavera Pertmaster Project Risk 以及 Pertmaster Mote Carlo Analyzer 软件中，进行风险分析，P3E/C（v6.0）的风险管理作为新增的功能，有其局限之处，而其他两种软件则弥补了其不足之处。

附录1 项目风险管理 应用指南

中华人民共和国国家标准 GB/T20032-2005/IEC62198:2001

(2005-09-05 发布,2006-01-01 实施)

引言

风险管理是与建立总体框架、识别、分析、评价、评定、处理、监视以及沟通风险有关的管理方针、程序和惯例的系统应用,使组织能够以高效费比的方式达到损失最小化和机会最大化。本标准是针对将风险管理应用于项目提出的。

项目管理及其相关的过程在 GB/T19016-2005/ISO10006:2003 中阐述,所有项目都包含风险,项目风险与项目本身及其产品有关。附图1-1 所示为影响项目的风险因素示例。

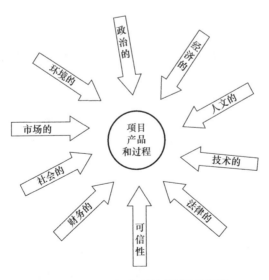

附图1-1 影响项目的风险因素示例

本标准提供了以系统和协调的方式管理风险的过程。为获得最大利益,风险管理活动应于项目的最早可能阶段启动并在其后的阶段中持续进行。

本标准的潜在使用者是决策者,包括项目管理者、风险管理者和企业管理者。

本标准的应用需根据特定项目的情况加以剪裁。因此,一般认为强制实行风险管理从业者认证体系在总体上是不适宜的。

本标准并不专用于处理与安全有关的问题。尽管标准的应用可能产生与安全有关的问题,但对此类风险的管理应按照安全类标准或产品标准进行而不包括在本标准中。

项目风险管理　应用指南

1　范围

本标准适用于包含技术性内容的所有项目,也可应用于其他类型的项目。

本标准概括介绍了项目风险管理、项目风险管理过程与影响因素。这些项目风险管理过程是:

——建立总体框架,包括确认项目目标;

——风险识别;

——风险评定,包括风险分析与评价;

——风险处理;

——评审与监视;

——沟通(包括咨询);

——项目总结。

这些指南是根据组织实施与项目各阶段相适应的风险管理过程的要求而提出的。

在特定情况下,将本标准中的所有条款都包含在一份合同中可能是不适当的。因此,无论合同形式如何,即使合同有关各方明确要求参照和引用本标准(或其中某些部分),并要求在合同中包括它们,本标准也仅应当用于构成合同的一部分。

2　规范性引用文件

下列文件中的条款通过本标准的引用而成为本标准的条款。凡是注日期的引用文件,其随后所有的修改单(不包括勘误的内容)或修改版均不适用于本标准,然而,鼓励根据本标准达成协议的各方研究是否可使用这些文件的最新版本。凡是不注日期的引用文件,其最新版本适用于本标准。

GB/T7826-1987　系统可靠性分析技术　失效模式和效应分析(FMEA)程序(idt IEC812:1985)

GB/T7826-1987　故障树分析程序(neq IEC56)

GB/T19016-2005　质量管理体系　项目质量管理指南（ISO10006:2003, IDT）

IEC60050-191:1990　国际电工词汇　191章：可信性和服务质量

IEC60300-3-3:1996　可信性管理——第3部分：应用指南——第3节：寿命周期费用分析

3　术语和定义

IEC60050-19确立的以及下列术语和定义适用于本标准。

3.1

产品　product

活动或过程的结果，可以包括服务，硬件，软件，流程性材料，或它们的组合。

3.2

项目　project

由一组有起止日期的、相互协调的受控活动组成的独特过程，该过程要达到符合包括时间、成本和资源的约束条件在内的规定要求的目标。

[GB/T19000-2000，术语和定义3.4.3（不包括注）]

注1：单个项目可作为一个较大项目结构中的组成部分。

注2：在一些项目中，随着项目的进展，目标和范围被更新，产品特性被逐步确定。

注3：项目产品（见GB/T19000-2000，术语和定义3.4.2）通常在项目范围中确定，可以是一项或若干项产品，可以是有形的或无形的产品。

注4：项目组织通常是临时的，是根据项目的生命期而建立的。

注5：项目活动之间相互作用的复杂性与项目规模之间没有必然的联系。

3.3

过程　process

一组将输入转化为输出的相互关联或相互作用的活动。

注1：一个过程的输入通常是其他过程的输出。

注2：组织为了增值，通常对过程进行策划并使其在受控条件下运行。

[GB/T19000-2000，定义3.4.1（不包括注3）]

3.4

项目风险　projeet　risk

事件发生的可能性及其对项目目标影响的组合。

3.5

风险管理　risk　management

与建立总体框架、识别、分析、评价、处理、监视以及沟通风险有关的管理方针、程序和惯例的系统应用。

3.6

风险处理 risk treatment

修正风险的措施的选择与实施过程。

注1：术语"风险处理"有时用于指措施本身。

注2：风险处理措施可以包括规避、选择、转移或控制风险。

4 项目风险管理概述

4.1 风险管理的作用

所有项目及其生命期中的每一过程与决策都存在风险。因此，在项目进行的每一阶段都应当对风险进行管理，并且风险管理过程应当与项目管理过程以及与产品有关的过程相结合。风险管理需要全员参与。要求建立结构化的风险管理过程，以利于促进开放性沟通和风险的高效费比管理。

有效的项目风险管理的一个前提是项目内、外部均有坦率与开放性的沟通。

4.2 过程框架

项目风险管理过程始于建立项目实施的总体框架，这包括识别相关方，理解项目的目标和输出，确定某一特定项目风险管理活动的范围与界限。也应当确定该项目与任何其他项目的接口与重叠，以及项目运行所受到的组织的、战略的约束。

风险管理过程的下一步骤是风险识别。这是风险管理过程的基础性工作。

对每一项已被识别的风险都应当实施后继的风险管理活动，如风险评定、风险处理、评审与监视。

首先可以在总体上识别一般性的风险问题，然后再更详尽地观察特定的风险以及它们的出现方式。在项目的每一阶段都应当对风险进行管理，项目本身及其产品的风险也应当进行评审。

项目风险管理过程的概念如附图1-2所示。

5 组织

5.1 管理职责

项目经理对作为整个项目管理职能一部分的项目风险管理工作负责。根据项目的规模和复杂性，风险管理工作可由项目经理或其代表实施。这些工作包括：

——建立项目风险管理过程总体框架；

——管理风险识别活动；

——管理风险分析和评价活动；

——建议、启动和实施风险处理活动，直至风险水平可容忍；

——申请针对相互冲突的风险问题的执行决定；

——验证决定的实施及其有效性；

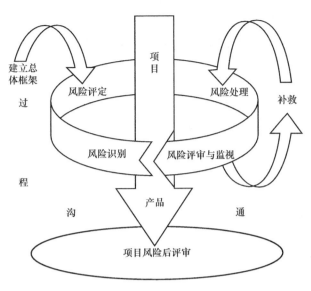

附图 1-2　项目风险管理概念

——在项目生命周期内以适当且及时的方式沟通关于风险问题的信息；
——确保已制订应急计划；
——识别和记录有关风险管理的任何问题；
——监视风险管理过程，并在需要时实施纠正措施；
——提供文件以确保可追溯性。
应当规定项目风险管理职权及其与其他职能的接口并形成文件。

5.2　资源

项目经理应当确保项目风险管理所需资源的可得性，包括有足够经验的人员。应当考虑项目风险管理的成本。

5.3　沟通

5.3.1　总则

风险管理依赖于整个项目生命周期中其他方面信息的可得性。在风险管理和诸如以下方面之间应当建立和保持沟通的接口和渠道：
——质量与可信性；
——技术状态控制；
——商业功能；
——设计与开发；
——项目后支持，包括产品支持。

这些接口应当在职权的足够层级上确定，并且要足够详尽，以便作出尽可能快的反应，这可使风险发生后对项目的影响最小。

为确保那些实施风险管理的责任人和相关方了解制定决策的依据、相应的角色与职责，以及要求采取特定措施的原因，有效的内、外部沟通是重要的。

5.3.2 风险报告与会议

作为管理决策过程的输入和为项目目标的可实现性提供信心，风险问题的报告是必需的。所有项目会议都为讨论与解决风险提供了机会。风险会议可以是正式的或非正式的，但有关风险的所有讨论和决策应当予以记录和报告。

关于风险事项的讨论可包括：
——识别和评定风险；
——评审项目风险记录单；
——评审风险的状态以及相关的风险处理活动；
——识别和认可任何对风险资料的变更，并对变更进行再分析；
——评定风险管理过程的有效性；
——讨论合同方之间的关系。

应当在项目风险管理计划中规定风险报告的要求。

5.4 文件

5.4.1 目的

文件有利于风险管理过程的实施和控制，特别是在项目不同阶段的交接过程中。

文件有助于策划、进展评价和追溯。风险管理过程、风险及其处理都应当形成文件。

5.4.2 项目风险管理计划

项目风险管理计划描述了拟用于该项目的风险管理的结构化过程。

作为项目计划的一部分，项目风险管理计划可以包括或涉及：
——项目的总体框架和界限，包括项目风险管理目标；
——建议的风险管理方法、过程和接口；
——负责风险管理活动的人员；
——职责、权限以及报告渠道；
——内、外部的接口；
——风险管理会议方案；
——项目风险记录单；
——评审过程；
——与其他项目文件和计划的关系；
——相应的组织程序；
——适当时，来自其他方面（例如，分包方）的风险管理计划。

项目风险管理计划应当定期评审并按要求更新。

5.4.3 项目风险记录单

项目风险记录单是记录风险状态变化的载体。其内容是在项目管理层级上定期报告，以及在项目会议上对风险及其处理进行讨论的基础。

项目风险记录单应当从风险识别阶段开始。它可以由一个包括与已识别的风险相关的所有信息的数据库构成。它至少应当包括已识别的风险、已识别风险的等级、负责处理风险的人员名单。应当分配和注明唯一的标识号，并且对数据源的可追溯性也应当加以记录。

处理每一项风险的计划都应当形成文件，其中包括所要求的措施、负责人和日程表。

6 项目风险管理过程

注：附录A给出了一个项目风险管理过程的流程图。

6.1 建立总体框架

应当确定风险总体框架，包括可能限制或使项目重新定位的技术的、公司的、商业的、政治的、财务的、法律的、合同的及市场的目标等。为满足项目自身、公司和顾客的要求，项目各个阶段中要达到的目标应当被识别，并用于对风险的识别和分级。

风险的可接受性和可容忍性准则应当予以考虑，这些准则被用于在过程的后续阶段评价风险。

6.2 风险识别

风险识别的目的是为了发展、列举和描述可能影响到既定的项目或项目阶段性目标的实现的风险。该过程也可以揭示风险管理的机会。

有效的风险管理从根本上取决于对风险的识别。因此，它应当是一个系统的过程。在多数情况下，风险识别依赖于对预期问题的预测和分析。

风险识别的方法有很多，它们包括：

——头脑风暴；

——专家意见；

——结构化访谈；

——问卷调查；

——检查单；

——历史数据；

——经验；

——测试与建模；

——对其他项目的评价。

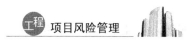

在识别风险时,应当使用任何可用的源、要求、规范、工作分解结构、工作说明书等都可以作为出发点。

风险识别应当考虑风险对所有项目目标的影响。这些目标一般包括成本、时间和质量。也可以包括与遵守法规和政府管理、担保、可信性、债务、安全、健康与环境相关的其他目标。

项目起始时间的设想可能成为风险识别的一种源,应当定期测试其有效性。

风险识别可以发生在 IEC60300-3-3 中的所有或部分产品阶段。附表 1-1 为典型的项目或产品生命周期不同阶段中某些可能很突出的风险域的示例。

与阶段相关的风险域示例　　　　　　　　　　附表 1-1

概念与定义	设计与开发	制　造	安装与试运行	使用与维护	退役与处置
中标/未中标	权衡	分包方	图样	可信性	安全
预算	制造/采购	材料	组装	安全	替换
安全	性能	资源	性能	互换性	补救
担保	可生产性	组装	可信性	修改	报废
技术	技术	技术状态变更	安全	处罚	处罚
合同	可信性	可信性	测试	法规	遗留的风险
法规要求	合同	处罚	程序	保证	
项目管理	处罚	安全	处罚	遗留的风险	
	安全	遗留的风险	保证		
	遗留的风险				

风险可能从项目的前一阶段遗留下来。在项目的转换阶段,应当确定出带入项目下一阶段的风险。

编制适于组织使用的项目的检查单已覆盖风险域对组织可能是有用的。

6.3　风险评定

6.3.1　总则

风险评定的目的是分析和评价已识别的风险以决定是否需要进行处理。

6.3.2　风险分析

风险分析是识别风险的限度和影响范围、识别风险与项目之间的依赖关系、确定风险发生的可能性以及对既定目标的相关影响。

在风险分析过程中,为使项目风险更为清晰,回溯到风险识别过程可能是必要的。

风险分析可以分为定性分析与定量分析。当缺少数据或数据不可靠时,初步的定性分析可以在项目生命周期的前期进行。当有较多可得资料时可以进行定量分析。

诸如附图 1-3 中示例可用于说明风险。这个图可用矩阵的形式展示（见附图 1-4）。

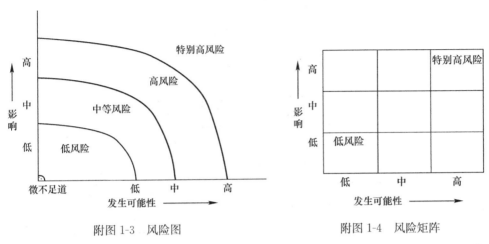

附图 1-3　风险图　　　　　　　　附图 1-4　风险矩阵

分析风险时，可以应用例如故障树分析程序（见 GB/T7829-1987）、失效模式与效应分析（见 GB/T7826-1987）、事件树分析、灵敏度分析、统计技术和网络分析等技术。

6.3.3　风险评价

风险评价包括将风险的水平与可容忍性准则相比较并制定处理风险的初始优先顺序。

6.3.4　风险的接受

有些风险可以不进行处理（或进一步处理）就被接受。这些风险应当被包括在项目风险记录单中，以便能够进行有效的监视。不可接受的风险要进行处理。

6.4　风险处理

6.4.1　目的

风险处理的目的是识别与实施使风险可容忍的高效费比措施。它是决定和实施处理已识别风险的方案的过程，其所包括的措施可以起到以下作用：

——完全地规避风险；
——降低风险发生的可能性；
——降低风险发生后的影响；
——转移或分担风险；
——保留风险并制订计划以补救其影响。

风险处理自身可能产生应予以考虑的新的风险。

附图 1-5 说明了风险处理的过程。

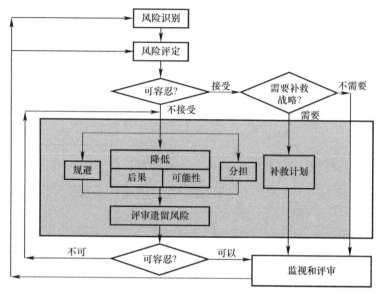

附图1-5 风险处理过程

6.4.2 风险处理职责

对每一项风险处理,都应任命专人负责。最适当的人选可以是:

——对产生风险的活动负责的人员;
——能够最好地控制风险发生可能性的人员;
——所处职位最适于对风险的发生作出反应、补救或降低其影响的人员;
——有适当职权处理风险的人员。

6.4.3 处理方案评定

选择一个风险处理方案或方案组合,应当考虑处理成本或补救成本,以及实施相应风险处理方案的潜在收益。风险是相互关联并且互为依存的,所以应当可以在所考虑的不同风险处理方案之间进行权衡。

应当考虑在方案实施后仍遗留的风险,以明确其是否可容忍。如果风险不能容忍,应当考虑取消项目或实施可能的进一步处理。

如果认为风险可以容忍并予以接受,就应当考虑是否需要处理意外后果的补救战略。如果需要补救战略,应当准备补救计划以充实该战略。

6.4.4 风险规避

所设计的从项目中排除风险的成本应是合理的,否则可考虑取消该项目。

6.4.5 减少风险发生的可能性

减少风险发生的可能性主要指减少或消除发生风险的原因。

将一种风险与其他风险组合起来有时可能会减少该风险,组合后的风险具有与其组成风险不同的特性。组合后的风险可能更易于处理。但是,减少一类风险可能会引入不同特性的风险。

6.4.6 限制后果

风险的后果可以被限制。例如，如果已意识到风险，可通过设计与开发来降低其负面影响，并可通过策划进行补救。

项目的时间安排及其不同方面的执行顺序可能影响风险和管理它们的能力。在达到项目目标的前提下，可以改变项目的日程安排来改进对风险的管理。确保识别因改变项目活动的顺序而出现的新风险是很重要的。

6.4.7 风险分担

减少后仍存在的风险可能被转移或分担给项目外部有偿地进行处理的某方，例如分包或进行保险。

但是彻底转移风险几乎是不可能的，并且当风险被转移或分担时，可能会引入新的风险。

分担风险的可行性取决于确定某些问题，例如：

——何方能够最好地控制风险发生的原因。

——风险一旦发生，何方能够最好地管理和承受其后果。

——风险分担方提出的费用能否接受。

——是否会由于风险转移而产生新的风险。

6.4.8 补救战略

补救计划假设风险已经发生。风险发生后的情况可能已被预见到，也可能未被预见。在已预见到的情况下，如果事先已经制定和设立，补救战略通常更易于实现。

补救战略财务上的适宜性取决于：

——风险处理方案实施后仍存在的风险的等级；

——潜在后果的严重性；

——风险发生前进行适当处理的不可行性；

——补救战略成本的有效性。

如果确认需要补救战略，设置用于风险发生情况的应急资金就可能是适宜的。当预设情形出现时，将启动补救战略。该种情形可根据成本、日程安排、运行状况或其他准则等因素预设。

6.5 风险评审与监视

6.5.1 持续性

风险评审与监视的主要目的是识别新出现的风险，并确保风险处理保持有效。风险管理过程的有效性也应当进行评审。

项目生命周期内的风险评审可确保相关的文件、标准、程序和记录单的更新和保持。

风险监视应当在项目生命周期内持续进行。它应当包括对项目预算、项目系统与来自项目的其他输入的检查。主要监视活动可在项目活动的关键阶段或项目环境发生重大改变时进行。

6.5.2 项目后续工作

项目完成后,应当进行风险评审,以确保风险管理过程的有效性。并决定未来项目中该过程如何改进。多数情况下都可以总结出经验,其要点应当予以提炼并纳入到程序和过程之中。

附 录 A
(资料性附录)
项目风险管理——综述

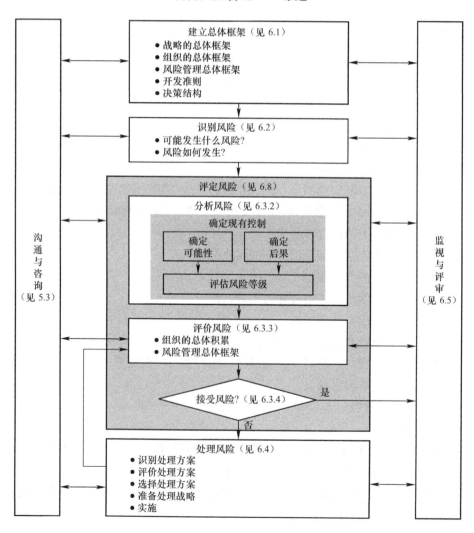

附录2 工程项目风险案例

2-1：海德卫城项目风险评估

一、项目概况

海德卫城项目位于南京市鼓楼区定淮门大街以南，宝船公园以北，滨江路以东，漓江路以西。该项目为住宅小区，由10栋26、28、33层的高层住宅，6栋联排别墅及1栋综合楼组成，总户数1500户。总建筑面积约26万 m^2。

二、风险识别与评估

1. 直接风险

（1）工期风险

合同规定：若因承包人原因不能按合同工期竣工，每推迟一天按合同价款的万分之二处罚，并承担由此引起的一切损失和法律责任。

本工程合同价款为6670.17万元，工期每推迟一天罚额为13340.34元，数额较大；合同规定承包商应承担由此引起的一切损失和法律责任，由于本工程为商品住宅楼，若因承包商原因工期延误，导致延迟交房，业主势必要将延迟交房的损失转嫁承包商。

（2）质量风险

合同规定：工程质量达到优良，结算时奖励该优良工程造价结算的0.5%；工程达到市优，结算时奖励该市优工程造价结算的1%；工程若仅为合格，扣该工程结算造价的0.5%。

涉及金额最高为667017元，数额巨大；目前有关部门已取消优良工程评选，若未评为市优工程，则只能为合格工程。

（3）技术风险

本工程属一般住宅工程，技术含量不高；但本工程作为高品质商品房，对各种质量通病及质量隐患的防治就显得极为重要。故本工程技术风险主要集中在工程测量控制、外墙（门窗、厨卫间防水）渗漏、房间净空尺寸等方面。

（4）安全风险

本工程属高层住宅，高处施工作业范围广；职工素质不高，安全防范意识不强。

(5) 索赔签证风险

工程变更的有效性；工程变更的时效性；工程变更签证的管理。

(6) 指定分包与指定材料风险

本工程桩基工程、铝合金门窗、阳台栏杆（百叶）、电梯工程等为业主指定分包工程；内墙保温砂浆等为业主指定材料。以上工程对项目总体进度计划的实施影响深远。

2. 间接风险

(1) 业主方行为特点风险

业主方为南京市场房地产新兴企业，工程信誉尚不明确；该小区一次性同时开发十一栋高层，投资资金数额庞大；目前房地产市场正处观望阶段，一次性推出十一栋高层住宅，市场消化能力可能不足，由此造成业主资金不能迅速回笼。

(2) 物价上涨风险

本工程采用调量不调单价的固定单价合同，投标人中标后与招标人核对工程量，经双方确认的造价为合同价。

(3) 不可抗力风险

合同规定不可抗力按通用条款执行。

(4) 管理风险

管理风险主要集中在以下几个方面：一是内部管理人员的团结协作；二是业主、监理和兄弟施工单位的配合。

(5) 付款风险

合同规定付款节点，业主能否按节点及时兑现风险。

(6) 民扰或扰民风险

本工程处于龙江成熟社区，周边居民素质较高，法律意识、维权意识强烈。

(7) 施组及方案认可风险

施工方案应兼顾技术与经济措施，保证方案的有效性。

3. 其他风险

1) 合同中约定不明和隐含条款带来的风险；

2) 业主的资金或其他原因引起的停工及损失；

3) 竣工风险；

4) 竣工结算风险策划。

三、规避风险的对策和措施

1. 直接风险对策和措施

(1) 工期风险对策和措施

充分利用合同条款有关工期顺延的约定，涉及甲供材料因素、变更因素、业主直接分包项目及政府行为等。但应特别注意，工期顺延生效的前提是所发生行为确实造成工期延误，并且该行为必须经发包人、监理、承包人确认在关键线路上。因此，承包商在及时收集、确认相关材料的同时，必须将容易造成工期延误的涉及甲方的因素在编制进度计划时尽量设置在关键线路上，如铝合金等门窗安装、土方回填、外墙面砖施工及电梯安装等。

合理划分施工流水段，配备足够人力、物力，合理组织施工；杜绝由于承包商原因而导致延误。

（2）质量风险对策和措施

① 建立完整的质量保证体系（附图 2-1），加强工程质量管理，确保至少两栋获得市优工程。

② 加强材料采购关、验收关及使用关，一是要符合图纸设计要求，二要符合国家材料质量规范要求，三要符合业主特殊要求；进场材料合格证、准用证、试验报告等要齐全有效；材料应复验合格后才能使用。

③ 注意工程各种资料的收集整理，积极申报。

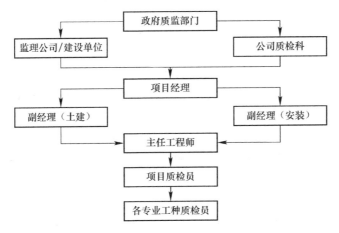

附图 2-1　质量保证组织体系

（3）技术风险对策和措施

① 测量人员必须持证上岗，测量工作必须认真细致，误差在允许范围之内。

② 进场后必须及时与甲方（监理）办理测量主控点书面交接手续，并进行复核。

③ 现场定位后，在现场设置明显标志桩，并采取措施防止破坏或移位。

④ 建立由项目经理领导、执行经理中间控制，责任工程师现场检查，作业人员自检的多级测量质量管理系统。所有原始测量资料必须整理存档。

⑤ 加强自控，施工测量允许偏差。（附带对偏差的范围进行界定）

⑥ 外墙（门窗、厨卫间防水）渗漏风险对策。

另外，保证技术交底工作到位，加强过程控制，并建立专项质量验收制度。

（4）安全风险对策和措施

① 建立完整的安保体系。项目安保体系机构图如附图 2-2 所示。

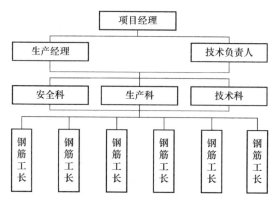

附图 2-2　安全保障组织体系

② 进场后对所有职工进行安全生产教育，建立安全个人档案，签订安全责任目标书。

③ 确保安全生产的投入，个人劳动保护用品要满足生产安全要求。

④ 现场料具堆放整齐，标号、规格、型号要分清，施工道路清洁、畅通，无积水、垃圾等。

⑤ 职工宿舍、办公室、食堂等布置要合理，保持整洁卫生。

⑥ 围墙、大门符合公司统一形象规定。外架要符合安全生产要求，充分展示企业形象。

（5）索赔签证风险对策和措施

① 项目技术员接到工程变更内容后，在第一时间分析是否与经济有关，确认与经济有关后，同时转送项目预算员进行经济核算，核算后及时返给项目技术员，分析按此价格能否完成，并要符合合同要求，如不能完成，要及时找甲方代表进行磋商。

② 对所有的变更按合同要求，在规定的时间内，及时办理有效手续，确保变更的有效性。

③ 项目技术员、预算员要对所有的变更进行系统性保管，并按时间顺序建立台账，防止竣工结算时遗漏。

（6）指定分包与指定材料风险对策和措施

充分利用合同有关工期顺延及经济索赔的约定，涉及甲供材料因素、变更因素、业主直接分包项目及政府行为等因素。但应特别注意，工期顺延及经济索赔生效的前提是所发生行为确实造成工期延误，并且该行为必须经发包人、监理、承包人确认在关键线路上。因此，承包商在及时收集、确认相关材料的同时，必须将容易造成工期延误的涉及甲方的因素在编制进度计划时尽量设置在关键线路上，如铝合金等门窗安装、土方回填、外墙面砖施工及电梯安装等。另外，业主分包工程施工前，承包商应采取各种正式或非正式手段提醒业主有关准备工作、质量要求、施工安排等，以确保工程顺利进行。

2. 间接风险对策和措施

(1) 业主方行为特点风险对策和措施

业主方依托成熟的化工产业投资房地产市场，已成功开发闹市区海德商厦项目，资金基础较好；合同规定本工程按节点支付工程款，施工时根据支付节点及时上报工程款支付申请；根据工程款支付情况，灵活调整施工计划。

(2) 物价上涨风险对策和措施

为确保清标工程量计算准确，应充分利用图纸会审形式将潜在签证内容予以明确。如基础砖胎模、门窗洞位置门下挂板、南京市质量通病防治特殊规定、加强钢筋设置等。另外，应特别注意市场物价行情，采用各种措施规避物价上涨风险。

(3) 不可抗力风险对策和措施

施工组织策划中注意规避风险，尽量将不可抗力带来的损失降到最低。

(4) 管理风险对策和措施

加强内部管理人员的沟通与协调，重点以公司规章制度为准则展开内部管理工作；与业主、监理等单位保持良好的工作关系，尊重他人工作，有争议及时纠正处理；保持与监察监督部门经常性的沟通、联系。

(5) 付款风险对策和措施

加强与业主、监理的沟通与协调，在付款节点将临时，提前上报要款申请，提前走程序。

(6) 民扰或扰民风险对策和措施

加强与街道办事处的沟通与联系；对周边居民采取安抚措施，尽量考虑其方便；因工程需要不得不扰民时，尽量提前做好解释和安抚工作。

(7) 施工组织设计及方案认可风险对策和措施

编制施工方案时应考虑周全，兼顾技术与经济合理；方案经上级部门审核无误后报监理（业主），经监理（业主）批准后作为现场施工及工程结算依据。

3. 其他风险对策和措施

(1) 合同中约定不明和隐含条款带来的风险对策和措施

对合同约定不明或隐含条款，要及时发函业主给予澄清或确认。

（2）业主的资金或其他原因引起的停工及损失对策和措施

若发生业主的资金或其他原因引起的停工及损失，要及时收集索赔证据和旁证资料，按照索赔程序索赔。

（3）竣工风险对策和措施

加强业主直接分包管理，对单位工程竣工担负总包责任；提前整理竣工资料，并交相关部门检查，资料提前实体验收合格；工程达到竣工验收条件，提前15天向业主提交书面通知。

（4）竣工结算风险对策和措施

组织完整的竣工结算书，竣工一旦完成，迅速介入结算程序，并主动与审计单位加强沟通，妥善处理各种争议。

2-2：重庆某桥梁工程项目风险管理案例

一、大桥概况

绕城东枢纽互通主线 1#桥位于重庆迎龙镇龙顶村境内。本桥标准按设计行车速度 80km/h。绕城东枢纽互通主线 1#桥里程为 K1+341～K2+723.540，全长 382.54m，中心里程为 K1+523.5。本桥平面位于 A-573.399 右偏缓和曲线、半径 R1500m 的右偏圆曲线上，纵面位于 1.12% 的上坡段。设计 10 墩 2 台，桥梁下部构造 0#台、12#台为直径 1.2 米桩承台基础，桩长 16m，1#墩、2#墩、6#墩、7#墩、8#墩为直径 2m 桩基础，桩长 20m。3#墩、4#墩、5#墩为直径 1.8m 桩基础，桩长 18m。9#墩、10#墩、11#墩为直径 1.5m 桩基础，桩长 20m。墩台身结构形式 0#台、12#台为肋板台，3#～5#墩为薄壁墩，其余为柱式墩。上部构造为 5×40m 的预应力混凝土 T 梁＋4×25m 预应力混凝土现浇箱梁＋3×25m 预应力混凝土现浇箱梁。

1. 地层岩性

测区范围内覆土主要有：地基处上覆第四系地层，岩层为侏罗系中统上沙溪庙组砂岩及泥质粉砂岩，岩体稳定，各层岩土特征分述如下：

（1）粉质黏土：黄褐色，土质不均，黏性一般，土质松散，该层位一般残破积黏性土，厚度薄，硬塑性。

（2）块石土：杂色，呈棱角状，次棱角状，该层主要分布于沟谷地区，松散状。

（3）填筑土：该层主要分布于冲沟的沟底，松散状，该层承载力较低，工程地质性质较差。

（4）强风化砂岩：暗紫红色，该层地表出露较少，节理裂隙发育，岩体较破碎，岩芯质较软，敲击易断。

(5) 强风化泥质粉砂岩：暗紫红色，该层分布较广，地表出露较多，节理裂隙发育，岩体较破碎，岩芯质较软，敲击易断。

(6) 中风化砂岩：浅灰绿色，该层节理裂隙稍发育，岩体较完整，多呈柱状，岩芯质较硬，敲击不易碎，声音较脆。

(7) 中风化泥质粉砂岩：紫红色，暗紫红色，该层节理裂隙稍发育，岩体较完整，多呈柱状、扁柱状，岩芯质较硬，敲击不易碎。

2. 地质构造

桥梁地质构造位处明月峡背斜西翼，区内构造简单，未发现断层通过。互通起点段岩层产状 312°∠29°，沿线经过处产状为 300°∠30°，主线左侧区域产状 310°∠45°，右侧区域产状 298°∠30°，根据地表工程地质测绘及钻孔揭露，泥岩裂隙不发育，砂岩裂隙较发育。

3. 地震动参数

根据《中国地震动参数区划图》GB18306-2001，本段地震动峰值加速度 0.05g（地震基本烈度Ⅵ），地震动反应谱特征周期为 0.35s。

4. 自然地理特征

(1) 地形地貌及水文地质条件

本桥地形位于较宽缓的槽谷地区，地势较平缓，1#、2#墩位于陡坡上，3#、4#、5#墩位于河沟地带，7#墩至8#墩跨越重庆迎龙镇到明月沱二级公路，9#~11#墩位于山坡缓坡地带。

(2) 工程地质及气象特征

根据地质资料和勘探资料，勘探深度地层为粉质黏土、中风化砂岩。气候属亚热带季风气候区，具有春早夏长、温暖湿润、雨量充沛、秋雨连绵、冬暖多雾的特点。

多年平均气温 18.3℃，平均雨量 1163.3mm，相对湿度约 81%，平均无霜期为 314.9 天左右，平均风速 1.40m/s。

二、评估过程和评估办法

识别风险的思路很多，本次风险识别主要以专家调查评议为主。根据该项目提供的资料、地质报告及水文地质条件，结合施工设计、施工方案、施工方法和施工工艺进行综合类比分析，并对照国家标准、部门及行业规章进行识别分析。

(1) 成立风险评估专家组

具有工作经验的且对工程风险有足够认识的高级工程师和工程师组成。

(2) 评估办法

以设计图地质资料和两阶段施工图设计中的风险评价结果为主线，综合运用定性与定量分析的进行评估。具体采用了专家评议法定性分析和风险评价矩阵法及指标体系法定量分析的办法来对本项目进行风险评估。

三、绕城互通主线1#桥风险评估

（1）总体风险评估

在开工前根据桥梁的建设规模、地质条件、气候环境条件、地形地貌、桥位特征及施工工艺成熟度等，评估桥梁的整体风险，估测其安全等级（附表2-1）。

主线1#桥总体风险评估指标体系　　　　　　　　　　附表2-1

评估指标	分类	分值	得分
建设规模（A1）	100m≤L≤1000m 或 L_K≤40m	1～2	2
地质条件（A2）	地质条件较好，基本不影响施工安全因素	0～1	1
气候环境条件（A3）	气候条件良好，基本不影响施工安全	0～1	0.5
地形地貌条件（A4）	山岭区：一般区域	0～3	2
桥位特征（A5）	陆地：跨公路桥	3～6	3
施工工艺成熟度（A6）	施工工艺较成熟，国内有相关应用	0～1	0.5

根据公式桥梁总体风险值 R：

$$R = A1 + A2 + A3 + A4 + A5 + A6 = 9$$

总体风险等级划分见附表2-2。

总体风险等级划分标准　　　　　　　　　　附表2-2

风险等级	计算分值 R
等级Ⅳ（极高风险）	14分及以上
等级Ⅲ（高度风险）	9～13分
等级Ⅱ（中度风险）	5～8分
等级Ⅰ（低度风险）	0～4分

根据总体风险划分标准，主线1#桥总体风险等级Ⅲ级，需要对其作专项风险评估。

（2）专项风险评估

施工作业程序分解后，通过评估小组讨论、专家咨询等方式，分析评估单元内可能发生的典型事故类型，形成本桥梁的风险源普查清单（附表2-3）。

桥梁施工安全风险源普查清单　　　　　　　　　　附表2-3

序号	风险源	判断依据
1	管理不当	专家咨询
2	施工工人	小组讨论
3	材料	相关人员调查
4	安全设施	专家咨询
5	操作不当	相关人员调查
6	作业不当	小组讨论
7	物体打击	专家咨询
8	作业环境	小组讨论

(3) 风险分析

评估小组从人、机、料、法、环等方面对可能导致事故的致险因子进行分析，致险因子分析应采用系统安全工程的方法，通过评估小组讨论会的形式实施，并采用鱼刺图法进行分析（附图 2-3）。

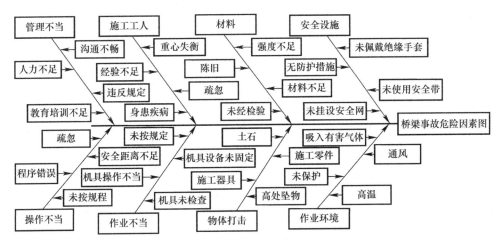

附图 2-3　鱼刺图法进行事故致因分析

分析致险因子时应找到可能导致事故发生的物的不安全状态和人的不安全行为，并结合以往施工中发生的典型事故得出如下事故类型对照表（附表 2-4）和风险源风险分析表（附表 2-5）。

桥梁施工事故类型对照表　　　　　　　　　　　附表 2-4

事故类型 主要作业内容	物体打击	高处坠落	触电	起重伤害	机械伤害	车辆伤害	中毒窒息	坍塌	容器爆炸
人工挖孔灌注桩	☆	☆					☆	☆	
墩柱施工	☆	☆		☆				☆	
模板，支架和拱架安装与拆除	☆	☆						☆	
钢筋工程作业	☆		☆		☆				☆
满堂脚手架现浇法作业	☆			☆	☆				
临时设施（塔吊，龙门架）拆除	☆	☆						☆	
架桥机安装作业		☆						☆	
钢筋混凝土和预应力混凝土梁式桥上部结构施工	☆	☆		☆	☆				

风险源风险分析表   附表 2-5

施工作业内容	潜在事故内容	致险因子	受伤害人类型	伤害程度	不安全状态	不安全行为	备注
人工挖孔灌注桩	高处坠落	安全设施	作业人员本身	轻、重伤		☆	
	坍塌	作业环境	作业人员本身及同一所其他人员	重伤、死亡	☆	☆	
	物体打击	物体打击	同一作业面其他人员	轻、重伤		☆	
	中毒窒息	作业环境	作业人员本身	重伤、死亡	☆		
墩柱施工	高处坠落	安全设施	作业人员本身	轻、重伤		☆	
	坍塌	作业环境	作业人员本身及同一所其他人员	重伤、死亡	☆	☆	
	起重伤害	作业不当	同一作业面其他人员	轻、重伤、死亡	☆		
	物体打击	物体打击	同一作业面其他人员	轻、重伤		☆	
钢筋工程施工	容器爆炸	作业不当	作业人员本身及同一所其他人员	轻、重伤		☆	
	触电	安全设施	作业人员本身	轻、重伤、死亡		☆	
	物体打击	物体打击	同一作业面其他人员	轻、重伤		☆	
	机械伤害	操作不当	作业人员本身	轻、重伤		☆	
模板、支架和拱架安装与拆除	高处坠落	安全设施	作业人员本身	轻、重伤		☆	
	坍塌	施工人员	作业人员本身及同一所其他人员	轻、重伤、死亡	☆	☆	
	物体打击	物体打击	同一作业面其他人员	轻、重伤		☆	
临时设施（塔吊，龙门架）拆除	坍塌	施工人员	作业人员本身及同一所其他人员	轻、重伤、死亡	☆	☆	
	物体打击	物体打击	同一作业面其他人员	轻、重伤		☆	
	高处坠落	安全设施	作业人员本身	轻、重伤		☆	
满堂脚手架现浇法作业	高处坠落	安全设施	作业人员本身	轻、重伤		☆	
	起重伤害	作业不当	同一作业面其他人员	轻、重伤、死亡	☆		
	坍塌	施工人员	作业人员本身及同一所其他人员	重伤、死亡	☆	☆	
	物体打击	物体打击	同一作业面其他人员	轻、重伤		☆	
	机械伤害	操作不当	作业人员本身	轻、重伤		☆	
钢筋混凝土和预应力钢筋混凝土梁式桥上部结构施工	高处坠落	安全设施	作业人员本身	轻、重伤		☆	
	机械伤害	操作不当	作业人员本身	轻、重伤		☆	
	物体打击	物体打击	同一作业面其他人员	轻、重伤		☆	
	起重伤害	作业不当	同一作业面其他人员	轻、重伤、死亡	☆		

（4）风险估测

风险估测是采用定性和定量的方法对风险事故发生的可能性及严重程度进行数量估算。风险估测方法应结合工程施工内容、安全管理方案、可能发生的事故特点等因素确定。评估小组通过风险矩阵法和指标体系法对本桥梁进行了风险估测，形成了风险估测汇总表（附表 2-6）。

风险估测汇总表 附表 2-6

编号	风险源		风险估测			
	作业内容	潜在事故类型	严重程度		可能性	风险大小
			人员伤亡	经济损失		
1	人工挖孔灌注桩	坍塌	一般	一般	偶然	中度
		物体打击	一般	一般	很可能	高度
		高处坠落	一般	一般	可能	中度
		中毒窒息	一般	一般	不太可能	低度
2	墩柱施工	坍塌	重大	重大	偶然	高度
		物体打击	较大	一般	很可能	高度
		高处坠落	较大	一般	很可能	高度
		起重伤害	较大	一般	偶然	中度
3	模板，支架和拱架安装与拆除	高处坠落	一般	一般	可能	中度
		物体打击	一般	一般	可能	中度
		坍塌	重大	重大	偶然	高度
4	钢筋工程施工	容器爆炸	重大	较大	不太可能	中度
		触电	一般	一般	很可能	高度
		物体打击	一般	一般	可能	中度
		机械伤害	一般	一般	很可能	高度
5	满堂脚手架现浇法作业	高处坠落	较大	一般	可能	高度
		起重伤害	较大	较大	偶然	中度
		坍塌	重大	重大	可能	高度
		物体打击	较大	较大	可能	高度
		机械伤害	较大	一般	可能	高度
6	临时设施（塔吊，龙门架）拆除	坍塌	重大	较大	偶然	高度
		物体打击	一般	一般	偶然	中度
		高处坠落	一般	一般	偶然	中度
7	钢筋混凝土和预应力混凝土梁式桥上部结构施工	高处坠落	较大	一般	可能	高度
		起重伤害	较大	较大	偶然	高度
		物体打击	较大	一般	可能	高度
		机械伤害	一般	一般	可能	中度

四、重大风险源风险估测

重大风险源估测按《指南》推荐的风险矩阵法和指标体系法进行动态风险估测。其中事故可能性取决于物的状态引起的事故可能性与人的因素及施工管理引起的风险抵消的耦合。

事故可能性的等级分为四级，如附表 2-7 所示。

事故可能性等级标准 附表 2-7

概率范围	中心值	概率等级描绘	概率等级
＞0.3	1	很可能	4
0.03～0.3	0.1	可能	3
0.003～0.03	0.01	偶然	2
＜0.003	0.001	不太可能	1

事故严重程度主要考虑人员伤亡和直接经济损失。根据人员伤亡类别或直接经济损失其等级可以分为四级，见附表 2-8、附表 2-9。

按人员伤亡等级标准　　　　　　　　　　　　　　　　附表 2-8

等　级	1	2	3	4
定性描述	一般	较大	重大	特大
人员伤亡	死亡（失踪）<3 或重伤<10	3≤死亡（失踪）<10 或 10≤重伤<50	10≤死亡（失踪）<30 或 50≤重伤<100	死亡（失踪）≥30 或重伤≥50

按直接经济损失等级标准　　　　　　　　　　　　　　附表 2-9

等　级	1	2	3	4
定性描述	一般	较大	重大	特大
经济损失（万元）	Z<10	10≤Z<50	50≤Z<500	Z≥500

专项风险等级划分为四级，见附表 2-10。

专项风险等级标准　　　　　　　　　　　　　　　　　附表 2-10

可能性等级	严重等级程度	一般 1	较大 2	重大 3	特大 4
很可能	4	高度Ⅲ	高度Ⅲ	极高Ⅳ	极高Ⅳ
可能	3	中度Ⅱ	高度Ⅲ	高度Ⅲ	极高Ⅳ
偶然	2	中度Ⅱ	中度Ⅱ	高度Ⅲ	高度Ⅲ
不太可能	1	低度Ⅰ	中度Ⅱ	中度Ⅱ	高度Ⅲ

（1）重大风险源事故可能性分析

桥梁工程重大风险源风险估测采用定性与定量相结合方法。事故严重程度的估测采用专家调查法，事故可能性的评估采用指标体系法。

1）安全管理评估指标，见附表 2-11。

安全管理评估指标体系　　　　　　　　　　　　　　附表 2-11

评估指标	分　类	赋分值	得分
总承包企业资质 A	三级	3	
	二级	2	
	一级	1	
	特级	0	0
专业及劳务分包企业资质 B	无资质	1	
	有资质	0	0
历史事故情况 C	发生过重大事故	3	
	发生过较大的事故	2	
	发生过一般事故	1	
	未发生过事故	0	0

续表

评估指标	分 类	赋分值	得分
作业人员经验 D	无经验	2	
	经验不足	1	
	经验丰富	0	0
安全管理人员配备 E	不足	2	
	基本符合规定	1	
	符合规定	0	0
安全投入 F	不足	2	
	基本符合规定	1	1
	符合规定	0	
机械设备配置及管理 G	不符合合同要求	2	
	基本符合合同要求	1	1
	符合合同要求	0	
专项施工方案 H	可操作性较差	2	
	可操作性一般	1	
	可操作性较强	0	0

根据安全管理评估指标分值公式：$M=A+B+C+D+E+F+G+H=2$

因为人的因素及施工管理能引起风险的抵消，所以根据安全管理评估指标分值 M 找出与之对应的折减系数 γ，见附表 2-12。

安全管理评估指标分值与折减系数对照表　　　附表 2-12

计算分值 (M)	折减系数 γ
>12	1.2
$9 \leqslant M \leqslant 12$	1.1
$6 \leqslant M \leqslant 8$	1
$3 \leqslant M \leqslant 5$	0.9
$0 \leqslant M \leqslant 2$	0.8

得出本项目的安全管理折减系数 $\gamma=0.8$。

2) 人工挖孔桩作业事故可能性评估指标，见附表 2-13。

人工挖孔桩作业事故可能性评估指标　　　附表 2-13

序 号	评估指标	分 类	赋分值	得 分
1	桩长	$L \geqslant 15m$	4~6	4
2	地形条件	山岭区	2~3	2
3	土石条件	二类条件（黏性土，密实砂性土等）	0	0
4	地质条件	施工区域地质条件较好	0~1	0
5	地下水	地下水深层分布，施工基本不可能穿越	0~1	1
6	有毒有害气体	无有毒有害气体分布	0	0
7	地下构造物	无地下构筑物分布	0	0
	合计 (R)			7

根据公式人工挖孔桩事故可能性分值 $P=\gamma\times R=5.6$，结果四舍五入取整 6，参照附表 2-14 得出本桥梁人工挖孔桩重大危险源事故可能性等级为 3 级。

典型重大风险源事故可能性标准等级标准　　　　　　　　　附表 2-14

计算分值（P）	事故可能性描述	等级
$P\geqslant 14$	很可能	4
$6\leqslant P<14$	可能	3
$3\leqslant P<6$	偶然	2
$P<3$	不太可能	1

3）墩柱施工事故可能性评估指标，见附表 2-15。

墩柱施工事故可能性评估指标　　　　　　　　　附表 2-15

序号	评估指标	分类	赋分值	得分
1	墩柱高度	$10m\leqslant H<30m$，	1～3	1
2	气候环境条件	气候环境条件一般，可能影响施工安全，但不显著	1～3	1
3	施工方法	支架模板法	1～3	2
4	临时结构设计	采用专业设计方案	0～1	0
	合计（R）			4

根据公式墩柱施工事故可能性分值 $P=\gamma\times R=3.2$，结果四舍五入取整 3，参照附表 2-14《典型重大风险源事故可能性标准等级标准》得出本桥梁墩柱施工重大危险源事故可能性等级为 2 级。

4）满堂脚手架现浇法作业事故可能性评估指标，见附表 2-16。

满堂脚手架现浇法作业事故可能性评估指标　　　　　　　　　附表 2-16

序号	评估指标	分类	赋分值	得分
1	支架规模	$H\geqslant 8$ 米，搭设跨度 18m 以上，施工总荷载 15KN/m² 及以上；集中线荷载 2015KN/m²	4～6	4
2	地形及基础岩土条件	地质条件较好，基本不存在影响施工安全因素	0～1	0
3	气候环境条件	气候环境条件一般，可能影响施工安全，但不显著	1～3	1
4	支架设计	采用专业设计方案	0～1	0
5	交通状况	跨线公路	3～6	4
	合计（R）			9

根据公式满堂脚手架现浇法作业可能性分值 $P=\gamma\times R=7.2$，结果四舍五入取整 7，参照附表 2-14《典型重大风险源事故可能性标准等级标准》得出本桥梁满堂脚手架现浇法作业重大危险源事故可能性等级为 3 级。

5) 重大风险源风险等级汇总

根据事故发生的可能性和严重程度等级,采用风险矩阵法确定本桥梁具体施工作业活动的风险等级,并形成重大风险源风险等级汇总表(附表 2-17)。

重大风险源风险等级汇总表   附表 2-17

重大风险源	事故可能性等级	严重程度等级		风险等级	评定理由
		人员伤亡	经济损失		
人工挖孔桩坍塌	3	1	2	Ⅲ	专家调查法、风险矩阵法
墩柱施工坍塌	2	3	3	Ⅲ	专家调查法、风险矩阵法
模板、支架安装与拆除坍塌	2	3	3	Ⅲ	专家调查法、风险矩阵法
钢筋工程触电	4	1	1	Ⅲ	专家调查法、风险矩阵法
满堂脚手架高处坠落	3	1	2	Ⅲ	专家调查法、风险矩阵法
满堂脚手架坍塌	3	3	3	Ⅲ	专家调查法、风险矩阵法
满堂脚手架物体打击	3	1	2	Ⅲ	专家调查法、风险矩阵法
塔吊、龙门吊拆除坍塌	2	3	3	Ⅲ	专家调查法、风险矩阵法
上部结构施工高处坠落	3	2	1	Ⅲ	专家调查法、风险矩阵法
上部结构施工物体打击	3	2	1	Ⅲ	专家调查法、风险矩阵法

五、风险控制

(1) 一般风险源控制

一般风险控制措施应根据有关技术标准、安全管理要求来制定。一般风险源应对的触电、高处坠落、物体打击等事故的风险控制措施应简明扼要,明确安全防护、安全警示、安全教育、现场管理等方面的内容。

(2) 重大风险源控制

为创造一个安全稳定的施工环境并保证项目管理目标的顺利实现和项目施工过程中方案的科学化、合理化,降低各种经济风险、技术风险、决策风险等不稳定因素,针对本项目的特点,针对可能存在的重大危险源编制了相对应的专项施工方案、应急预案并举办了相应的安全培训教育。其措施见附表 2-18~附表 2-20。

人工挖孔桩施工风险防控对策   附表 2-18

(人工挖孔桩施工前,风险防控应重点考虑坍塌事故、物体打击事故、高处坠落事故以及中毒窒息事故类型)

序号	风险防控对策及建议
1	人工挖孔桩施工前,应根据桩的直径、桩深、土质、现场环境等状况进行混凝土护壁结构的设计,编制施工方案和相应的安全技术措施,并经企业负责人和技术负责人签字批准
2	人工挖孔桩施工前应对现场环境进行调查,掌握以下情况: (1) 地下管线位置、埋深和现况; (2) 地下构筑物(人防、化粪池、渗水池、古坟墓等)的位置、埋深和现况; (3) 施工现场周围建(构)筑物、交通、地表排水、振动源等情况; (4) 高压电气影响范围

续表

序号	风险防控对策及建议
3	人工挖孔桩施工前，工程项目经理部的主管施工技术人员必须向承担施工的专业分包负责人进行安全技术交底并形成文件。交底内容应包括施工程序、安全技术要求、现况地下管线和设施情况、周围环境和现场防护要求等
4	人工挖孔作业前，专业分包负责人必须向全体作业人员进行详细的安全技术交底，并形成文件
5	施工前应检查施工物资准备情况，确认符合要求，并应符合下列要求： 施工材料充足，能保证正常的、不间断的施工。 施工所需的工具设备（辘轳、绳索、挂钩、料斗、模板、软梯、空压机和通风管、低压变压器、手把灯等）必须完好、有效。 系于孔内的料斗应由柔性材料制作
6	当土层中有水时，必须采取措施疏干后方可施工
7	人工挖孔桩必须采用混凝土护壁；首节护壁应高于地面20cm；相邻护壁节间应用锚筋相连。护壁强度达5MPa后方可开挖下层土方。施工中必须按施工设计要求的层深，挖一层土方施工一层护壁，严禁超要求开挖、后补做护壁的冒险作业
8	人工挖孔作业过程中应满足下列要求： (1) 每孔必须两人配合施工，轮换作业。孔下人员连续作业不得超过2h，孔口作业人员必须监护孔内人员的安全。 (2) 孔下操作人员必须戴安全帽。 (3) 桩孔周围2m范围内必须设护栏和安全标志，非作业人员禁止入内。3m内不得行驶或停放机动车。 (4) 严禁孔口上作业人员离开岗位，每次装卸土、料时间不得超过1min。 (5) 土方应随挖随运，暂不运的土应堆在孔口1m以外，高度不得超过1m。孔口1m范围内不得堆放任何材料。 (6) 料斗装土、料不得过满。 (7) 孔口上作业人员必须按孔内人员指令操作辘轳。向孔内传送工具不得大于50cm，严禁超挖。 (8) 作业人员上下井孔必须走软梯。 (9) 暂停作业时，孔口必须设围挡和按安全标志或用盖板盖牢，阴暗时和夜间应设警示灯
9	施工中孔口需要垫板时，垫板两端搭放长度不得小于1m，垫板宽度不得小于30cm，板厚不得小于5cm。孔径大于1m时，孔口作业人员应系安全带并扣牢保险钩，安全带必须有牢固的固定点
10	料斗和吊索具应具有轻、柔软性能，并有防坠装置
11	孔内照明必须使用36V（含）以下安全电压
12	人工挖孔作业中，应检测孔内空气质量，确定符合国家现行标准的要求，并应满足下列要求： 孔内空气中氧气浓度应符合现行《缺氧危险作业安全指南》GB8958的有关要求；有毒有害气体浓度应符合本《指南》附录N的有关要求。 现场必须配备气体检测仪器。 开孔后，每班作业前必须打孔盖通风，经检测氧气、有毒有害气体浓度在要求范围内并记录，方可下孔作业；检测合格后未立即进入孔内作业时，应在进入作业前重新进行检测，确认合格并记录。 孔深超过5m后，作业中应强制通风
13	施工现场应配有急救用品（氧气等）。遇塌孔、地下水涌出、有害气体等异常情况，必须立即停止作业，将孔内处人员立即撤离危险区。严禁擅自处理、冒险作业
14	两桩净距小于5m时，不得同时施工，且一孔浇筑混凝土的强度达5MPa后，另一孔方可开挖

续表

序号	风险防控对策及建议
15	夜间不得进行人工挖孔施工
16	人工挖孔过程中,必须设安全管理人员对施工现场进行检查监控,掌握各桩孔的安全状况,消除隐患,保持安全施工
17	挖孔施工中遇岩石爆破时,孔口应覆盖防护,爆破施工应符合有关安全作业要求
18	人工挖孔施工过程中,现场应设作业区,边界必须设围挡和安全标志、警示灯,非施工人员禁止入内

支架法现浇施工风险防控对策　　　　　　　　　　　　　　　　附表2-19

（支架法施工的风险防控重点考虑坍塌事故,高处坠落事故等类型）

序号	风险防控对策
1	施工前,根据结构特点,混凝土施工工艺和现行的有关要求对支架进行施工专项安全设计,并制定安装,拆除程序及安全技术措施
2	使用材料满足下列要求:材质应符合现有国家相关技术标准;具有资质企业生产,具有合格证,并经验收确认质量合格;不得有裂纹,变形和腐蚀等缺陷
3	立柱应置在平整,坚实的地基上,立柱底部应铺设垫板或混凝土垫块;地基处应有排水措施,严禁被水浸泡
4	支架的立柱置于平整、坚实的地基上,立柱底部应铺设垫板或混凝土垫块扩散压力;支架地基处应有排水措施,严禁被水浸泡
5	支架较高时,设一组揽风绳
6	跨越公路时应满足下列要求:(1)施工前,应制定模板,支架支设方案和交通疏导方案并经交通部门批准。(2)模板,支架的净高,跨度应依据道路交通管理部门的要求确定,并设相应的防撞和安全标志。(3)位于路面上的钢管四周和路面边缘的支架靠路一侧必须设防护桩和安全标志,夜间设警示灯。(4)安装时有专人疏导交通。(5)施工期间设专人随时检查支架和防护设施,确保符合方案要求
7	支架搭设应满足下列要求:立杆应竖直,2m高度的垂直偏差不得大于1.5cm;每搭完一步支架后,应进行校正
8	钢管安装完成后,应对节点和支撑进行检查,确保符合设计要求
9	钢管应按施工设计要求方法程序拆除;严禁使用机械牵引,推倒的方法拆除
10	拆除前,应先清理施工现场,划定作业区,设专人值守,非作业人员禁止入内,拆除工作必须有作业组长指挥,作业人员必须服从指挥,步调一致,并随时保持道路清洁和交通顺畅
11	拆除作业应自上而下进行,不得上下多层交叉作业
12	拆除支架时,必须确保未拆除部分的稳定,必要时对未拆除部分采取临时加固支撑措施
13	拆除跨越公路的支架应满足下列要求:(1)拆除前,应制定支架拆除方案和交通疏导方案,并报经道路交通管理部门批准。(2)拆除时有专人疏导交通。(3)拆除材料应及时运出现场,经检查确认道路符合交通管理部门要求
14	施工中对不良气候因素进行密切监控,并对支架立柱基础沉降做好监控

墩柱施工风险防控对策

附表 2-20

(墩柱施工的风险防控重点考虑坍塌事故，高处坠落事故等类型)

序 号	风险防控对策
1	采用支架模板法应根据结构特点、混凝土施工工艺和现行的有关要求对支架进行专项安全设计，并按要求安装、拆除程序和安全技术措施
2	墩柱施工应符合下列安全要求： (1) 参加作业的人员必须进行安全技术培训，考核合格方可上岗。 (2) 作业前应检查所有的登高工具和安全用具（安全帽、安全带、梯子、跳板、脚手架、防护板、安全网）必须安全可靠，严禁无防护作业。 (3) 高处作业所用的工具、零件、材料等必须装入工具袋。必须从指定的路线上下，严禁人员随吊物一同上下。不得在高空投掷材料或工具等物；不得将易滚易滑的工具、材料堆放在脚手架上。工作完毕应及时将工具、零星材料、零部件等一切易坠落物件清理干净，以防落下伤人。吊大型零件时，应采用可靠的起吊机具。 (4) 施工中应经常与当地气象台站取得联系，遇有雷雨、六级（含）以上大风时，必须停止施工，并将作业平台上的设备、工具、材料等固定牢固，人员撤离。 (5) 脚手架必须要制定专项施工方案，采取相应的安全技术措施。 (6) 支立模板要按工序操作。当一块或几块模板单独竖立和竖立较大模板时，应设立临时支撑，上下必须顶牢。操作时要搭设脚手架和工作台。整体模板合拢后，应及时用拉杆斜撑固定牢靠，模板支撑不得固定在脚手架上。 (7) 拆除模板作业时，应按顺序分段拆除，不得留有松动或悬挂的模板，严禁硬砸或用机械大面积拉倒。在起吊模板前，应先检查连接螺杆是否全部卸掉，确认无连接后方可起吊。 (8) 浇筑和振捣混凝土时不得冲击、振动模板及其支撑。 (9) 夜间施工应有足够的照明。便携式照明应采用 36V（含）以下的安全电压。固定照明灯具距平台不得低于 2.5m。 (10) 拆除脚手架必须按专项方案要求进行

参 考 文 献

[1] 孙建平. 建设工程质量安全风险管理 [M]. 北京：中国建筑工业出版社，2006.
[2] 王卓甫. 工程项目风险管理 [M]. 北京：中国水利水电出版社，2002.
[3] 陈起俊. 工程项目风险分析与管理 [M]. 北京：中国建筑工业出版社，2007.
[4] 李文庆，李玥. 核电工程项目安全风险的影响因素研究 [J]. 现代管理科学，2010.
[5] 陈耀明. 工程项目工期延误风险分析与评价 [J]. 工业技术经济，2010.
[6] 许振中. 建筑工程项目工期风险管理的对策措施 [J]. 沿海企业与科技，2008.
[7] 于春孝. 黄冈公铁两用长江大桥施工质量技术风险分析及控制 [J]. 桥梁建设，2012.
[8] 史秀艳. 施工企业在竣工结算阶段的风险控制及防范 [J]. 中小企业管理与科技，2011.
[9] 余璠璟. 工程承包的风险管理综述 [J]. 建筑技术开发. 2003 年 01 期.
[10] 康皓. 工程项目投标报价风险及决策分析 [J]. 建筑市场与招标投标. 2006. (4)：11-14.
[11] 李春亭，李燕. 工程招投标与合同管理 [J]. 北京：中国建筑工业出版社，2004.
[12] 易建芝. 关于施工企业投标报价编制的思考 [J]. 湖南水利水电，2006 (3)：132-133.
[13] 赵振宇. 故障树法引入工程项目风险管理研究 [J]. 现代电力，2002，V01. 19 (2)：95-99.
[14] 唐坤，卢玲玲. 建筑项目风险与全面风险管理 [J]. 建筑经济，2004 (4)
[15] 王富群，于军泉，乔大军. 石油工程项目中的风险管理 [M]. 项目管理技术，2009. 7 (5).
[16] 沈建明. 项目风险管理 [M]. 北京：机械工业出版社，2004，1.
[17] 周智勇等. 建筑工程风险管理系统的建立 [J]. 江西农业大学学报，2004 (3)：68-70.
[18] 盛向明. 工程项目风险管理研究 [D]. 天津大学建筑工程学院，2009 年 12 月.
[19] 王克娜. 大型工程项目风险管理 [D]. 天津大学建筑工程学院，2009 年 12 月.
[20] 符志民. 航天项目风险管理 [J]. 北京：机械工业出版社，2005 年.
[21] Edwards PJ, Bowen PA. Risk management in project organizations [J]. Elsevier：Butterworth Heinemann. 2005.
[22] Sameh Monir Ei _ Sayegh. Risk assessment and allocation in the UAE construction in dusty [J]. International Journal of Project Management. 2008，431-438.
[23] ISO31000-2009 Risk management—Principles and guidelines.
[24] GB/T23694-2009 风险管理 术语
[25] GB/T24353-2009 风险管理 原则与实施指南
[26] GB/T27921-2011 风险管理 风险评估技术